本书由国家自然科学基金项目（71772120）和上海市曙光计划项目（13SG16）资助

品牌的
危机消弭与重塑

王良燕 韩冰 著

The Crisis Elimination and
Brand Reshaping

BRAND

上海交通大学出版社
SHANGHAI JIAO TONG UNIVERSITY PRESS

内容提要

本书分为三个部分：品牌危机效应篇、品牌危机消弭篇和品牌危机重塑篇，围绕品牌危机的主题，系统阐述了品牌危机的概念、效应及应对挽救措施，其中的效应及应对都是基于科学实证研究的最新发现。本书的研究成果对于企业如何应对品牌危机并尽量减少危机对品牌造成的伤害有很好的参考价值。

本书适合企业实践者及研究相关主题的教师及学生阅读。

图书在版编目(CIP)数据

品牌的危机消弭与重塑/王良燕,韩冰著.—上海：
上海交通大学出版社,2019
ISBN 978-7-313-19266-0

Ⅰ.①品… Ⅱ.①王… ②韩… Ⅲ.①品牌—企业管理 Ⅳ.①F273.2

中国版本图书馆 CIP 数据核字(2018)第 076758 号

品牌的危机消弭与重塑

著　　者：王良燕　韩　冰
出版发行：上海交通大学出版社　　　　地　　址：上海市番禺路 951 号
邮政编码：200030　　　　　　　　　　电　　话：021-64071208
印　　制：当纳利(上海)信息技术有限公司　经　　销：全国新华书店
开　　本：710 mm×1000 mm　1/16　　印　　张：14.25
字　　数：228 千字
版　　次：2019 年 1 月第 1 版　　　　　印　　次：2019 年 1 月第 2 次印刷
书　　号：ISBN 978-7-313-19266-0/F
定　　价：88.00 元

序

　　品牌是一个国家竞争力和国际地位的集中体现,更是企业的生命所在、灵魂所系。在中国经济步入新时代的背景下,品牌建设已成为驱动消费结构升级、提高经济发展质量和效益的重要抓手,也是推动国家经济转型的重要引擎,实现"从中国制造向中国创造、从中国速度向中国质量、从中国产品向中国品牌的转变"的必然途径。2016年,国务院印发了《关于发挥品牌引领作用推动供需结构升级的意见》,要求大力宣传知名自主品牌,讲好中国品牌故事,提高自主品牌影响力和认知度。2017年,国务院决定将每年5月10日设立为"中国品牌日",提出要打造更多享誉世界的"中国品牌",推动中国经济发展进入质量时代,这标志着品牌建设已从企业战略上升为国家战略,被提到新时代背景下经济发展的重要议事日程上。

　　然而,企业在经营管理和品牌战略实施过程中也暴露出了众多问题,有些甚至触碰了法律的准绳,从而引发媒体和社会公众的广泛关注,造成严重的品牌危机事件。例如,近年来食品和药品的安全事件、汽车和手机的质量危机、废水和废气污染事件等层出不穷,引起了强烈的社会反响,给企业管理者敲响了警钟。造成如此众多品牌危机的原因十分复杂。一方面,企业面对日益激烈的市场竞争、复杂多变的市场环境、应用受限的新兴技术等变幻莫测的外部环境冲击;另一方面,企业的经营管理者没有建立自身的道德底线,抑或是缺乏行业规制及法律约束等。品牌危机的后果是巨大且惨痛的,不仅会使企业丧失苦心经营的品牌形象和美誉度,降低原有的市场份额,也会重挫消费者的信心而引发信任危机,继而发酵为一系列严重的社会问题,更重要的是会对行业发展和国家形象产生负面影响。因此,品牌危机事件的关键性日益凸显,已经成为威胁品牌存续、影响经济发展、损害民生福祉的重要因素。

鉴于品牌危机的诸多不利后果,如何从品牌管理出发,选择合理可行的应对方法消弭危机产生的负面伤害,以及如何采取科学有效的应对策略重塑品牌的形象,实现品牌的可持续发展,成为企业管理者和科研工作者亟待解决的关键问题。令人欣慰的是,相关主题的研究得到了学术界和产业界的广泛重视,在近十年已成为营销领域的研究热点。而作者王良燕教授及韩冰博士聚焦品牌危机与消费者行为,围绕品牌的危机消弭与重塑的核心科学问题开展了系统深入的研究。她们的研究既运用了国际最新的行为认知理论成果,又结合国内的现状进行了大量的实验,取得了一系列具有重要意义的成果。

第一,构建品牌危机效应体系。作者系统梳理了目前消费者行为学中品牌危机研究的成果,构建了由"个体效应研究"和"溢出效应研究"组成的双核心板块的体系模型。本书还分别对研究的发展状况、效应的影响因素及其应对策略等方面进行全面归纳,为该领域的研究提供了一个全景化、系统化、可视化的研究脉络。该体系弥补了以往相关研究缺乏系统性文献回顾的不足,为消费者行为学学者梳理清晰的品牌危机研究发展历程提供参考,并在此基础上找到了未来研究可行的发展路径和发展方向。

第二,探索品牌危机消弭路径。作者挖掘了品牌危机对消费者感知和决策产生作用的影响因素,聚焦消费者认知这条主线,从消费者社会认知、体验认知、主观认知等多个维度进行深入探索。通过深入解读并运用前沿的社会学、心理学及行为学科研成果,作者对品牌危机与消费者认知因素的互动进行研究,并在理论基础上构建了消弭品牌危机负面影响的路径。同时,作者利用科学的管理学研究方法,识别并验证了消弭路径的驱动因素和作用机制,为企业缓解危机的负面效应提供了新思路、新方法。研究发现丰富了品牌危机管理理论,为指导品牌在危机公关时与众多利益相关者保持积极有效的应对机制等提供理论支撑和实践方法。

第三,拓展品牌形象重塑策略。作者还开展了品牌危机后企业重塑品牌形象的应对策略和消费者认知因素的互动研究。从企业角度出发,结合国家的"品牌建设"战略背景,提出相比于以往一视同仁地对待所有消费者,应该根据消费者不同的认知模式采取匹配的重塑策略,并进一步从微观层面深入揭示了品牌形象重塑背后的作用机制。该成果拓展深化了品牌危机管理的研究范畴,对提升品牌形象再造、重拾消费者信心、维护品牌和谐发展等企业治理有着积极的管理启示和应用价值。

业求于精,人贵于诚。在经济飞速发展的新时代,不随波于浮躁的洪流,不沉陷入利益的漩涡,坚守品牌品质和精神,是每个企业在经营品牌时需要秉持的宗旨。本书的研究立足于国家推行的品牌提升战略,针对目前品牌危机频发而应对困难的现实,通过从消费者行为学的角度新颖破题以及对前沿理论的解读与运用,为拓展完善品牌管理学术体系、辅助指导企业危机管理实践做出了有益的思考和积极的探索。同时,从政府管理的角度出发,作者提出合适的途径引导企业实现发展速度和发展质量并重,为贯彻和落实国家的品牌战略,推动政府、企业和消费者三者的和谐发展,巩固国家经济发展的基石提供了有益的探索和借鉴。

中国科学院科技战略咨询研究院 研究员
中国科学院科技政策与管理科学研究所原所长
中国优选法统筹法与经济数学研究会原理事长

目　录 ｜ Contents

效应篇　品牌危机的效应体系

消弭篇 品牌危机的消弭路径

重塑篇 品牌形象的重塑策略

第1章
绪　论

1.1　研究背景

随着 21 世纪知识经济时代的到来,我国的现代市场经济在加入世界贸易组织(WTO)后得到了快速发展,企业的发展模式已经从资源导向型转变为市场导向型,企业要想占领市场就必须具有强大的竞争力(瞿艳平,2006)。而品牌和以品牌为基础的差异化作为市场导向型企业的重要资产,是创造并保持竞争优势的强有力的方式(Aggarwal, 2004)。在新的时代背景下,品牌建设对国家竞争力提升至关重要,已经成为国家经济发展中的重要引擎。党的十八大以来,国家出台了促进品牌发展的政策措施《关于发挥品牌引领作用推动供需结构升级的意见》,批准将每年 5 月 10 日设为"中国品牌日",着力营造品牌发展的良好环境。当今的时代是品牌竞争的时代,品牌的力量是巨大的,因此需要企业一直不懈努力提升和保护其品牌资产和品牌价值(Dutta & Pullig, 2011)。在品牌管理实践中,企业一方面需要通过与消费者建立密切的关系来提升品牌自身的价值,另一方面需要通过维护良好的品牌形象和美誉度来降低竞争性市场环境带来的伤害,从而提升品牌在市场中的竞争力,实现健康稳定的发展。

然而,尽管企业管理者们小心翼翼地经营自己的品牌形象,但随着行业范畴与公司规模的扩张,企业面临着越来越激烈的竞争压力,并且全球经济一体化的趋势也为这一现状"火上浇油"。在市场竞争日益激烈的环境下,一些品牌还是会不可避免地卷入负面丑闻中,造成严重的品牌危机事件。同时,在信息化时代,信息传播渠道的畅通性和多样化致使道德丑闻的曝光速度和覆盖面呈现短时间内爆炸式蔓延趋势,形成由点及面、由面盖全的病毒式的传播现象。品牌危机被迅速曝光于各大报端和媒体网络,引起社会公众强烈的反响和关注。其中,著名企业发生的品牌危机不胜枚举,比如 2009 年"丰田汽车踏板门召回事件"和 2016 年"三星手机电池爆炸事件"引发的产品质量危机给相关品牌带来了重创;2015 年"大众汽车排放门"和 2017 年"美联航驱逐华裔乘客丑闻"引发的品牌道德危机受到公众舆论的广泛关注和谴责。这些品牌的负面事件,一般涉及产品性能和品牌能力上的缺陷,或者在企业的道德价值观上触及道德底线,给品牌和利益相关各方带来了难以预估的负面影响。

然而,有趣的现象是,不同的品牌危机事件对品牌和其利益相关者产生的影响程度不尽相同,给消费者带来的负面伤害也因人而异。有些消费者对发生危机事件的品牌容忍程度较低,因此会降低对品牌的好感度,对其产品或服务采取坚决抵制行为;而有些消费者却对发生危机事件的品牌容忍度较高,认为此类事件无伤大雅,甚至还一如既往地支持和购买该品牌的产品或服务。

案例一:自 2009 年下半年起,丰田公司因"踏板门""脚垫门"等质量问题经历了品牌历史上大规模的召回事件,全球累计召回超过 1 200 万辆汽车。丰田集团公布 2009 年度全球销量为 781.3 万辆,同比下降 12.9%。丰田经历的前所未有的品牌危机,使丰田品牌在消费者心中的形象一落千丈。第 58 期《12580 生活播报——房车汇》对此做了互动调查,调查结果显示 28% 的被调查对象表示不会再购买丰田汽车,4% 的现有丰田车主或准车主表示要换车,而 37% 的被调查对象依然相信丰田是个负责任的公司①。

案例二:2015 年 9 月 18 日,美国环境保护署指控大众汽车所售部分柴油车安装了专门应对尾气排放检测的软件,使汽车能够在车检时以"高环保标准"过关,而在平时行驶时,这些汽车却大量排放污染物,最高可达美国法定标准的 40 倍。这一危机事件使大众品牌的信誉严重受损,负面影响在短时间内发酵,引发了欧美某些民众的强烈不满,并组织了抵制大众汽车的抗议活动②。

---

① 搜狐汽车.调查显示:丰田汽车拥趸者已不足四成[EB/OL].(2010 - 02 - 08)[2018 - 10 - 19].http://auto.sohu.com/20100208/n270124886.shtml.

② 百度百科.大众排放门[EB/OL].(2018 - 09 - 08)[2018 - 10 - 19].https://baike.baidu.com/item/大众排放门/18679304? fr=aladdin.

案例三：2016 年 1 月 19 日，根据大赦国际周一发布的报告，很多大型科技公司包括苹果、微软和三星在内的数十家公司，采购的电子元件所使用的矿产资源可能是由儿童开采的[①]。这已经不是苹果公司第一次被曝出非法使用童工，早在 2010 年，苹果品牌的代工厂就被媒体曝光了雇佣未成年人的丑闻，其中苹果公司在 2009 年的审核中就发现 25 例雇佣低龄劳工的事件，到 2010 年增加到了 91 例。苹果公司发布了 2013 年"年度供应商责任"报告，在被调查的 451 家供应商中，苹果公司又发现了 23 起使用童工事件[②]。然而，这些丑闻并没有影响消费者和对苹果产品的喜爱，其销售额反而持续攀升，在苹果发布新品期间消费者仍然趋之若鹜，大排长龙。

案例四：2016 年 9 月，三星 Galaxy Note 7 手机发布后一个月，在全球范围内陆续发生了一系列因电池缺陷造成的爆炸和起火事故。10 月 11 日，三星电子宣布，在经历了电池爆炸起火事件后，现决定永久停止生产和销售 Galaxy Note 7 智能手机，希望尽早结束公司历史上这一最耻辱的事件之一[③]。受该消息影响，三星股价下挫 8%，这意味着公司市值缩水约 180 亿美元[④]。2017 年 1 月 23 日，三星电子在首尔召开新闻发布会，公布 Note 7 事件调查结果，并现场向全球消费者、运营商、经销商以及商业伙伴道歉，同时推出一系列强化措施以避免类似事件重演[⑤]。

案例五：2017 年 4 月 9 日，从美国芝加哥飞往路易斯维尔的美联航 3411 航班上，由于航班超售，美联航要求一名华裔乘客下飞机，但因为乘客拒绝下机而将其强行拖走，导致乘客受伤。这一事件被其他同机乘客记录下来并发布于社交网络，在全世界的社交媒体上引起了轩然大波。铺天盖地的负面舆论造成了美联航股票价格大幅下跌，损失近 13 亿美元[⑥]。事后，尽管美联航

---

① 新浪科技.你的手机电池可能沾满非洲童工血泪[EB/OL].（2016-01-19）[2018-10-19].http://tech.sina.com.cn/it/2016-01-19/doc-ifxnqriy3141486.shtml.
② 搜狐新闻.苹果1年发生23起使用童工事件　其中1人死亡[EB/OL].（2014-02-15）[2018-10-19].http://news.sohu.com/20140215/n395046917.shtml.
③ 百度百科.三星电池门[EB/OL].（2018-07-30）[2018-10-19].https://baike.baidu.com/item/三星电池门.
④ 新浪科技.三星永久终止生产 Galaxy Note 7 智能手机[EB/OL].（2016-10-11）[2018-10-19].http://tech.sina.com.cn/t/2016-10-11/doc-ifxwrhpn9697427.shtml?_zbs_baidu_bk.
⑤ 凤凰科技.三星公布 Note 7 燃损原因　诚恳道歉承诺严格品控[EB/OL].（2017-01-23）[2018-10-19].http://tech.ifeng.com/a/20170123/44535769_0.shtml.
⑥ 和讯新闻.美联航殴打华裔医生的代价：市值蒸发 13 亿美元[EB/OL].（2017-04-11）[2018-10-19].http://news.hexun.com/2017-04-11/188803710.html.

CEO进行了公开道歉和赔偿,但难以平息消费者对美联航的反对声音和抵制行为。

以上案例中的品牌危机事件横跨多个领域,包括上文提到的汽车制造业、航空服务业、手机制造业等,品牌危机事件对公司的口碑产生了巨大的不利影响,消费者们对品牌危机事件的容忍程度却并不相同。有的消费者因此对品牌表示坚决抵制,而有些消费者对品牌危机事件漠不关心,甚至还会从另外的角度为危机事件寻找借口。综合品牌危机的经典案例,不难发现,危机给消费者带来的伤害作用程度,或者说消费者本身对危机严重性的容忍程度和许多因素相关。以往文献中从消费者行为角度对品牌危机影响进行探究的因素可以大致分为三类:品牌相关因素、危机相关因素和消费者相关因素。品牌相关因素包括:品牌原有的品牌定位、品牌资产、品牌声誉、品牌熟悉度等;危机相关因素包括:危机类型、危机严重性等;消费者相关因素包括:消费者客观人口因素,如性别、年龄等,以及消费者主观认知因素,如性格特质、思维模式、心理特征等。由于品牌危机类型的复杂多样性及关联因素的互动交叉性,品牌危机效应的形成机理几乎成为一个黑箱,这就大大增加了品牌危机应对策略有效性及消费者消费意愿可修复性研究的难度。因此,从消费者行为学角度入手,探究公司如何在危机事件发生的第一时间预测消费者们的态度变化动向,进而制定快速有效的响应机制,是一个值得深入研究的课题。

认知过程是消费者心理过程的第一阶段,是消费者其他心理过程的基础。人的认知过程主要是靠人的感觉、知觉、记忆、思维、想象、注意等心理活动来实现的。在现实生活中,任何人都是不同的个体,人的认知和行为都无时无刻不体现着个体差异。从每个人成长的客观环境,到逐渐在生活中培养的性格特质和思维模式,独特的个体差异在人们的判断和决策中发挥着至关重要的作用。企业品牌和产品管理战略是通过引导消费者认知,使自身的品牌与竞争对手区分开来的重要因素,也是企业构建核心竞争力的关键所在。同样的,在品牌遭遇危机事件时,了解并利用消费者的认知因素来预测、调节和改善品牌危机对企业的负面影响,是企业危机管理的重要课题。所以,在品牌危机领域探究与消费者认知因素互动的效用和作用机制具有重要的理论和现实意义。

1.2　研究意义

1.2.1　对消费者行为研究的理论意义

从消费者行为研究的角度来看,由于近年品牌危机事件频发,品牌管理以及品牌危机管理相关主题的研究得到了学术界和产业界的广泛重视,在近十年已经成为营销领域的研究热点。自 20 世纪 90 年代以来,国内外消费者行为学学者关于品牌危机主题的研究层出不穷,21 世纪初至今,品牌危机管理的相关理论不断演化并逐渐成熟,研究已取得了相当丰硕的成果。这些成果覆盖了品牌危机的概念研究、品牌危机的范围和类型研究、品牌危机的后续影响研究、品牌危机的影响因素研究、品牌危机的应对策略研究,以及品牌危机的溢出效应研究等多个方向。本书在国内外现有文献的基础之上,聚焦品牌危机与消费者,围绕其中的核心问题(即消费者信息处理、消费者认知、消费者决策),以品牌危机本身的因素和消费者认知因素相结合作为切入点,开展了一系列关于品牌危机与消费者互动影响的深入研究。总体来看,本书对品牌危机管理和消费者行为研究领域具有重要的理论意义,具体包括以下四点。

第一,本书系统整合了目前消费者行为学方向中品牌危机领域已经取得的研究成果,对其各个子研究模块进行总结归纳,为该领域的研究现状提供了一个完整化、系统化、可视化的研究脉络,期望此综述研究可以为消费者行为学学者梳理清晰的品牌危机研究体系。

第二,本书在品牌危机领域聚焦消费者的认知因素这条主线,开展关于消费者社会认知、具身认知等多角度的探索,开创性地深入挖掘品牌危机对消费者感知和决策产生作用的影响因素以及影响机制。因此,本书丰富了品牌危机管理的理论基础,补充了该领域的研究空白,进一步完善了品牌危机管理理论的系统框架。

第三,本书进一步开展了品牌危机产生后企业重塑品牌形象的应对策略和消费者认知因素的互动研究,即如何根据消费者的道德推理模式和思维模式,采取不同的道歉方式以重新取得品牌的声誉。

第四,本书创新性地结合营销领域和心理学领域诸多前沿性成果,将其应用于剖析品牌危机管理领域的研究问题,包括社会阶层的认知心理学研究(social cognitive perspective on social class)、具身认知(embodied congnition)相关理论、道德推理过程研究(moral reasoning process)、解释水平理论(construal level theory)等。因此,本书扩充了这些前沿性理论的应用范畴,拓展了前沿理论的实用边界,提高了前沿理论对其他情境或其他问题的解释能力。

1.2.2 对企业管理实践的意义

探求品牌危机现象背后的本质和作用机制同样具有实践价值,因为这关系到现今社会中品牌的存续和发展。随着全球化品牌发展战略的深入,市场竞争带来的压力和信息化的催化使得品牌危机发生率和曝光率逐年攀升,能够有效地、具有针对性地应对和处理品牌危机事件,已经成为每一个公司、每一个品牌都迫切需要培养和加强的一种能力。这种能力对于品牌的可持续发展以及公司和品牌的长远利益都有着决定性的影响。所以,对于品牌和企业而言,从消费者行为的角度理解品牌危机对其产生的影响以及如何转化消费者的态度和行为,是企业管理者施行危机公关的关键所在。因此,本书对企业和品牌进行可持续化的科学公关营销有着积极的实践意义和具有建设性的管理启示,具体包括以下三点。

第一,本书提出品牌和品牌危机本身的特征会影响品牌危机的负面效应,例如,品牌危机的类型、品牌产品的定位、品牌是否拟人化等。因此,本书建议企业在危机发生时需要关注这些品牌因素可能带来的差异,综合性地判断负面效应的波及范围和影响等级,选择合理的危机信息发布准则,方能对危机给品牌带来的伤害起到有效的消弭作用。

第二,本书通过实证研究提出,相比于以往一视同仁地看待所有消费者,企业在进行品牌危机管理时需要加强对消费者认知差异的重视程度,如消费者的社会阶层、道德推理模式、思维模式等。因为消费者不同的认知模式会在很大程度上决定消费者对品牌危机的态度和行为,本书建议企业在处理品牌危机时要及时分析受众的认知特征,或通过启发消费者的认知模式来处理相关信息,方能起到事半功倍之效。

第三,本书还针对危机后企业的品牌重塑策略的有效性进行探究,提出企业考量不同应对策略时要综合消费者的认知模式以及品牌危机的类型,从而帮助企业在面对危机时采用行之有效的应对方法重塑品牌的形象和消费者的信心。因此,本书对品牌的关系管理、危机管理、营销策略等企业实践方面有着积极的启示和实际应用价值。

1.2.3 对政策的意义

在经济发展的新时期背景下,我国致力于实施以提高经济发展质量和效益为中心的质量提升战略,同时强调监管和法制的保障作用。因此,在新时期开展品牌危机的相关研究对企业的危机管理和贯彻落实国家政策都具有重要的意义,具体包括以下三点。

第一,本书重点聚焦与品牌危机相关的研究内容,探究不同类型的品牌危机如何与消费者的认知因素共同对其品牌评价和购买决策产生影响。因此,在政府政策管理方面,本书也试图为政府的舆情引导与危机处理提供理论指导。为引导消费者理性看待品牌危机事件提供新的路径,本书建议通过启发消费者采用不同的认知方式,调节消费者对不同危机事件的关注程度和谅解程度,激发消费者不同的心理状态和行为决策模式。

第二,本书同样指出在舆情平稳、人心安定、社会稳定、危机事件妥善处理之后,政府可以通过引导消费者采取某些认知方式的途径来达到呼吁消费者重视某类品牌危机的目的。政府部门可以坚持科学适度的引导原则,了解品牌危机事件后公众和媒体的所说所想,了解舆论背后的民意诉求,然后做出相应的回应和采取合理的措施,从而避免此类危机的再次发生,维护政府的公信力。

第三,习近平总书记在中国共产党第十九次全国代表大会上的报告指出,我国社会主要矛盾已经转化,"人民美好生活需要日益广泛,不仅对物质文化生活提出了更高要求,而且在民主、法治、公平、正义、安全、环境等方面的要求日益增长"。因此,在严厉监管企业产品质量、杜绝品牌丑闻的同时,政府部门应当鼓励危机企业重塑自身品牌形象,努力满足广大民众对民主、法治、公平、正义、安全、环境等方面的需求。本书提出的品牌形象重塑策略也回应了新时代下中国特色社会主义建设的要求,为陷入品牌危机的企业对贯彻和落实国家相关政策提供了积极的借鉴意义,为辅助国家政策的切实落地提供了实用性的保障。

1.3 研究目标

本书针对社会中品牌危机事件的高发态势,聚焦消费者认知因素对品牌危机管理的重要作用,将消费者认知视角下的前沿性研究成果扩展到品牌危机管理领域,旨在探讨品牌因素与不同认知模式的消费者之间的互动规律以及影响机制,补充完善品牌危机管理的研究框架,辨识其产生机理与作用条件;同时,设计适用于心理认知基础和时代变迁背景的品牌危机消弭方法,为企业缓冲危机带来的伤害、重塑品牌的形象和重建消费者的信心提供科学性的理论依据和合理化的管理启示。本书将主要完成三个方面的研究目标。

(1)品牌危机效应体系的整合。梳理和整合品牌危机领域的现有文献,厘清品牌危机的概念,品牌危机给品牌和消费者带来怎样的效应,影响这些效应的因素有哪些,对包括竞争品牌等的其他利益相关者的溢出效应如何,又与哪些因素相关等。

(2)品牌危机消弭路径的探索。从品牌自身因素和消费者的社会认知、具身认知等认知因素出发,深入探索消弭品牌危机负面影响的可能途径以及解答消弭路径的作用机制,并试图为相关理论基础的发展和管理实践的应用作出贡献。

(3)品牌形象重塑策略的拓展。从品牌采用道歉策略的侧重点和品牌危机的类型出发,深入探索如何根据消费者不同的道德推理模式、思维模式等认知因素选择行之有效的品牌形象重塑方法,以及重塑路径的作用机制,并期望拓展相关理论的应用范畴,为企业缓解品牌危机、提升品牌美誉度等提供理论依据和实践指导。

1.4 研究内容

根据上述研究目标,本书将研究内容界定为效应篇、消弭篇、重塑篇三个子模块,具体内容分为 8 章。其中,效应篇包含第 2 章和第 3 章,消弭篇包含第 4 章和第 5 章,重塑篇包含第 6 章和第 7 章。每章的具体内容如下。

(1)第 1 章:绪论。介绍了本书的现实和理论背景,指明了本书的理论意义、实践意义和政策意义。通过剖析近几年品牌危机的典型案例,发掘营销现实中存在的现象。基于这些工作,引出本书的研究问题,对本书的研究目标、研究内容和研究方法进行简要说明,最后提出了本书的研究创新点。

(2)第 2 章:品牌危机的个体效应研究。总体上概括品牌危机的概念和含义,总结品牌危机产生的效应,分析影响品牌危机效应的不同因素,明确品牌危机的分类标准,归纳企业应对品牌危机的策略选择和影响因素。

(3)第 3 章:品牌危机的溢出效应研究。厘清品牌危机溢出效应的定义及影响,明晰溢出效应的三种研究视角及影响因素,整合溢出效应三种研究视角的比较分析,探讨溢出效应的三种产生机制及对比整合分析,总结溢出效应的应对策略,提出目前研究的空白及未来研究的方向。

(4)第 4 章:品牌危机与消费者社会认知因素的互动研究。研究品牌危机类型(能力型 vs.道德型)与消费者社会阶层(高社会阶层 vs.低社会阶层)的交互效应,解释该交互效应产生的作用机制,为企业消弭品牌危机的影响提供合理化建议。

(5)第 5 章:品牌危机与消费者具身认知因素的互动研究。研究环境温度(实际温度和感知温度)如何影响消费者的具身认知,及其如何影响消费者对品牌危机的容忍度;探究品牌类型(拟人 vs.非拟人)与环境温度(高温 vs.低温)的交互效应;解释该交互效应产生的作用机制;为企业消弭品牌危机的影响提供合理化建议。

(6)第 6 章:应对品牌危机的推理模式策略研究。研究品牌道德危机类型(与业务相关型 vs.与业务无关型)与消费者道德推理模式(合理化模式 vs.脱钩化模式)的交互效应,解释该交互效应产生的作用机制,为企业重塑品牌的形象和重建消费者的信任提供合理化建议。

(7)第 7 章:应对品牌危机的道歉方式策略研究。研究品牌道歉策略侧重方式("为什么"vs."怎么办")与消费者思维模式(整体式思维 vs.分析式思维)的交互效应,解释该交互效应产生的作用机制,为企业重塑品牌的形象和重建消费者的信任提供合理化建议。

(8)第 8 章:研究成果与展望。对于本书的一系列结果进行系统讨论和总结,深入分析了各个子模块和全书整体的理论创新点及管理实践启示,同时解释了现有研究的不足和局限性,以及指明了未来可能的研究方向。

1.5　研究方法

（1）案例分析（case study）：查找和回顾了关于品牌危机和品牌危机管理的经典案例，通过对案例中一些有趣且矛盾的现象的分析，提出本书拟解决的研究问题和研究目的，为后续的文献研究法和实证研究法提供现实依据。

（2）文献研究法（literature review）：通过文献研究法，对品牌管理研究、品牌危机管理研究、消费者认知研究、品牌溢出效应研究等相关的文献进行梳理和总结，界定相关概念的定义和内涵，归纳相关变量的分类标准，明确相关变量的测量和操控方法，深入理解相关理论的演化和发展脉络，为后续的定量实证研究做好准备工作。

（3）实验法（experiment）：本书以实验法为主要研究方法，目的在于探索变量间的因果关系及效用的内在机理。通过一系列的实验研究，本书试图探索不同类型的品牌危机对具有不同认知类型的消费者的品牌评价、品牌态度、品牌信任等方面的作用，以及不同类型的品牌危机应对策略对不同认知类型的消费者的品牌评价和购买意愿等方面的修复作用。实验法在严格控制其他影响因素的前提下，分别对品牌危机的类型、品牌危机修复策略的类型、影响消费者认知的因素等自变量进行操纵，以消费者对品牌或企业的评价、印象、信任和对产品或服务的购买意愿等为因变量，探究其间的交互影响和互动规律。

1.6　结构安排和技术路线

本书具体的篇章结构安排和整体技术路线图如图 1.1 所示。

1.7　研究创新点

1.7.1　理论方面的创新点

在相关理论方面，本书的研究着眼于现代社会的热点话题，立足于前沿性的学术领域，首次创新性地对近期心理学和社会学领域广泛关注的课题进行扩展，即将消费者的不同认知模式的一系列影响引入品牌危机管理领域。以往关于品牌危机的研究大多关注如何对消费者全体产生影响以及产生怎样的影响，本书

结构安排		技术路线
第1章		**绪论** 研究背景　研究意义　研究内容　研究创新点
效应篇	第2章	**品牌危机个体效应研究**　　**品牌危机溢出效应研究** 研究视角　影响因素　危机类型　应对策略　　研究视角　影响因素　产生机制　应对策略
	第3章	
消弭篇	第4章	**品牌危机与消费者社会认知因素的互动研究**　　**品牌危机与消费者具身认知因素的互动研究** 文献回顾　假设推导　实验研究　结果讨论　　文献回顾　假设推导　实验研究　结果讨论
	第5章	
重塑篇	第6章	**应对品牌危机的推理模式策略研究**　　**应对品牌危机的道歉方式策略研究** 文献回顾　假设推导　实验研究　结果讨论　　文献回顾　假设推导　实验研究　结果讨论
	第7章	
第8章		**研究成果与展望** 研究成果　研究意义　研究局限　未来展望

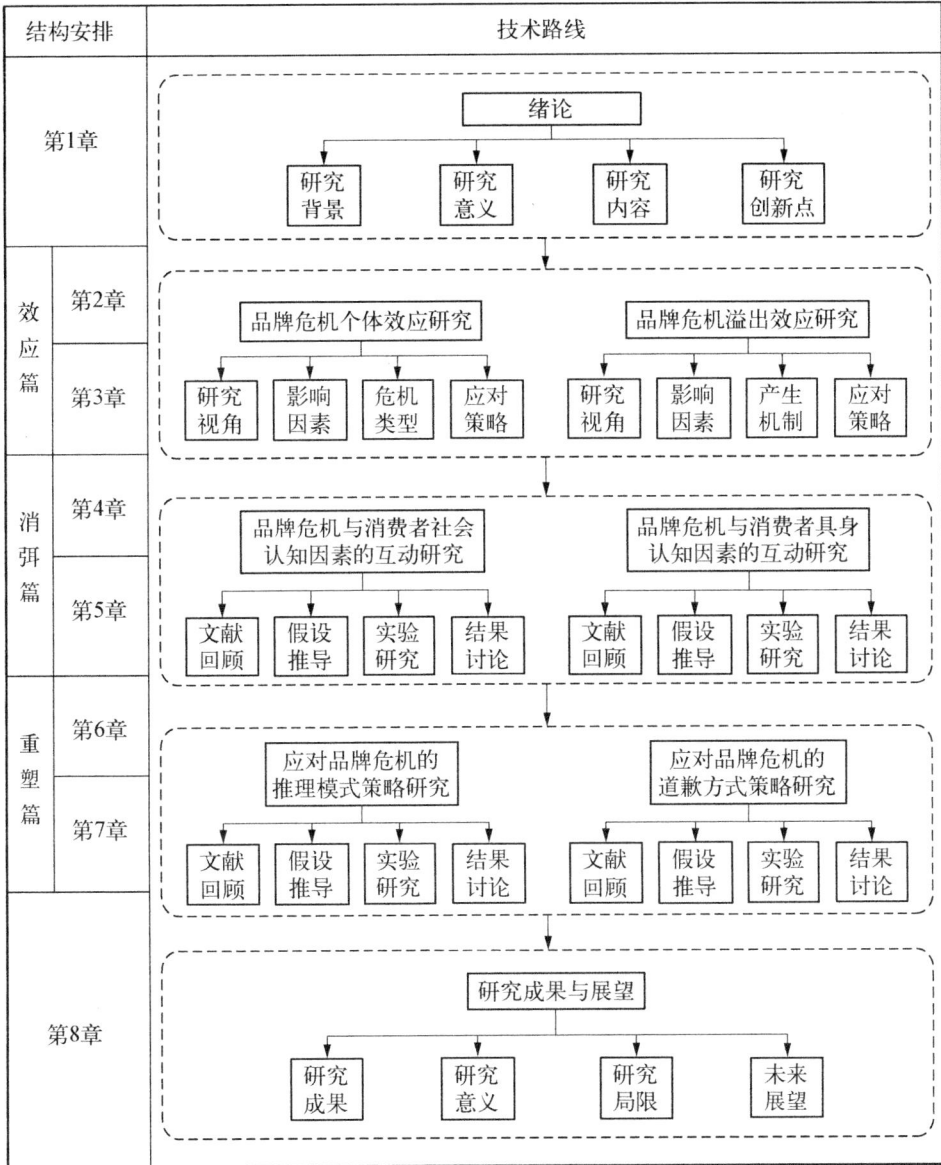

图 1.1　技术路线图

在以往研究的基础上,重点关注可能相关的消费者认知因素,从主观认知、社会认知、具身认知等个体特征的角度探究品牌危机与消费者互动的匹配效应,及其对品牌评价和产品或服务的购买意愿的影响。与此同时,所有研究都进一步解释了互动效应的作用机制,并从理论角度探讨如何将研究成果转化为可行的建议。研究结论一方面拓展了消费者认知相关研究成果的应用范畴,另一方面也对品牌危机管理领域的相关理论做了有益补充,为企业如何依据消费者的个人特性特征制定合适有效的危机公关策略、缓解品牌危机的负面伤害提供理论依据,也为品牌危机管理提供积极的理论指导。

1.7.2 企业管理实践方面的创新点

在企业管理实践方面,本书为企业的管理者提供了新的思路,创新性地提出了企业可以将消费者的认识因素作为降低品牌危机的负面伤害作用的手段和提高品牌危机应对策略有效性的途径。通过根据消费者不同的认知模式进行目标和潜在客户群的划分,从而制定更具有针对性的危机公关战略,或者也可以通过启发和呼吁消费者采用某种特定的认知模式来处理危机的信息,从而制定出与消费者认知匹配的危机应对策略,达到事半功倍的效果。此外,在发生品牌危机时,企业还可以根据危机的类型和消费者的特性特征及时预测该危机信息所造成后果的严重程度,从而制定快速有效的公关措施。因此,本书的研究结论在管理实践上也同样具备积极的创新价值。

1.7.3 政府管理实践方面的创新点

在政府管理实践方面,本书也试图为政府引导消费者关注某些品牌负面信息(如在"3·15晚会"上公布质量不达标企业的信息)提供新的思路,同时也为呼吁民众关心企业环境污染、滥用童工、偷税漏税等道德负面丑闻提供新的方法。本书提出通过启发消费者采用特定认知的方式,可以激发消费者的同情心,增加对他人的关注度,进而降低对某些在能力或道德方面发生危机的品牌的评价和购买行为。因此,相比于以往研究中一味地关注如何减少品牌危机对品牌的伤害作用,本书同样指出政府(甚至危机品牌的竞争品牌)可以通过引导消费者的思考模式而增加其对危机事件的关注度和加剧危机的负面影响,这也是本书的一个创新点。

1.8 本章小结

本章着重论述了本书的研究背景,在分析了当前品牌负面消息频发的现实基础上,提出了本书的研究问题,并从理论和实践角度阐释了品牌危机和消费者认知对消弭品牌危机影响和重塑品牌形象的重要意义。然后,本章强调了研究达成的研究目标,搭建了研究的整体脉络,归纳了主要涉及的研究内容,介绍了采用的研究方法,最后提炼了本书的主要研究创新点。

效应篇

品牌危机的效应体系

品牌危机管理是全球企业品牌管理的必修课,特别是随着市场环境的快速变迁以及新兴社交媒体的推波助澜,危机应对的重要性日益凸显。近些年,由于企业品牌危机事件频发,学术界对于品牌危机的研究也层出不穷。自 20 世纪 90 年代开始,营销学者们对品牌危机主题开始广泛关注,在近 20 年来涌现出大量研究成果,并发展为比较完善的理论体系。从品牌危机的概念和内涵、研究范畴,到品牌危机管理理论构建以及实践应用,学术界对该领域的探索逐步成熟。鉴于此,本章将从消费者行为学的视角出发,对品牌危机的相关理论基础做概括性的综述,厘清品牌危机的概念与理论框架,总结品牌危机产生的个体和溢出效应,阐明品牌危机的类型和细分影响,解读品牌危机的应对策略效果和应用条件。希望读者通过阅读本章,能够对消费者行为学中的品牌危机管理有一个清晰的总体认识。

品牌危机(brand crisis)是一个综合性的概念,其含义广泛,覆盖多个方面。现有文献中对其也有诸多版本的定义,比如,Dawar 和 Lei(2009)将品牌危机定义为能体现毫无根据或虚假的品牌主张且会给品牌带来严重伤害的广为人知的事件。Dutta 和 Pullig(2011)将品牌危机定义为威胁品牌实现预期收益的能力从而削弱品牌资产的意外事件。本书综合借鉴以往文献,认为品牌危机是指品牌在营销过程中发生的关于产品、服务、企业整体或员工个人的具有破坏性且传播面广的负面事件(王晓玉,晁钢令,2009)。

通常来说,学术界在对品牌危机的研究中还使用过相似的称谓,包括负面曝光事件(negative publicity)(Ahluwalia, Burnkrant & Unnava, 2000; Xie & Peng, 2009)、负面品牌曝光事件(negative brand publicity)(Pullig, Netemeyer & Biswas, 2006; Monga & John, 2008)、负面品牌行为(negative brand actions)

(Trump，2014)、品牌丑闻(brand scandal)(Lee，Youn & Nayakankuppam，2011；Roehm，& Tybout，2006)、品牌失误(brand failure)(Cheng，White & Chaplin，2012)、品牌不端行为(brand misconduct)(Huber，Vollhardt，Matthes & Vogel，2010)、产品伤害危机(product-harm crisis)(Cleeren，Van Heerde & Dekimpe，2013；Dawar & Pillutla，2000；Klein & Dawar，2004；Laufer & Coombs，2006；Siomkos & Kurzbard，1994)、产品错误行为(product wrongdoings)(Puzakova，Kwak & Rocereto，2013)等多种。

本篇通过对品牌危机研究的整理归纳，将消费者行为学中的品牌危机文献归纳成系统性的理论框架(见表1)。该理论框架大致涵盖两个大类研究，分别为品牌危机的个体效应研究和品牌危机的溢出效应研究。其中，第一大类研究为品牌危机的个体效应研究，主要关注品牌危机对品牌本身或消费者认知和态度的影响。该研究框架包含四方面的研究内容，即品牌危机个体效应的研究视角，品牌危机个体效应的影响因素研究，品牌危机的类型研究，以及品牌危机的应对策略研究。然而，这四方面的研究并不是完全独立存在的，可能针对同一个研究问题相互融合、互有补充。例如，Dutta 和 Pullig(2011)的研究同时涉及品牌危机类型研究和品牌危机的应对策略研究，探究了企业如何根据品牌危机类型制定合理有效的应对机制。本书将在第二章中对该理论基础进行详细的阐述。

表 1　消费者行为学中品牌危机研究的理论框架

章节	研究框架	研究内容	具 体 描 述
第2章	品牌危机的个体效应研究	研究视角	对品牌本身的效应(品牌资产、市场份额、品牌声誉、股票价格等)
			对消费者认知与态度的效应(消费者—品牌关系、品牌信任、品牌态度或评价、购买意愿等)
		影响因素	品牌层面 危机事件层面 消费者层面
		危机类型	危机分类 对危机效应的影响
		应对策略	应对策略的类型 应对策略的效果

章节	研究框架	研究内容	具 体 描 述
第3章	品牌危机的溢出效应研究	研究视角	品牌组合或品牌联盟内部
			竞争品牌或竞争品类
			原产国形象或原产国其他品牌
		影响因素	品牌层面 危机事件层面 消费者层面 国家层面
		产生机制	可接近性—可诊断性模型
			范畴理论和联想网络理论
			同化—对比效应
		应对策略	对于品牌组合和品牌联盟 对于竞争品牌 对于原产国和该国其他品牌

第二大类研究为品牌危机的溢出效应研究,主要关注品牌危机对危机品牌之外的利益相关者的影响。该研究框架包含四方面的研究内容,即品牌危机溢出效应的研究视角,品牌危机溢出效应的影响因素研究,品牌危机溢出效应的产生机制研究,以及品牌危机溢出效应的应对策略研究。其中,溢出效应的影响因素研究和应对策略研究都从品牌组合或品牌联盟内部、竞争品牌或竞争品类、原产国家及该国其他品牌这三个研究视角展开。本书将在第三章中对该理论基础进行详细的阐述。

第2章
品牌危机的个体效应研究

2.1 引言

随着市场环境的压力日益增大,媒体信息的传播逐步透明,品牌负面曝光事件相继涌现于各大报端和媒体网络,在社会公众中引起了强烈的反响和关注。品牌危机的曝光可能会将企业之前苦心经营的一切毁于一旦,其危害已经被广泛且深刻地认识,在学术界有大量的文献探讨了品牌危机对于品牌形象和品牌声誉的损害,包括危机事件对于品牌资产(brand equity)的损害(Dawar & Pillutla, 2000; Dutta & Pullig, 2011)和品牌信任的瓦解(Chaudhuri & Holbrook, 2001),而且企业由于危机事件会遭受资本净值的估价损失和股价的下跌(Davidson & Worrell, 1992; Van Heerde, Helsen & Dekimpe, 2007)。然而,品牌危机的伤害作用远不止如此,品牌危机对于消费者的打击同样受到了大量的关注,从降低品牌的评价(Dawar & Lei, 2009)和信赖度(Kim, 2014),到削弱消费者对该品牌的偏好和购买意愿(Dawar & Pillutla, 2000)等。

本章将对消费者行为领域内品牌危机的相关文献进行梳理和整合,对其各个子模块的研究现状进行归类和总结,从而形成一个完整化、系统化、可视化的研究体系。具体来说,本章对以下子模块的内容进行总览:第一,本章将提出品牌危机个体效应研究的两个视角,即危机对品牌的负面效应视角和危机对消费者的负面效应视角,并从两个视角出发汇总品牌危机对哪些具体方面的变量产生负面效应;第二,本章将从品牌层面、危机事件层面和消费者层面总结影响品牌危机效应的因素,并进一步归纳影响因素的作用机理和互动规律;第三,聚焦品牌危机事件层面中的危机类型因素,讨论区分危机类型在品牌危机管理中的重要作用,为后续的实证研究做好理论准备;第四,回顾品牌危机的应对策略研究,探究应对策略的类型以及影响不同应对策略有效性的因素;第五,从消费者行为学角度,梳理品牌危机研究的发展历程,指明未来的研究发展方向。

2.2　品牌危机的个体效应及视角

品牌危机的个体效应研究可以归纳整理为两大类视角。

第一类视角关注品牌危机对品牌或企业本身的资产、声誉和市场份额等方面的影响。从品牌或企业角度来看,品牌危机将对品牌本身的发展带来一系列负面效应,而企业的品牌危机管理应对方式也会对品牌产生不同的影响,包括品牌资产降低、品牌声誉受损、市场份额丢失、股票价格下跌等消极结果(Davidson & Worrell,1992;Dawar & Pillutla,2000;Hsu & Lawrence,2016;Knight & Pretty,1997;Marcus,Swidler & Zivney,1987;Chu,Lin & Prather,2005)。例如,丹麦报道宝洁公司的 Wash & Go 洗发水引起脱发事件损害了"保护头发"的核心品牌理念,导致其市场份额下降 75%(Jensen,2015)。同样,标为日本原产地的 Snow 品牌牛肉实际上是从澳大利亚进口的,破坏了"正统原产"的核心品牌理念,并导致该公司股票价格严重下跌以及公司加工厂停产(Nakamoto,2002)。有研究表明,上市公司的品牌危机(如产品召回)将会导致股价的严重下挫,历史数据显示:品牌危机给股价带来平均 7% 的下滑(Dawar & Pillutla,2000;Yeung & Ramasamy,2012)。因此,第一类视角的研究相对宏观,大多是企业战略管理层关注的课题。

第二类视角关注品牌危机对消费者的品牌认知、态度和行为等方面的影响。从消费者角度来看,品牌危机的发生一般会损害消费者期望获得的利益,伤害消费者和品牌的关系,丧失其对品牌的信任或信赖度,降低消费者的品牌态度及评价,甚至会减少消费者的品牌选择或购买意愿等。因此,第二类视角的研究相对微观,大多基于消费者行为学理论开展,也是本书聚焦的重点内容。下面将对品牌危机的一些主要效应加以阐释。

(1) 损害消费者期望获得的利益。Pullig,Netemeyer 和 Biswas(2006)以及 Dutta 和 Pullig(2011)的研究中将消费者期望获得的利益根据危机类型进行细分,并提出对于涉及产品或服务质量缺陷的能力型危机(如产品功能缺陷)会妨碍消费者获得功能性利益(functional benefit),对于涉及社会道德和价值观的道德型危机(如滥用童工)会威胁消费者获得象征性利益(symbolic benefit)。而当品牌无法满足消费者对利益的期望时,便会进一步影响他们对品牌的整体态度和选择。

(2) 伤害消费者—品牌关系。Aaker,Fournier 和 Brasel(2004)指出,品牌危机会在很大程度上对消费者—品牌关系(consumer-brand relationship)造成伤害,其影响程度取决于关系的情境,其中消费者—品牌关系的强度和长度是影响的重要因素。品牌关系持续的时间越长,消费者越希望维持品牌关系,对品牌的信任随着关系持续时间的增长而增加。尽管品牌危机与消费者的期望相悖,但拥有长期关系的消费者因为对品牌的情感依恋而不太可能改变对品牌的看法。Huber 等(2010)的研究基于关系和一致性理论同样解释了品牌危机对消费者—品牌关系及其对消费者回购意图的影响。根据文中模型,品牌通过满足消费者的需求,使实际和理想的自我达到一致来提升消费者—品牌关系的质量。而品牌危机破坏了这种对于一致性的诉求,使得消费者和品牌的关系质量受到威胁,进而降低了消费者的回购意愿。

(3) 降低品牌态度或品牌评价。品牌危机产生的另一个重要影响是会降低消费者的品牌态度或品牌评价。Ahluwalia 等(2000)发现,品牌负面事件会降低消费者的品牌态度,特别是低品牌承诺的消费者,因为负面信息对他们来说非常有效(诊断性强)。不仅如此,Roehm 和 Brady(2007)以及 Dawar 和 Lei(2009)指出:品牌危机会对消费者的品牌评价产生负面效应,尽管发生危机的可能是具有高资产的品牌或消费者很熟悉的品牌。Monga 和 John(2008)的研究从消费者自身思维模式的角度同样得出了品牌负面信息对品牌评价的负面影响,但这种影响对分析式思维的消费者来说更加严重,因为他们更少考虑导致危机的可能环境因素而更多责备于品牌。

(4) 丧失对品牌的信任。在社会交往中,信任对于维持人际关系是非常重要的,而信任在维护消费者与品牌的关系中同样具有举足轻重的作用。Xie 和 Peng(2009)将消费者对品牌的信任定义为包含企业可信度和相应的信任意愿在内的总体评价。而品牌的负面信息会使消费者对品牌的信任大打折扣,因此需要企业采取一系列措施来修复消费者信任。Yannopoulou,Koronis 和 Elliott(2011)的研究提出:品牌危机会对消费者的品牌信任度产生负面效应,而通过大众媒体的传播会引发公众的感知风险,从而放大了危机对品牌信任的负面效应。除了传播因素之外,Lei,Dawar 和 Gürhan-Canli(2012)在研究中结合行业中发生危机的基准频率信息(base-rate information)同样发现了品牌危机对消费者品牌信任的伤害作用。

(5) 减少品牌选择或购买意愿。Siomlos 和 Kurzbard(1994)提出品牌危机会导致一系列严重的负面后果,而企业的回应方式会影响消费者的感知危险,从而影响消费者未来的购买意愿。同样关注企业回应方式的研究者 Dawar 和 Pillutla(2000)在研究中指出品牌危机会降低消费者的购买意愿,并且讨论了企业回应方式与消费者的品牌预先期望对购买意愿的影响。Klein 和 Dawar(2004)详细解释了产品伤害危机对消费者购买意愿产生影响的路径,危机事件会使消费者责备犯错的品牌,对品牌的评价随之降低,进而减少对危机品牌的产品的购买意愿。

综上,品牌危机的个体效应研究主要涉及品牌本身和对消费者的一系列负面影响,有的甚至会产生连锁反应。明晰品牌危机个体效应的两种视角便于整体把控研究的结构框架,为后续效应体系的构建奠定基础。

2.3　品牌危机效应的影响因素

由于品牌危机会对消费者产生巨大的负面效应,如何预测、调节和预防危机事件的伤害作用是学者们一直关注的课题,因此,在消费者行为学领域讨论品牌危机效应的影响因素是十分必要的。文献中关于影响品牌危机效应的可能因素从大的类别来看主要分为三个层面。第一层面是品牌层面,包含反映品牌本身特征的变量,如品牌声誉、品牌定位等。因为品牌声誉高的品牌与品牌声誉低的品牌发生类似的危机,其影响效果会存在差异,而发生与品牌自身定位相悖的危机会加剧负面伤害的效果。第二层面是危机事件层面,包含反映品牌危机本身特征的变量,例如危机类型、危机严重性等。即使是同一个品牌发生不同类型的危机,其负面效应都会不同,而严重程度越高的危机对品牌的伤害越大。第三个层面是消费者层面,包含反映消费者自身特征的变量,如人口变量中的性别和年龄、消费者思维模式、消费者文化差异等。同一个品牌发生同一种危机,对不同类型消费者的触动也会存在差异,比如女性对危机的受伤程度可能高于男性,而认知方式或思维模式在其中也担任非常重要的角色。下面将对影响品牌危机个体效应的三个层面的主要因素进行总结。

2.3.1 品牌层面

1. 品牌声誉

品牌声誉是影响危机破坏效应的重要因素。品牌声誉代表了危机之前品牌的表现在多大程度上满足了品牌利益相关者的期望的总体评价(Coombs,2007)。积极的品牌声誉一般被认为是有价值的无形资产,在吸引消费者、产生投资价值、提高财务绩效、吸引优秀人才、增加投资回报率、创造竞争优势等诸多方面存在促进作用(Coombs,2007)。现有的很多文献关注在危机时期品牌声誉是扩大还是减弱了危机的负面效应,但得出的研究结论并不统一。有些研究基于消费者前期判断整合理论、消费者偏差同化理论、消费者认知一致性理论等,认为积极的品牌声誉能够缓解危机负面效应(如 Ahluwalia,Burnkrant & Unnava,2000;Coombs & Holladay,2006;Dawar & Pillutla,2000;Klein & Dawar,2004;Siomkos & Kurzbard,1994;Siomkos & Shrivastava,1993),但也有些研究基于期望违背理论等认为积极的品牌声誉甚至会加剧危机的负面效果(如 Dean,2004;Lyon & Cameron,2004;Rhee & Haunschild,2006)。这些研究从不同的视角分析了品牌声誉的作用,都具有一定的理论解释能力。

因此,鉴于这些不一致的结论,研究者们试图发现一些可能的调节变量来区分不同的影响结果。比如 Lei 等(2012)的研究讨论了行业内发生危机的基准频率信息对消费者品牌评价的影响受到品牌预先声誉和危机与其他危机的相似性的调节作用。具体地,对于有积极预先声誉的品牌,如果危机与行业内其他危机相似时,行业内发生危机的基准频率信息较高(vs.低)会使消费者对品牌有更少的责备和更高的品牌评价;然而,如果危机与其他危机相似性信息缺失时,效应反转,行业内发生危机的基准频率信息较低(vs.高)会使消费者对品牌有更少的责备和更高的品牌评价。以上这些规律对有消极预先声誉的品牌并不适用。Sohn 和 Lariscy(2015)更加细致地将品牌危机分类为能力型危机和道德型危机,并运用期望违背理论(expectation violation theory)讨论品牌声誉在不同类型危机中的影响。他们认为积极的品牌声誉在道德型危机中会产生加剧伤害的作用(boomerang effect),降低消费者的品牌评价,因为道德不端的信息会违背消费者的期望;而积极的品牌声誉在能力型危机中可能会起到缓解伤害的作用

(buffering effect)。Kim(2014)的研究同样关注能力型危机的负面影响,但他将品牌声誉细化为企业能力声誉和企业社会责任声誉,并提出负面企业能力声誉(vs.负面企业社会责任声誉)会更加加剧产品伤害危机的消极影响,而正面社会责任声誉(vs.正面企业能力声誉)会更加弱化产品伤害危机的消极影响。综上,我们可知品牌声誉作为品牌层面的因素会对危机效应产生不同的影响,究竟积极的品牌声誉对品牌是"雪中送炭"还是"火上浇油"要根据具体情况而定。

2. 品牌定位

品牌定位通过在消费者记忆中的品牌联想来影响品牌态度(Ajzen & Fishbein,1980)。而品牌的定位也会对品牌危机的效应产生影响。Pulllig 等(2006)的研究探讨了品牌的定位与危机类型是否一致会对消费者的品牌态度产生影响。当消费者对品牌的预先态度确定性低时,与品牌定位一致(vs.不一致)的危机会有更多的品牌态度变化;当预先态度确定性高时,与品牌定位一致(vs. 不一致)的危机会有更少的品牌态度变化。

2.3.2　危机事件层面

1. 危机事件的类型

一般来说,品牌危机产生的效应与危机的类型密不可分。文献中对品牌危机类型的研究大多将其分为能力型危机和道德型危机(Dutta & Pullig, 2011; Pullig, Netemeyer & Biswas, 2006; Sohn & Lariscy, 2015; Votolato & Unnava, 2006)。能力型危机是指由于企业业务能力的失败引起产品和服务质量出现问题的危机,这类事件关乎消费者的切身利益和保障,会对消费者产生强烈的负面效应。道德型危机是指企业做出违背伦理道德标准和社会价值观等行为的危机,这类危机一般不会妨碍消费者获得产品的功能性利益,但可能危害到消费者的象征性价值以及他人和社会的利益。文献中普遍的观点认为,相比道德型危机,能力型危机对品牌和消费者的负面影响更严重,因为关系到消费者们相对比较在意的核心利益。据此,研究者们根据品牌危机类型的不同,探究其对消费者的品牌态度(Pullig, Netemeyer & Biswas, 2006)、消费者的信任度和忠诚度(Sohn & Lariscy, 2015)、品牌应对策略有效性(Raju & Rajagopal, 2008; Dutta & Pullig, 2011)等方面的影响差异。所以,品牌危机的类型是危机事件层面影响这些效应的重要调节因素。

2. 危机事件的严重性

一般来说,品牌危机事件越严重,对品牌的伤害作用越强,消费者的反响越消极。例如,手机性能缺陷导致电池充电不足的品牌负面信息在某些情况下可能被消费者忽略,而手机性能不足导致电池爆炸的品牌危机事件则会在消费者中引起轩然大波,产生巨大的负面影响。此外,更严重的危机事件可能激发愤怒和焦虑等情绪,这也会占用消费者的认知能力(Pham,1996;Sanbonmatsu & Kardes,1988;Sengupta & Johar,2001)。然而 Roehm 和 Brady(2007)的研究指出:品牌危机的严重性会暂时缓解高资产的品牌在危机后的品牌评价恶化的现象。如果在危机发生后立即评估,中等程度的危机(相比严重的危机)对高资产品牌的伤害更大,但如果经过一段时间后评估,不论危机的严重程度如何,都将对高资产品牌造成伤害。类似的,Dawar 和 Lei(2009)指出:对于与品牌核心利益关联性高的危机事件,消费者的品牌评价更负面。Germann 等(2014)的研究同样指出,事件严重性会对消费者反应产生不同的效果:当危机事件不严重时,品牌承诺还可以缓解消费者的消极反应;而当危机事件严重时,品牌承诺反而会起到雪上加霜的负面作用。

2.3.3 消费者层面

1. 消费者对品牌的预先态度

Dawar & Pillutla(2000)的研究表明:对于那些对企业预先期望较高的消费者,企业坚定地承认错误或者坚定地否认错误都可以将品牌资产的损失控制在比较小的范围。Ahluwalia 等(2000)的研究表明:消费者更倾向于接受与自己态度相一致的信息,对于该品牌承诺低的消费者更看重负面的品牌报道,而品牌承诺高的消费者更看重正面的品牌报道,对负面信息会产生抵触作用。Dawar 和 Lei(2009)的研究同样指出:消费者对品牌的熟悉程度会影响品牌评价。他们认为对于熟悉度高的品牌,只有与核心利益相关的危机才会伤害品牌评价,而对于熟悉度不高的品牌,不论是否威胁核心利益的危机都会造成负面评价。以上研究发现了消费者对品牌有积极的预先态度会对品牌危机的负面影响产生缓冲作用。当然,这一效应也不是一直存在的。Germann 等(2014)的研究同样关注消费者的品牌承诺,并发现了积极的品牌承诺可能加剧品牌危机负面影响的情况。他们发现当危机事件不严重时,积极的品牌承诺会缓解消费者的消极反应;而当危机事件比较严重时,积极的品牌承诺反而会加强消费者的消极反应,认为品牌的行为背叛了自己的信赖。

2. 消费者的人口因素

Laufer 和 Gillespie(2004)发现消费者的性别会对品牌危机的归因产生影响。他们在两个单独的实验中发现,在不清楚品牌危机是由公司、消费者还是情境因素负责时,女性会将责任归咎于公司。他们分析了女性比男性更多责备公司这一现象背后的机制,这是因为女性的个人脆弱性更高,更容易受到伤害。她们担心可能会出现类似的危机,从而通过产生防御性归因而给予公司更多的责备。Laufer,Silvera 和 Meyer(2005)的研究发现:不同年龄段消费者(年轻消费者/老年消费者)在对品牌丑闻的责备归因方面存在差异。比如老年消费者相对于年轻消费者来说认知能力有限,搜寻信息的意愿较低,相对更多地依赖于预先已有的认知框架而不是新的危机信息来进行归因,由此对信息模糊的品牌危机反应并不是很强烈,责备也相对较少。但另一方面,老年消费者比年轻消费者处理信息的时间更多,也有更高的动机去处理信息,因此这一差异也可能会被减弱甚至消除。在这一文献中,作者们只是综述了年龄对危机归因产生影响的潜在因素和可能结果,并没有开展实证研究作为证据。但在 Silver,Meyer 和 Laufer(2012)的后续研究中,作者们进一步通过实证研究探讨了消费者年龄对品牌产品危机的影响。实验结果表明,与年轻消费者相比,老年消费者认为产品危害危机的威胁性较小,对公司的责备较少,购买和向他人推荐涉及品牌危机的产品的意愿更强。这一实证结论对 2005 年的理论推演做了很好的印证。

3. 消费者思维模式

王海忠等(2010)的研究指出,高品牌承诺下,独立自我建构(independent self-construal)与相依自我建构(interdependent self-construal)的消费者都倾向于外部情境(external context-based)归因,但是低品牌承诺下,独立自我建构的消费者倾向于内部情境(internal object-based)归因,相依自我建构的消费者倾向于外部归因。Monga & John(2008)首先将思维模式与品牌丑闻的研究结合起来,并结合了认知负荷和环境显著性这两个变量,得出整体式思维(holistic thinking)的消费者降低品牌评价的倾向小于分析式思维(analytic thinking)的消费者,因为他们比分析式思维的消费者更多考虑了外部因素的影响,但是如果消费者的认知负荷较高的话,整体式思维的消费者也将无力考虑外界的影响,并且分析式思维的消费者只有在环境因素非常显著的情况下才会考虑。一般认为,品牌承诺是消费者抵御品牌负面信息的关键,然而田阳等(2014)的研究表明,这一过程会受到自我调节聚焦导向的调节：当消费者处于促进型调节聚焦导向(promotion focus)时,低承诺消费者的品牌态度显著下降,而高承诺消费者不受影响；当消费者处于防御调节聚焦导向(prevention focus)时,无论其品牌承诺高低,品牌态度均会受到负面信息的影响。这是因为处于防御调节聚焦导向的时候,高品牌承诺消费者的态度保护动机受到抑制,难以对品牌负面信息产生抵抗作用。研究还发现,促进型调节聚焦导向的消费者较防御型调节聚焦导向的消费者更不容易受到品牌负面信息的影响。

综合以上研究,我们提炼出影响品牌危机个体效应的一些简要的观点。

第一,品牌危机个体效应的影响因素可以大体归纳为三个层面,即品牌层面、危机事件层面和消费者层面。

第二,品牌层面的影响因素包括品牌声誉和品牌定位等。拥有高品牌声誉在大部分情况下可以成为危机品牌的"保护伞",来降低危机产生的伤害作用,但有些时候"能力越大,责任越大",高品牌声誉会成为加剧消费者负面情绪的"火药"。

第三,危机事件层面的影响因素包括危机事件的类型和危机事件严重性等。一般来说,相比于道德型危机事件,能力型危机事件产生的消极影响会更强,而越严重的危机事件会对品牌和消费者产生越大的负面后果。

第四,消费者层面的影响因素包括客观人口因素和思维模式等。一般情况下认为女性比男性更容易受到品牌危机的伤害,而年长的消费者对品牌危机的接受程度比年轻人更高。此外,消费者的思维模式、调节聚焦导向、自我建构等因素也会对品牌危机的效应起到重要的作用。因此,在考察危机的个体效应时要关注以上几个方面的潜在影响因素,从而更加全面系统地搭建品牌危机的效应体系。

2.4　品牌危机的类型及相关研究

2.4.1　品牌危机的类型

为了更加深入地研究品牌危机的影响,学者们对其进行了细致的分类,并根据不同的品牌危机类别进行细分化的探究。比如 Votola 和 Unnava(2006)在研究中将品牌危机的信息分为品牌能力型负面信息（competence negative information）及品牌道德型负面信息（morality negative information）。其中，能力型信息是指与企业或个人实现品牌对消费者承诺的能力相关的信息。能力型负面信息指的是企业没有达到产品或服务的质量标准，没有能力实现对消费者的品牌承诺。而道德型信息是指与企业或个人的道德伦理和准则相关的信息。道德型负面信息是指与消费者既定的道德规范相背离的负面信息（如欺骗行为）。

无独有偶，Pullig，Netemeyer 和 Biswas（2006）以及 Dutta 和 Pullig（2011）在文章中将品牌危机划分为与性能相关的品牌危机（performance-related brand crisis）和与价值观相关的品牌危机（value-related brand crisis）。具体来说，与性能相关的品牌危机通常是关于产品或服务的缺陷，会降低对该品牌实现其功能价值（functional benefit）的感知能力（Dawar and Pillutla，2000；Roehm and Brady，2007）。而与价值观相关的品牌危机并不会直接涉及实现品牌功能价值的产品或服务的属性，而是围绕着在社会道德方面体现品牌象征性价值和心理价值（symbolic and psychological benefit）的品牌价值观。苹果公司使用童工丑闻、美联航公司的种族歧视丑闻都是这种品牌危机的例子。

同样的划分方式也存在于 Lee，Youn 和 Nayakankuppam（2011）的文章中，他们将品牌危机的内容细分为内在性品牌丑闻（intrinsic brand scandal）和外在性品牌丑闻（extrinsic brand scandal）。内在性品牌丑闻是指主要与产品缺陷相关的品牌丑闻（如产品的性能或质量问题），而外在性品牌丑闻是指与社会和价值观相关的品牌丑闻（如虐待劳工、污染环境等）。

此外，Sohn 和 Lariscy（2015）也类似地将品牌危机分为企业能力型危机（corporate ability crisis）和企业社会责任型危机（corporate social responsibility crisis）。其中，企业能力型危机是指与企业的产品、服务、技术创新和产业领导力相关的威胁企业声誉的重要事件。企业社会责任型危机是指与社会规范、社会价值观、社会友善、社区参与和企业慈善活动等相关的威胁企业声誉的重要事件。

综合文献中的观点可以看出，学术界把品牌危机大致归结为两类。一类与品牌绩效和企业能力（competence/performance/ability）相关，是指由于企业的业务能力的失败引起产品和服务质量出现问题的危机，在本书中将其简称为能力型品牌危机。这类事件关乎消费者的切身利益和保障,会使消费者产生强烈的负面情绪,增加感知风险,进而降低消费者对品牌或产品的评价和购买意愿(李玉峰,刘敏,平瑛,2015;孙莹,杜建刚,李文忠,苏萱,2014;范春梅,贾建民,李华强,2012),如丰田汽车召回事件[①]、耐克运动鞋质量丑闻[②]。另一类与品牌道德和价值观(morality/value/CSR)相关,是指企业做出违背伦理道德标准和社会价值观等行为的危机,本书中将其简称为道德型品牌危机。这类危机一般不会妨碍消费者获得产品的功能性利益,但可能危害到象征性价值以及他人和社会的利益,如苹果童工门[③]、大众汽车环保丑闻[④]。

2.4.2 品牌危机类型的相关研究

不同于以往文献中笼统地对所有品牌危机进行统一研究,学者们通过对品牌危机的细分,为未来探索品牌危机的后续影响打开了一扇全新的大门。其实,能力型和道德型品牌危机的区别不仅仅体现在其内涵上,还会进一步对消费者的品牌态度产生不同的影响。目前,有少部分学者基于这种分类,把品牌危机类型与品牌本身因素或消费者个人因素等相关变量相结合进行研究,考察不同的品牌危机如何影响消费者的品牌态度、品牌危机的溢出效应,以及企业应对策略的效果。

首先,品牌危机类型对消费者的影响。Pullig,Netemeyer 和 Biswas(2006)等结合消费者对品牌预先态度的确定程度(prior attitude certainty)考察消费者面对品牌危机后的态度变化问题。消费者一般事先对品牌持有某种态度,而这种态度的确定程度会对消费者面对品牌危机后的态度产生影响。当消费者对品牌预先态度的确定程度较低,且能力型定位的品牌发生性能相关危机(performance-related crisis)时,消费者的品牌态度变化(brand attitude revision)高于发生价值相关危机时的变化;当消费者对品牌预先态度的确定程

---

① 中国新闻网.油门踏板存在问题 丰田美国再召回 230 万辆汽车[EB/OL]. (2010 - 01 - 22) [2018 - 10 -19]. http://www.chinanews.com/auto/auto-bl/news/2010/01 - 22/2086806.shtml.

② 中国政府网.上海质监部门:耐克运动鞋抽检不合格[EB/OL]. (2012 - 10 - 10) [2018 - 10 - 19]. http://www.gov.cn/fwxx/sh/2012 - 10/10/content_2240631.htm.

③ 网易新闻.苹果主动承认非法雇用童工 这又该让谁汗颜了[EB/OL]. (2012 - 01 - 16) [2018 - 10 - 19]. http://news.163.com/12/0116/10/7NSRFCSJ00014AEE.html.

④ 人民网.详解大众"排放门"始末:"德国制造"在华遭遇形象危机[EB/OL]. (2015 - 09 - 25) [2018 - 10 -19]. http://sn.people.com.cn/n/2015/0925/c349214 - 26532513.html.

度较低,且道德型定位的品牌发生价值相关危机(value-related crisis)时,消费者的品牌态度变化高于发生性能相关危机时的变化;而当消费者对品牌预先态度的确定程度较高,且能力型定位的品牌发生性能相关危机时,消费者的品牌态度变化低于发生价值相关危机时的变化;当消费者对品牌预先态度的确定程度较高,且道德型定位的品牌发生价值相关危机时,消费者的品牌态度变化低于发生性能相关危机时的变化(Pullig, Netemeyer, & Biswas, 2006)。此外,以往文献中有些研究认为好的品牌声誉对品牌危机的负面效果有缓解作用,而有些研究则认为好的品牌声誉对品牌危机会起到加剧的伤害作用。根据这些研究结论的不一致,Sohn 和 Lariscy(2015)从品牌危机类型的角度加以区分,分别考察了企业的声誉在品牌危机中对消费者态度、信任度、忠诚度等的负面影响中起到缓冲还是加剧作用。他们认为,对于企业能力型危机(corporate ability crisis),拥有好的品牌能力声誉可以缓解危机的负面效果(buffering effect);而对于企业社会责任型危机(corporate social responsibility crisis),拥有好的社会责任声誉反而可能会加剧负面影响(boomerang effect),因为这一危机违背了消费者对品牌在道德方面的期望(Sohn & Lariscy,2015)。

其次,品牌危机类型对溢出效应的影响。Votolato 和 Unnava(2006)基于以上对品牌危机信息的分类,探究了信息类型如何影响品牌联盟(brand alliance)中某一方曝光负面事件对其合作品牌的溢出效应。品牌联盟一般指品牌拥有共同目的或利益的品牌结盟,通常会联合使用某种营销策略或营销渠道进行宣传(例如,麦当劳提供迪士尼玩偶,迪士尼园区内提供麦当劳餐饮服务)。该研究着重讨论了品牌联盟中搭档品牌(partner brand)的负面信息对主品牌(host brand)的溢出效应,并发现在消费者认为主品牌与搭档品牌同样有罪(有直接联系)时,该负面信息会对主品牌产生溢出效应,并且能力负面信息(incompetence information)比道德负面信息(immorality information)对主品牌伤害更严重(Votolato & Unnava,2006)。同样在关注品牌危机溢出效应的研究中,Lee,Youn 和 Nayakankuppam(2011)等结合消费者的思维模式(thinking style)探究了品牌危机的类型同样会影响对其他竞争品牌的溢出效应。思维模式可以分为分析式思维和整体式思维两种,分析式思维模式的消费者倾向于忽视情境信息和事物之间的联系,更关注将焦点事物从环境中分离出来就事论事,这使他们更容易对涉及品牌本质的内在性品牌丑闻(intrinsic brand scandal)(vs. 外在性品牌丑闻，extrinsic brand scandal)产生溢出效应，认为竞争品牌也更容易发生同样的质量危机；而整体式思维模式的消费者倾向于依靠情境信息及焦点事物与环境之间的关联性来考虑问题，这使他们更容易对品牌外在的道德型(vs.能力型)危机产生溢出效应，认为竞争品牌更容易发生同样的道德危机(Lee，Youn，& Nayakankuppam，2011)。

最后，品牌危机类型对企业应对策略的影响。Raju 和 Rajagopal(2008)在研究中讨论了企业的回应对消费者品牌态度的作用受到品牌危机类型的调节。与前人的分类方法类似，他们将品牌分为由于企业道德缺失引发的道德失误(ethical failure)和由于企业能力不足导致的能力失误(competence failure)。他们发现对于道德失误，企业采用否认(比承担责任)策略，消费者的态度更积极；对于能力失误，企业采用承担责任(比否认)策略，消费者的态度更积极。Pullig 又与 Dutta 合作于 2011 年发表了后续研究。该文章同样沿用 Pullig，Netemeyer 和 Biswas(2006)的品牌危机分类方式，并将其应用于探究企业的回应策略是否有效这一问题。作者基于偶然性观点(contingency-based view)具体探究了企业分别针对能力型和道德型的品牌危机的三种回应方式，即否认策略(denial)、减小进攻性(reduction-of-offensiveness)、改正行为(corrective action)，对于修复消费者的感知风险、重建消费者的品牌态度和购买行为的有效性。研究发现，企业面对品牌危机并不存在"以不变应万变"的回应策略，不同的策略是否有效与品牌危机的类型密切相关。对于品牌的能力型危机，企业的改正行为是唯一有效的策略；而对于品牌的道德型危机，减小事件攻击性和改正行为对消费者来说有近似的效果(Dutta & Pullig，2011)。此外，陶红和卫海英(2016)的研究关注危机类型和品牌声誉如何影响企业主动自我揭露危机信息的"抢雷策略"的有效修复作用。他们的研究显示，功能主导型危机下，无论是高声誉品牌还是低声誉品牌，其抢雷的修复效果均好于不抢雷；道德主导型危机下，抢雷策略仅对高声誉品牌有更好效果，对低声誉品牌无更好效果。

综上，表2.1汇总了关于品牌危机类型的相关研究，基于现有的文献可知，品牌危机的类型是在分析品牌危机效用研究中一个相当重要的因素。不论是考察品牌危机对消费者品牌态度的伤害，考察品牌危机对品牌联盟和竞争品牌的溢出效应，还是考察企业的回应策略对修复消费者信心的有效性，危机类型都具有举足轻重的决定性地位。因此，为了在目前有限的理论基础之上更加深入探索品牌危机类型的关键作用，本书将其与消费者认知因素的互动作为研究重点，并试图将心理学、社会学等领域的前沿性研究结论融入品牌危机领域，为丰富和扩展品牌危机管理理论创造新的价值。

表 2.1　品牌危机的类型和相关研究

作者(年份)	研究情境	品牌危机类型	其他变量	因变量	主　要　观　点
Votolato 和 Unnava (2006)	对品牌联盟的溢出效应	品牌的能力型负面信息 vs.道德型负面信息	主品牌和搭档品牌	对主品牌的态度	在消费者认为主品牌与搭档品牌同样有罪时，该负面信息会对主品牌产生溢出效应，并且能力负面信息比道德负面信息对主品牌伤害更严重
Pullig, Netemeyer 和 Biswas (2006)	对品牌的影响	性能相关的危机 vs.价值相关的危机	品牌定位预先品牌态度的确定程度	品牌态度	品牌发生和其定位匹配的危机时，当预先品牌态度的确定程度高(低)，对品牌态度的影响小(大)
Raju 和 Rajagopal (2008)	品牌回应策略的有效性	能力失误 vs.道德失误	品牌回应策略（否认、承担责任）	品牌态度	对于道德失误，采用否认(比承担责任)策略，消费者态度更积极；对于能力失误，采用承担责任(比否认)策略，消费者态度更积极
Dutta 和 Pullig (2011)	品牌回应策略的有效性	性能相关的危机 vs.价值相关的危机	品牌回应策略（否认、减小进攻性、改正行为）	感知风险品牌态度品牌考虑	对于绩效型危机，改正行为是有效的策略；对于价值型危机，减小事件攻击性和改正行为同样有效
Lee 等 (2011)	对竞争品牌的溢出效应	品牌丑闻的外在性内容 vs.内在性内容	思维模式（整体式 vs.分析式）	溢出到竞争品牌的可能性	对于外在性(内在性)品牌丑闻，整体式(分析式)思维的消费者相比于分析式(整体式)思维的消费者更容易产生对竞争品牌的溢出效应
Sohn 和 Lariscy (2015)	企业声誉对品牌危机起到缓冲还是加剧作用	企业能力型危机 vs.企业社会责任型危机	品牌声誉	品牌态度品牌信任忠诚度满意度	对于能力型危机，好的品牌声誉可以缓解危机的负面影响；对于社会责任型危机，好的品牌声誉反而可能会加剧负面影响

作者(年份)	研究情境	品牌危机类型	其他变量	因变量	主　要　观　点
陶红和卫海英(2016)	抢雷策略对危机修复效果的影响	功能主导型vs.道德主导型	品牌声誉	消费者原谅未来互动意愿	功能主导型危机下,无论是高声誉品牌还是低声誉品牌,其抢雷的修复效果均好于不抢雷;道德主导型危机下,抢雷策略仅对高声誉品牌有更好效果,对低声誉品牌无更好效果

资料来源:根据相关文献整理。

2.5　品牌危机的应对策略

在品牌危机发生后,企业如何应对可能存在的负面效应是学者们和企业管理者们一直关注的课题。采取有效的危机公关策略和危机响应机制可以让企业在很大程度上缓解品牌危机产生的负面伤害作用,修复给消费者带来的信任缺失,弥补在市场表现上的巨大损失。否则,如果企业采取了不恰当的应对策略,不仅不会缓冲品牌危机产生的危害,反而会起到适得其反的效果,使原本就糟糕的情况雪上加霜。近30年来,学术界和企业管理者一直在不断探索能降低品牌危机负面效应的有效方法,然而在品牌管理领域中并没有一种"包治百病"的标准化应对方案可以解决所有的危机难题,"以不变应万变"的处理宗旨在品牌危机管理实践中并不适用。"具体问题具体分析"的权变理念才是危机管理的核心。

2.5.1　应对策略类型

诸多品牌危机领域的现有文献探讨了企业不同类型的应对策略,例如McLaughlin, Cody, O'Hair(1983)年提出所有的应对策略可以根据降低恶化的程度划分为几种:沉默、承认、寻找借口,辩护、拒绝。Benoit(1997)在其研究中将品牌形象修复策略总结为五个大类:否认、逃避责任、减小事件攻击性、改正行为、表现屈辱感。此外,Coombs(1998)在前人研究的基础之上将品牌危机的沟通策略扩充为七种类型:攻击控告者、否认、寻找借口、辩护、迎合、改正行为、道歉。Dawar 和 Pillutla(2000)的研究更加系统全面,他们认为企业的回应策略可以是从明确承认到明确拒绝的连续变量。明确承认包括承担责任,向消费者或其他受影响的利益相关者道歉,以及某种形式的补救措施,如自愿产品召回或免费更换。相反,明确拒绝包括拒绝承担责任和不采取任何补救措施或根本没有交流意愿。除了上文提到的那些广泛的应对策略外,一些研究人员还进一步探索了一些具体的应对策略。Ahluwalia,Burnkrant 和 Unnava(2000)在研究中讨论了两种否定策略:反辩和诊断。前者的应对策略侧重于通过质疑危机事件的正确性来向消费者提供反驳品牌丑闻的证据。相反,后者侧重于降低负面信息的价值从而与产品类别中的替代品牌加以区分。Xie 和 Peng(2009)考察了三种道歉应对策略在修复客户信任中的作用:情感修复工作,包括向消费者和公众道歉,以及对受害者表示遗憾和同情;功能性修复工作,通常涉及纠正危机错误的经济补偿,可以采取自愿产品召回或赠送购买优惠券的形式;信息修复工作,包括适当的沟通,如提供证据,澄清事实,并在危机处理过程中披露最新消息。Dutta 和 Pullig(2011)基于 Benoit(1997)的观点具体选择了企业的三种回应方式探究对修复消费者的感知风险,重建消费者的品牌态度的有效性,即否认策略、减少攻击性、改正行为。

尽管研究者对危机应对策略的分类没有达成共识,但是所有这些应对策略都可以依据危机品牌承担责任与否,整合于"拒绝—道歉"的连续变量之中(Li & Wei,2016)。"拒绝"是指企业在危机事件后不承认错误,不承担责任,或不采取补救措施;而"道歉"是指企业在危机事件中承认错误,承担责任,或采取补救措施。通过研究具体的回应策略,研究者和企业管理者可以了解如何更好地使用这些应对策略。

2.5.2　应对策略有效性的影响因素

面对如此繁多的品牌危机应对策略,究竟哪种对于企业恢复品牌形象和消费者信心更加有效呢? 同一种策略在不同的情境下效果是否也有不同? 在选择危机公关方案时需要考虑哪些层面的因素才会让方案更加行之有效,不至于导致更加糟糕的结果? 要回答以上问题,就需要系统梳理影响应对策略有效性的因素。与品牌危机效应的影响因素类似,应对策略有效性的影响因素也主要集中在三个层面:危机事件层面、品牌/企业层面、消费者层面。下面将就每一方面做出更加详细的阐释。

1. 危机事件层面

根据上文对品牌危机类型的总结可知,品牌危机事件的类型是影响危机效应的重要变量,很多情况都需要结合危机的事件因素进行剖析。类似的,品牌危机应对策略的修复效果同样受到危机事件层面因素的约束。

Coombs(2007)根据情境危机传播理论将危机事件分为三类,还根据承担责任的程度不同制定了三类应对策略组合,与这些危机类型相互匹配。文章提出,危机管理人员应该依据承担危机责任的必要程度来制定危机应对策略。具体来说,情境危机传播理论建议企业在发生受害危机时采用否认策略,在发生意外危机时使用消弭策略,并在发生可预防危机的情况下采用重建战略。同样的结论也被 Claeys 和 Cauberghe(2014)证实,对于可预防的危机最好的应对策略是全面负责并向消费者道歉(即重建策略)。

在同样研究品牌危机事件因素对应对策略效果的影响研究中,Raju 和 Rajagopal(2008)认为,在降低消费者信任方面,道德型危机比能力型危机更有害。因此,企业可以在道德型危机的真实性无法确定时选择否认策略以避免潜在的负面结果,但如果道德危机无可辩驳时,企业则需要冷静地承认过错并展开相关的信任修复工作。而企业面对能力型危机则需要采取有效的道歉策略以降低对消费者信任的伤害。然而,Dutta 和 Pullig(2011)在研究中发现,对于和绩效相关的危机,采取改正行为是最好的应对策略;但对于和价值相关的危机,与成本较高的改正行为相比,减少攻击性具有相同的效果。他们认为是因为当消费者考虑购买产品时更看重功能性利益而不是象征性利益,因此在面对不影响消费者获得功能性利益的价值相关危机时,改正和减少攻击性效果差异不大。

2. 品牌/企业层面

就像人际互动一样,品牌或公司的特征或行为可能会影响消费者对其应对策略的反应,进而影响其效果。Aaker 等(2004)发现,品牌特征会影响品牌危机的负面效应:如果是兴奋型品牌(具有青春朝气、活力四射、吸引力和创造力等品牌特征)发生品牌负面事件,在企业道歉之后,消费者与品牌的关系强度反而会比之前还高;而如果是真诚型品牌(具有关注温暖、充满关怀、家庭取向和传统主义等品牌特征)发生品牌负面事件,企业道歉并不会提升消费者与品牌的关系。Puzakova 等(2013)同样发现品牌的人性化行动对品牌危机效应可能产生负面的后果,即品牌危机发生后,消费者对人性化的品牌评价将比非人性化品牌下降更多。这是因为消费者认为赋予人类特征的品牌具有意念和意图,因此,在品牌危机发生后,消费者将更多的责任归咎于人性化品牌。除了品牌的个性或人性特征外,品牌声誉或品牌资产也可能影响响应策略的有效性。例如,Brady 等(2008)发现:高品牌资产比低品牌资产会对品牌产生更有利的满意度评估和行为意图。品牌资产效应是缓解品牌危机负面伤害、提升品牌应对策略有效性的重要助力。而 Liu 和 Shankar(2015)的研究讨论了消费者对企业产品召回策略的反应,他们认为对媒体关注度越高、后果越严重、感知产品质量越高的品牌,消费者对召回策略的反应越消极。

3. 消费者层面

企业采取应对策略是否有效,在很大程度上取决于消费者本身的因素。同样的应对策略在不同的消费者身上可能会体现出截然不同的结果,他们或者会原谅危机品牌,或者适得其反。有一些有趣的研究关注了消费者层面因素是如何与企业危机应对策略产生互动,进而影响策略的有效性问题。

Laufer 是第一位系统研究人口统计学变量在消费者对品牌危机反应中的作用的学者。Laufer 和 Gillespie(2004)探讨了品牌危机后男女之间责难归因的差异,发现女性对这种负面经历的责备比男性多。更重要的是,他们发现潜在的机制是女性更加脆弱,更容易受到发生在她们身上的危机的影响。Samaraweera 等(2013)研究了国家文化是否会影响消费者对企业危机应对策略的反应。他们发现中国和斯里兰卡之间存在回避不确定性(uncertainty avoidance)上的差异,斯里兰卡的消费者对不确定性的回避动机更显著,因此危机品牌必须在斯里兰卡采取强而有效的应对措施,而在中国采取自愿的产品召回策略就足以维持品牌声誉。

除了这些人口变量之外,研究人员还探索了一些可能在品牌危机中扮演角色的个人因素。Monga 和 John(2008)探讨了消费者思维模式对品牌危机影响的影响。通过 3 项研究,结果显示整体式思维的消费者比分析式思维的消费者更不容易受到品牌危机的影响。因此,在品牌危机之后,整体式思维的消费者的品牌态度高于分析式思维的消费者。这是因为整体式思维的消费者更可能考虑基于外部背景的品牌危机解释。Haselhuhn 等(2010)发现内隐信念(implicit belief)会影响人际交往环境中的信任恢复。他们的实验结果表明，渐进式信念的消费者(incremental beliefs，即相信道德品质可以随着时间而变化的个体)在接受企业道歉之后比实体式信念消费者(entity biliefs，即相信道德品质不会改变的个体)更可能信任危机品牌。同样地，Puzakova 等(2013)探索了拒绝、道歉和赔偿三种可能影响消费者对拟人化品牌评估的企业应对策略。结果再次表明，具有实体式信念的消费者比具有渐进式信念的消费者更难改变对危机品牌的负面印象。因为实体式信念消费者认为人性化品牌很难在将来改进其本质，所以给予合适的补偿策略对他们来说是一种非常有效的应对措施。

2.5.3 道歉策略

人们普遍认为，解决这些危机问题的最佳方法是立即向直接或间接受到这些品牌相关不良事件影响的受害者道歉。基于道歉的定义和许多研究的结果，补救解决方案似乎是任何有效道歉的重要组成部分(Orenstein，1999；Conlon & Murray，1996；Fehr & Gelfand，2010)。在某些情况下，道歉对于缓解与品牌危机有关的问题以及重建消费者的信任和回购意图是一种很有效的方法(Bradford & Garrett，1995；Dean，2004；Maxham & Netemeyer，2003)。但是有时候，道歉并不怎么有效(Fehr & Gelfand，2010；Skarlicki et al.，2004)，并且可能是一种危险的策略，甚至会使恶劣的情况变得更糟(Kellogg，2006；Mitchell，1989)。

鉴于道歉策略的混合效果，管理者可能会怀疑道歉何时起作用。在先前的文献中已经表明，道歉的影响取决于许多因素，包括消费者对品牌的承诺(Ahluwalia et al.，2000)，消费者对企业反应的期望(Dawar & Pillutla，2000)，危机的性质(Dutta & Pullig，2011)和个体特征(Fehr & Gelfand，2010；Maddux et al.，2011)。例如，对于侵犯诚信行为的道歉对日本人的信任修复效果比对美国人更大，但对于涉及能力问题的道歉对美国人来说比日本人更有效(Maddux et al.，2011)。最近，道歉研究开始考虑到一些背景因素(Newman & Kraynak，2013；Roschk & Kaiser，2013)。例如，当违规行为不明确时，仅仅表达关注他人感情的部分道歉被认为更可能减少愤怒和其他消极情绪。相反，如果犯罪过程清晰明确，充满歉意的悔罪行为对受冤屈的人来说比部分道歉或不道歉更好（Newman & Kraynak，2013）。Conlon 和 Murray（1996）表明，企业道歉的延迟反应时间会直接影响消费者的满意度和购买意愿。与为错误发生的原因提供借口相比，承担责任将增加消费者的责任、满意度和购买意愿。此外，如果采取补救措施，可以获得更多的满意度。Roschk 和 Kaiser（2013）发现，道歉越强烈或道歉越早，受访者越满意。此外，Lee 和 Chung（2012）也得出结论：有用的公司道歉通常包括责任、同情、赔偿以及不会再发生的承诺。他们的研究进一步表明，主动而非被动地承担责任并实施补救解决方案（例如适当的保证和赔偿）可以更好地减少公众的不满。

在企业层面，Johnson（1993）的案例研究和 Dean（2004）的实证研究均已表明：公司在品牌丑闻发生后主动承担责任并且采取补救措施是最好的应对策略。但品牌危机的类型与企业回应策略之间依旧具有交互关系，Dutta 和 Pullig（2011）的研究指出：对于与产品性能相关的品牌丑闻来讲，比起减少事件攻击性，改正行为在重塑品牌信心（brand confidence）、品牌态度（brand attitude）和品牌考虑（brand consideration）方面更有效，而这两者又都比否认更有效；但是对于和企业价值观相关的丑闻，改正错误和减少事件攻击性效果相同，且都比否认有效。同样是回应策略，方正（2007）则从应对的主体角度，指出不同的应对主体通常会导致不同的后果：与企业应对相比，企业外界力量的应对更能缓解顾客对丑闻的感知危险；在外界应对中，政府应对又优于专家应对和行业应对。

2.6　总结与讨论

本章对品牌危机的个体效应研究文献进行了系统性回顾，主要对三部分内容加以综述。第一，综合现有文献，厘清品牌危机从品牌和消费者这两个研究视角出发的负面效应。第二，将品牌危机效应的影响因素汇总，从品牌层面、危机层面、消费者层面因素进行总结和归纳。一般来说，在品牌资产或品牌忠诚度方面有优势的品牌对品牌危机的负面伤害更有抵御能力。第三，本章着重根据品牌危机的类型分别讨论了危机类型对消费者态度的影响，对品牌危机溢出效应的影响，以及对企业应对策略的影响。第四，本章还集中讨论了能降低品牌危机负面效应的有效方法，并对道歉策略相关文献进行了更加详细的介绍。通过综合考察,本章发现并不存在一把"万能钥匙"可以解决企业的所有难题,没有一种策略可以应对所有的品牌危机,系统全面地分析与危机、品牌和消费者相关的具体因素后制订科学合适的补救方案才是上策。

第**3**章

品牌危机的溢出效应研究[①]

3.1 引言

在明确了品牌危机给品牌自身和消费者带来的巨大伤害之外,学者们并没有仅停留在研究发生负面事件的品牌,近几年有越来越多的研究者将目光投向它的溢出效应上。目前,通过对现有文献的归纳总结,品牌危机溢出效应的影响可以理解为品牌危机对其他关联品牌或利益相关者产生的影响。总体来看,品牌危机的溢出效应主要表现为三个方面。第一,溢出效应表现为对危机品牌所在母公司或合作品牌的股价、市场份额、口碑、购买行为、品牌忠诚度等方面的负面影响。例如,2017 年绿能宝互联网创新服务平台深陷兑付危机,导致其母公司 SPI 能源互联网股份公司在纳斯达克市场上的股价大幅下跌[②]。第二,溢出效应还包括对危机品牌的竞争品牌的市场份额和所在品类购买量的负面影响。例如,2008 年三鹿奶粉的三聚氰胺事件波及全国各大乳制品品牌,包括伊利、蒙牛、光明等,甚至重创中国乳品业的信誉,导致多个国家禁止进口中国乳制品[③]。第三,品牌危机的负面效应还会更加广泛地溢出到品牌的原产国形象甚至该国其他的品牌。例如,2016 年韩国电子企业巨头三星品牌的电池爆炸事件,给品牌和消费者带来了不可估量的损失,而韩国政府也因为维护三星品牌遭受舆论的质疑。韩国亚洲新闻通信报道认为"此事件不仅损害了三星的品牌形象,更令韩国国家形

[①] 本章部分内容来源于著者发表在《心理科学》期刊 2015 年 39 期的论文《品牌负面事件的溢出效应及影响因素述评》。

[②] 新浪财经.绿能宝不止兑付危机一个麻烦:母公司股价下跌或退市[EB/OL]. (2017 - 04 - 17) [2018 - 10 - 19]. http://finance.sina.com.cn/wm/2017 - 04 - 17/doc-ifyeifqx6181296.shtml.

[③] 百度百科.中国奶制品污染事件[EB/OL]. (2018 - 07 - 23) [2018 - 10 - 19]. https://baike.baidu.com/item/中国奶制品污染事件/86604.

象受辱"①。此次手机爆炸事件,不仅对品牌自身口碑及市值产生了巨大的负面影响,更波及韩国国家形象及经济发展。然而,与一贯的负面溢出效应不同的是,有些文献中也提出了某些品牌危机会对竞争品牌有积极的正向溢出效应,即品牌危机可能会导致消费者转投于购买其竞争品牌,从而使竞争品牌获益(如 Borah & Tellis,2016)。因此,为了更系统全面地把握负面曝光事件的影响程度和波及范围,对其相关研究成果进行梳理和解读是很有必要的。

基于此,本章主要围绕品牌负面曝光事件溢出效应的分类、影响因素、产生机理及受溢出效应影响品牌的应对策略等内容对中外文献进行述评,期望为未来的研究者提供理论基础,也为企业的品牌危机管理提供实践启示。本章的创新之处有以下几点:① 扩展以往相关研究,首次系统地对溢出效应的以往研究进行整合,归纳了溢出效应的三个研究视角并讨论了其影响因素;② 结合近期最新发表的国内外研究,考察了品牌负面事件对原产国形象以及该国家的其他品牌或产品的溢出效应,这是以往综述没有涉及的创新点;③ 全面探讨溢出效应产生的心理机制并展望未来研究的发展方向,为学者提供新的研究视角;④ 归纳针对溢出效应三种视角的应对策略,并给出合理化的建议,在品牌管理的实践方面提供了积极的启示和借鉴;⑤ 提出着眼于当代社会中互联网与新媒体环境,借助大数据等新视角来全新解读溢出效应将是未来研究的重要方向。

3.2　品牌危机的溢出效应

3.2.1　品牌危机溢出效应的定义

溢出效应(spillover effect)是指一个主体的某一特征或信息会影响到并不具有这一特征或信息的其他主体的现象(Ahluwalia, Unnava & Burnkrant,2001)。而将这一概念运用于品牌危机领域可知,品牌危机溢出效应是指品牌危机的影响往往不局限于品牌本身,也会给消费者对非曝光品牌的评价和消费决策带来伤害。这种受到某品牌负面事件牵连,而使其他未发生负面事件的主体的目标属性受到伤害的现象,称为品牌危机的溢出效应(Ahluwalia, Unnava &

---

① 网易新闻.三星深陷爆炸门　你的手机电池安全吗?［EB/OL］.(2016 - 09 - 16)［2018 - 10 - 19］. http://news.163.com/16/0916/23/C14F5SVC00014JB5.html.

Burnkrant，2001）。因此，对于品牌负面曝光事件来说，在对危机品牌这一主体造成伤害的同时，负面影响还可能进一步扩散到其他非曝光主体，如关联品牌（Votolato & Unnava，2006）、品牌组合（Lei，Dawar & Lemmink，2008）、竞争品牌（Lee，Youn & Nayakankuppam，2011；Roehm & Tybout，2006），其至蔓延到整个行业（汪兴东，景奉杰和涂铭，2012）。

3.2.2　品牌危机溢出效应的影响

目前，通过对大量现有文献的归纳总结，品牌危机溢出效应的影响可以理解为对其他关联品牌或利益相关者的影响。总体来看，溢出效应的影响主要表现为对危机品牌所在母公司或合作品牌的股价、市场份额、口碑、购买行为、品牌忠诚度等方面的负面影响（如 Lei，Dawar & Lemmink，2008；Votolato & Unnava，2006），以及对危机品牌的竞争品牌的市场份额和所在品类购买量的负面影响（如 Dahlèn & Lange，2006；Janakiraman，Sismeiro & Dutta，2009；Roehm & Tybout，2006）。然而，有些文献中也提出了某些品牌危机会对竞争品牌有积极的正向溢出效应，即有利于竞争品牌的溢出效应（如 Borah & Tellis，2016）。

3.3　溢出效应的研究视角及影响因素

近年来，国内外学者对品牌负面事件溢出效应的研究都很关注，涌现出众多高质量的研究成果。总的来看，大部分研究可以归纳为三种视角：① 关注对品牌组合或联盟内部关联品牌的溢出效应；② 关注对曝光品牌外部竞争品牌或竞争品类的溢出效应；③ 关注对品牌原产国及该国其他品牌或产品的溢出效应。而从这三种视角出发的影响因素研究大部分可以统一在一个有效的分析框架下，即考察这些影响因素是从哪一种研究视角出发，以及分别处于品牌、曝光事件、消费者、国家的哪一个具体层面，从而系统清晰地对观点加以融合和提炼。下面将据此梳理并归纳溢出效应及其影响因素。

3.3.1　品牌组合或品牌联盟内部的视角

为提升营销策略的市场效率，营销者们利用现有品牌资产的优势努力培育品牌组合或品牌联盟中品牌之间的关联度。比如,品牌组合中的母品牌和子品牌、主品牌和副品牌、合作品牌和品牌联盟等常采用共同的品牌名称或标志、相似的广告、互补性营销手段等高效率的营销策略来获益(Lei, Dawar & Lemmink,2008)。然而,这种关联度的培育是一把双刃剑,当品牌负面事件曝光时,这种关联会产生品牌组合内部的溢出效应,使组合中未发生危机事件的品牌也承受伤害。当然,这种负面的溢出效应是否产生不能一概而论,效应的强度大小也与很多因素有关。对于品牌组合或联盟内部视角下的溢出效应,文献大多从品牌自身的特点和危机事件的类型两个具体层面,探究影响品牌组合或品牌联盟内部的溢出效应的关键因素和互动规律。下面对一些学者的主要观点和研究结论进行着重探讨。

1. 品牌间关联性结构

品牌间关联性结构(the structure of relatedness)是从品牌组合内部视角出发的品牌层面的影响因素。国外学者 Lei, Dawar 和 Lemmink(2008)的研究成果关注品牌负面曝光事件对品牌组合(brand portfolio)内部的溢出效应,并首次提出了由于品牌间关联性结构而导致溢出效应的不对称性。这一开拓性的研究结论对溢出效应理论的发展具有重要意义。在此之前的观点认为,企业通过培育品牌组合内品牌之间的关联性可以提高营销的效率,然而 Lei Dawar 和 Lemmink 发现,这种关联性使组合内的品牌更容易受到负面溢出效应的伤害。他们根据关联网络理论(associative network theory),从品牌联想(brand association)的角度深入探究,提出了在人们对品牌组合的联想记忆中,品牌间是具有关联性的,并且这种关联性的整体结构是由联想强度(strength of association)和联想方向(directionality of association)两个属性组成的。其中,联想强度在之前文献中被研究过,表示品牌组合中两个品牌间联想关系的强弱;联想方向性是他们首次提出的,是指品牌组合中从 A 品牌联想到 B 品牌与从 B 品牌联想到 A 品牌的可能性和强度是不同的。他们的研究结论提出,品牌间关联性结构中联想强度和联想方向两个属性都会影响负面事件在品牌组合中的负溢出效应。而且由于两个品牌联想方向和联想强度不对称,产生的负溢出效应也是不对称的。举例说明,如果 A 品牌与 B 品牌之间的联想强度高于 C 品牌,则 A 的负面事件对 B 的溢出效应会高于对 C 的溢出。同时,在联想方向上,如果 A 品牌与 B 品牌之间联想方向不对称,即由 A 联想到 B 比较容易,由 B 联想到 A 比较难,那么当 A 发生负面事件时,对 B 产生溢出的可能性较大,而当 B 发生负面事件时,对 A 产生溢出的可能性较小。

国内学者王海忠、陈增祥和尹露(2009)以此研究为基础进一步深入,从公司层和产品层信息溢出的方向性角度提出两种负溢出效应,即公司信息向产品信息的纵向溢出效应和不同产品间的横向溢出效应。同时,他们还提出同一公司的旗舰产品和非旗舰产品之间也存在非对称的方向性。研究发现,在负面信息的纵向溢出中,旗舰产品受到公司社会责任信息的影响效应更大,而非旗舰产品受公司能力信息的影响效应更大;在横向溢出中,存在旗舰产品对非旗舰产品评价产生影响的非对称溢出效应。这一研究结论也呼应了 Lei、Dawar 和 Lemmink(2008)提出的有关品牌间存在联想方向与联想强度的观点。

2. 品牌负面事件的信息属性

品牌负面事件的信息属性是从品牌组合内部视角出发的事件层面的影响因素。国外学者 Votolato 和 Unnava(2006)探究了品牌联盟中某一方曝光负面事件对其合作品牌的溢出效应如何受到负面信息属性的影响。品牌联盟一般指品牌为了共同的利益或目标,通过采用联合的营销策略或营销手段进行结盟(例如,麦当劳提供迪士尼玩偶,迪士尼园区内提供麦当劳餐饮服务)。文章把负面信息属性分为能力和道德两种:能力负面信息是指品牌或企业没有按约定达到产品或服务的质量标准,是品牌能力方面的不足;道德负面信息是指品牌或企业违反道德或伦理标准,是品牌道德方面的缺失。据此,作者着重讨论了品牌联盟中搭档品牌的负面信息对主品牌的溢出效应,并发现在消费者认为主品牌与搭档品牌同样有罪(有直接联系)时,该负面信息会对主品牌产生溢出效应,并且能力负面信息比道德负面信息对主品牌伤害更严重。

国内研究者段桂敏和余伟萍(2012)的研究更加具体,主要关注副品牌(公司的产品品牌)危机对主品牌(公司品牌)评价的溢出效应。他们从事件责任客观归因和法律责任视角,将品牌危机信息的内容细分为受害型(即消费者认为公司是事件的受害者)、过失型(危机是公司由于过失引起,并非主观故意)和蓄意型(危机是公司主观蓄意产生的),引入信息加工及情感迁移理论,通过实验方法探究发现:副品牌伤害危机引发的消费者负面情感越强,对主品牌的溢出效应越强,评价也越负面(如过失型和蓄意型危机);而若副品牌是受害者,消费者的负面情感较低,对主品牌评价的伤害也较小(如受害型危机)。此外,学者范宝财、杨洋、李蔚(2014)从产品伤害危机信息的危害性、责任性、无德性、违约性和频发性这五大属性的角度,考察同一品牌下相似性不同产品组合间的溢出效应,例如,康师傅的矿泉水产品曝光丑闻,对康师傅果汁饮品(高相似)和康师傅方便面(低相似)的影响程度有何不同。他们发现,危害性和无德性信息内容对该品牌下产品的溢出效应显著,违约性和频发性信息内容的影响不显著,责任性信息内容只对高相似产品的影响显著,而对低相似产品的影响不显著。综上,本章发现品牌负面事件信息的属性是影响溢出效应的重要因素。

3.3.2 竞争品牌或品类的视角

在关注负面曝光事件对品牌组合内关联品牌的溢出效应之外,有越来越多的文献着眼于考察对曝光品牌的竞争品牌和所在品类的负溢出效应。负面曝光事件的影响不仅停留在品牌组合内部,还可能牵连与该品牌有相似性的竞争品牌或竞争品类,严重的甚至会蔓延到整个行业。如"三聚氰胺"奶粉事件使中国乳业品牌遭到重创,肯德基"苏丹红"事件牵连快餐行业其他品牌等。因此,鉴于这类溢出效应带来的严重后果,明晰其影响因素和波及范围也是学术界重点关注的研究领域。已有的竞争品牌或竞争品类视角下的影响因素研究大多处于品牌、曝光事件和消费者三个层面。

1. 曝光品牌与竞争品牌的相似性

曝光品牌与竞争品牌的相似性是品牌层面的影响因素。国外学者Roehm 和 Tybout(2006)根据溢出效应的产生机理——可接近性和可诊断性,分析了曝光品牌如何对竞争品牌(产品)产生溢出效应。他们发现,如果曝光品牌是所在品类里的典型代表或领导品牌,且曝光属性与品类联系很强时,那么这一信息就对该类别的竞争品牌有较强的可接近性和可诊断性,溢出效应就更容易产生;相反,若是曝光品牌并非品类中的代表品牌,且曝光属性与产品类别联系较弱时,这些负面信息便不具有可诊断性,溢出效应也不容易被激活。此外,他们还提出影响溢出效应的重要因素是竞争对手与曝光品牌在问题属性上的相似性。当两者的问题属性相似时,负面信息对竞争品牌具有更强的可诊断性,溢出效应更容易被激活;而如果两个品牌之间存在差异,则可以减少溢出效应发生的可能。无独有偶,这一结论同样被 Dahlèn 和 Lange(2006)证实,他们发现溢出效应如何影响竞争品牌由危机品牌和竞争品牌的相似性决定。具体来说,当危机品牌和竞争品牌在产品属性、功能、形象定位等方面相似时,两者之间联想重叠(associative overlap)的程度较高,消费者产生同化效应,负面影响会溢出到竞争品牌;而两个品牌不相似时,两者之间联想重叠的程度较低,消费者产生对比效应,危机事件甚至会对竞争品牌产生积极的影响。国内学者方正、杨洋、李蔚和蔡静(2013)同样发现,竞争品牌对品类的代表性越强,在产品属性方面与曝光品牌的相似性越高,溢出效应就越容易发生,但如果启动消费者去思考品牌间的差异性,那么溢出效应将会减弱。此外,Janakiraman, Sismeiro 和 Dutta(2009)以及 Mackalski 和 Belisle(2015)通过真实的数据构建模型进一步验证了产品相似性对溢出效应的影响。

2. 品牌声誉

关于品牌层面因素的研究发现,品牌声誉作为企业的无形资产同样可以影响消费者对品牌负面事件的不确定性感知。有文献证明,品牌声誉可以缓冲负面事件给曝光品牌带来的伤害,如具有良好声誉的品牌在经历负面事件后更容易恢复(Siomkos & Shrivastava, 1993),负面事件对高声誉的品牌的感知伤害更小(Siomkos & Kurzbard, 1994)等。在对竞争品牌的溢出效应研究中同样有学者得出类似的结论。Siomkos 等(2010)发现了高声誉的品牌发生曝光事件会向竞争对手负面溢出,而低声誉的品牌发生曝光事件反而可能会对竞争对手有利。Zhao, Zhao 和 Helsen(2011)同样提出品牌声誉在负面事件中发挥缓冲器的重要作用。相比于低声誉的竞争品牌,高声誉的竞争品牌能更好地承受负面溢出效应的伤害,而某些竞争品牌甚至能够从负面事件中获益。

学者 Borah 和 Tellis(2016)的研究更加深入,他们把汽车行业的召回事件作为研究对象,通过构建模型的方法讨论在子品牌下的不同产品品牌之间的溢出效应。他们提出:发生危机的品牌与竞争产品品牌之间的溢出效应存在非对称性,占主导地位品牌的负面危机对非主导品牌的溢出效应较强,而非主导品牌的负面危机对主导品牌的溢出效应较弱。国内学者王军,青平和李慧超(2015)在研究中也发现了类似的非对称效应,他们通过可接近性—可诊断性模型提出,在产品伤害危机背景下,强势品牌与同类品牌联系紧密,其负面信息更具有可接近性,且强势品牌在品类中更具代表性,对弱势品牌的诊断性也更大。而弱势品牌的负面信息对强势品牌的诊断性相对不足。因此,强势品牌对弱势竞争品牌的溢出效应大于弱势品牌对强势竞争品牌的溢出效应,即两者的负面溢出存在非对称效应。

3. 品牌负面事件的信息属性

作为事件层面的因素,研究发现负面事件的信息属性同样会影响对竞争品牌的溢出效应。国外学者 Pullig,Netemeyer 和 Biswas(2006)将品牌负面事件信息分为与性能相关(performance-related)和与价值观相关(value-related)两种。与性能相关事件指品牌的产品性能或服务质量出现问题,影响品牌的功能性价值;而与价值观相关事件指品牌的伦理道德或社会责任的缺失。这种分类方法与 Votolato 和 Unnava(2006)的分类标准类似。国内学者庄爱玲和余伟萍(2011)借鉴这两种分类方法,将品牌负面事件的信息分为产品性能型、公司道德型和道德性能复合型三类,其中增加的道德性能复合型负面事件是指由于道德缺失导致产品性能发生问题的事件(如三聚氰胺事件、双汇瘦肉精事件)。他们通过引入消费者的认知需求(即个体愿意进行思考的趋向,其实质是个体认知动机的差异),讨论了三类事件对竞争品牌的溢出效应。研究认为,对于低认知需求者,道德性能复合型比道德型负面事件更容易向其品类和竞争品牌溢出,而对于高认知需求者没有显著差异;面对道德性能复合型负面事件,低认知需求者对品类和竞争品牌的评价更负面,而面对公司道德型负面事件,不同认知需求的消费者无显著差异。在此研究之后,余伟萍和庄爱玲(2013)又进一步发现相比产品性能型负面事件,道德性能复合型负面事件的溢出范围最广,对竞争品牌的影响更大;并且道德型和道德性能复合型负面事件会向行业内溢出,伤害消费者对竞争品牌的评价,而产品性能型负面事件的影响具有两面性,有时可能会对竞争品牌有利。

4. 消费者的个人特质

品牌负面事件的溢出效应是否发生,除了事件和品牌本身的因素之外,另外一个决定性因素来自消费者。消费者作为评价的主体,消费者层面的特质会较大程度地影响对品牌负面事件的态度,以及对竞争品牌的评价和对产品的购买意愿。Lee,Youn 和 Nayakankuppam(2011)的研究从消费者不同思维模式的角度出发,发现消费者的思维模式是竞争品牌视角下的消费者层面的影响因素。

他们把品牌负面信息分为涉及社会价值观等环境因素的外生型丑闻和涉及产品性能和质量的内生型丑闻,其分类标准与 Pullig, Netemeyer 和 Biswas(2006)的基本类似。由于分析式思维的消费者较少关注情境化信息和事物之间的联系,在处理信息时更关注事件本身,因此更容易受内生型丑闻影响而产生溢出效应,降低对竞争品牌的评价;而整体式思维的消费者更在意外生型丑闻的情境化因素而产生溢出效应,降低对竞争品牌的评价。此外,国内的研究者田阳、黄韫慧、王海忠和何浏(2013)同样讨论了消费者的不同思维模式如何影响品牌危机的负面效应。在跨文化背景下,东方(或相依自我建构)消费者比西方(或独立自我建构)消费者有更大的负面溢出效应。这是由于相依自我建构的消费者倾向于采用整体式思维关注事件之间的联系和情境因素,更容易向竞争品牌产生溢出效应;而独立自我建构的消费者倾向于采用分析式思维关注事件本身,便不会向竞争品牌溢出。

3.3.3　品牌原产国形象及该国其他品牌视角

随着品牌国际化成为学术界的热点,有关品牌负面事件溢出效应的研究不仅局限于探讨对品牌组合、竞争品牌及行业的影响,目前已经有相关研究将其延伸扩展到跨国品牌的负面事件对原产国形象及原产国其他品牌的影响。目前该视角下的影响因素研究涉及品牌、曝光事件和国家三个层面。比如,国内学者江红艳、王海忠和钟科(2014)的研究借鉴刻板印象内容模型(stereotype content model)中把原产国刻板印象内容分成感知能力和感知温情两个维度这一结论(Chattalas, Kramer, & Takada, 2008),进一步运用社会心理学中的期望违背理论(expectancy violation theory; Bond, Omar, Pitre, Lashley, Skaggs, & Kirk, 1992)证明原产国的刻板印象内容(国家层面)会调节品牌危机类型(事件层面)对国家形象的溢出效应。具体而言,对于能力印象的原产国(如德国),能力型品牌危机破坏了消费者对该国在产品制造能力方面的期望,从而产生溢出效应,降低对原产国形象的评价;而道德型品牌危机并没有与期望发生冲突,因此不会对原产国形象评价产生显著影响。相反,对于温情印象的原产国(如意大利),道德型品牌危机破坏了消费者对该国在真诚友好等温情方面的期望,对原产国形象会产生溢出效应,降低对原产国形象的评价;而能力型品牌危机则不会产生显著影响。因此,对能力印象的国家而言,能力型品牌危机(相对于道德型)对国家形象的溢出效应较大;对温情型印象的国家而言,道德型品牌危机(相对于能力型)对国家形象的溢出效应较大。

同样关注对原产国形象溢出效应的国外学者 Magnusson,Krishnan,Westjohn 和 Zdravkovic(2014)对此做了更加细致的研究。首先,他们对原产国进行了分类,按国家的经济发展程度将原产国分为发达国家和新型工业化国家;其次,将原产国形象也细分为宏观形象和微观形象,宏观形象指关于这个国家经济、政治、技术等方面的总体形象,微观形象指反映产品可靠性、质量、创新性等与产品层面直接相关的形象。他们根据原型理论(prototype theory)和图式变化理论(schema change theory)提出了对于发达国家的典型品牌(如德国的梅赛德斯-奔驰),品牌危机会对原产国的微观形象而非宏观形象产生溢出效应;对于新兴工业化国家的典型品牌(如韩国现代),品牌危机对两种国家形象都会溢出负面影响。然而,这一结论并不适用于非典型品牌负面事件的情况。

此外,典型品牌的负面事件不仅会影响原产国形象,还会影响该国的其他品牌。Magnusson 等(2014)发现,当发达国家的典型品牌(如德国的梅赛德斯-奔驰)发生负面事件时,通过原产国微观形象为中介会对原产国的其他产品品牌产生溢出效应;而新兴工业化国家的典型品牌通过微观和宏观形象作为中介会对原产国的其他产品品牌产生溢出效应。然而,这一效应并不适用于非典型品牌,当非典型品牌(如德国贝克啤酒)发生负面事件时,对原产国的非同类产品(汽车)品牌影响不显著,只对同类产品(啤酒)品牌有溢出效应。此外,Borah 和 Tellis(2016)的研究也同样发现了品牌负面事件会向来自同一原产国的其他品牌产生溢出效应。

综上,通过对文献的回顾,我们从品牌组合内部、竞争对手及品类、原产国三种视角分别总结了品牌负面事件的负面溢出效应的影响因素。

3.3.4 溢出效应三种研究视角的比较分析

为了更有效地整合溢出效应的三种视角,本章经过汇总和归纳提出了系统性的逻辑框架(见表 3.1)。

表 3.1　溢出效应的三种研究视角及影响因素

研究视角	影响层面	影响因素		研究重点
品牌组合或品牌联盟内部	品牌层面	关联性结构	联想强度 联想方向	品牌组合中母品牌（parent brand）和子品牌（subbrand）之间的溢出效应（Lei，Dawar & Lemmink，2008）
	事件层面	负面事件信息属性	能力型负面信息 道德型负面信息	品牌联盟中搭档品牌和主品牌之间的溢出效应（Votolato & Unnava，2006）
			受害型、过失型和蓄意型危机事件	副品牌（公司的产品品牌）危机对主品牌（公司品牌）的溢出效应（段桂敏 & 余伟萍，2012）
			危机信息的危害性、责任性、无德性、违约性和频繁性	同一品牌下相似性不同的产品组合间的溢出效应（范宝财，杨洋，李蔚，2014）
竞争品牌或品类	品牌层面	品牌相似性	与曝光品牌的相似性	对竞争品牌的溢出效应（Roehm & Tybout，2006；Dahlèn & Lange，2006；Janakiraman，Sismeiro & Dutta，2009）
			与曝光产品属性的相似性	对竞争品类的溢出效应（方正，杨洋，李蔚，蔡静，2013；Mackalski & Belisle，2015）
		品牌声誉	高声誉品牌 vs.低声誉品牌	对竞争品牌的溢出效应（Siomkos et al.，2010；Zhao，Zhao & Helsen，2011）
			强势品牌 vs.弱势品牌	对竞争品牌的溢出效应（Borah & Tellis，2016；王军，青平 & 李慧超，2015）
	事件层面	负面事件信息属性	产品性能型、公司道德型和道德性能复合型	对竞争品牌和品类的溢出效应（庄爱玲 & 余伟萍 2011；余伟萍 & 庄爱玲，2013）
			外生型 vs.内生型	对竞争品牌的溢出效应（Lee，Youn & Nayakankuppam，2011）
	消费者层面	个人特质	分析式 vs.整体式思维模式	
			独立 vs.相依自我建构	跨文化背景下对竞争品牌的溢出效应（田阳，黄韫慧，王海忠和何浏，2013）

续　表

研究视角	影响层面	影响因素		研究重点
品牌原产国及该国其他品牌	品牌层面	品牌类型	典型品牌 vs.非典型品牌	对原产国家形象或该国家其他品牌的溢出效应（Magnusson et al., 2014; Borah & Tellis, 2016）
	国家层面	国家类型	发达国家 vs.新型工业化国家	
		国家形象	宏观形象 vs.微观形象	
			能力 vs.温情原产国刻板印象	对原产国家形象的溢出效应（江红艳，王海忠和钟科，2014）
	事件层面	负面事件信息属性	能力型 vs.道德型负面事件	

资料来源：根据相关文献整理。

　　通过对三种视角的综合比较分析，同时结合影响因素不同层面的框架，我们发现了以下几点结论。首先，这三种视角的溢出效应存在一些共同之处。它们都包含品牌层面和事件层面的影响因素。因此，本章提出品牌负面曝光事件的溢出效应是否产生以及溢出程度与品牌及事件本身的特征密不可分。其次，品牌层面的影响因素主要关注曝光品牌与非曝光品牌之间的关系，如关联性结构、品牌相似性、品牌声誉等。总的来看，曝光品牌和非曝光品牌的关联性越强，相似程度越高，溢出效应就越容易发生，而良好的品牌声誉可以缓冲负面事件的溢出效应。再次，事件层面的影响因素主要集中在负面事件的信息类型，如能力信息和道德信息。因此，研究者不论探究哪一类溢出效应，都应该将负面事件本身的信息属性作为关键因素加以考虑。最后，通过比较分析，本章也发现这三种视角的溢出效应存在一些差异。例如，在品牌组合内部以及国家形象这两种视角下的文献中，暂时没有将个人特质作为消费者层面影响因素的研究。因此，在未来研究中可以对这两种视角下的消费者层面因素做更加深入的探索。

3.4　溢出效应的产生机制

　　近年来，对品牌负面曝光事件溢出效应产生的心理机制研究一直是学术界的热点问题，已经有相当丰富和具有启发性的成果，总结来看有以下几种主要的理论机制。

3.4.1　可接近性—可诊断性模型

　　在以往的文献中,学者们普遍是从 Feldman 和 Lynch(1988)的可接近性—可诊断性模型(accessibility-diagnosticity framework)的角度出发探究溢出效应发生的心理机理。可接近性的理论基础来源于扩散激活理论(spreading activation theory)。该理论认为,人们的大脑中存在很多概念,概念相互连接会形成网络,例如品牌、产品属性和产品类别等概念相互连接并存在于一个网络中。当一些概念之间的连接足够强时,这些概念可以互相激活(Roehm & Tybout,2006;王军,青平,李慧超,2015)。也就是说,当提到某一个概念时,网络中和它连接较强的概念也会被联想起来。因此,可接近性描述了在大脑联想中,概念是相互连接并且可以相互激活的,这一条件为溢出效应的产生提供了理论上的可行性。可诊断性代表了人们在做决策时对信息之间关联性和有用性的感知(Ahluwalia, Unnava & Burnkrant,2001)。简单来说,可诊断性描述了信息对人们做判断和决策时的有用程度。根据此模型的假设,如果 A 品牌和 B 品牌以及这两个品牌的信息都被激活(可接近性),并且关于 A 品牌的信息对了解 B 品牌是有用的(可诊断性),那么消费者就可以把来自 A 品牌的信息用于推断 B 品牌。

　　因此,学者们将此逻辑应用于阐释品牌负面曝光事件溢出效应的机理,并提出溢出效应的产生同样需要具备两个条件。一是具有可接近性,即当消费者接触到负面事件的曝光品牌时,能够在大脑记忆网络中激活非曝光品牌的信息;二是具有可诊断性,即曝光品牌的负面信息可有效用于判断非曝光品牌(Ahluwalia, Unnava & Burnkrant,2001;Janakiraman, Sismeiro & Dutta, 2009)。也就是说,当消费者接触到曝光品牌的负面信息时,能够联想到非曝光品牌,并且会用这些负面信息推断非曝光品牌,进而影响消费者对非曝光品牌的心理认知和态度,这时就会产生品牌负面事件的溢出效应。简单来说,溢出效应其实是消费者认知的转移(transfer of consumer perceptions)。这种心理机制在解释竞争品牌或品类的视角中应用比较广泛(Janakiraman, Sismeiro & Dutta, 2009;Roehm & Tybout,2006;方正,杨洋,李蔚,蔡静,2013;Borah & Tellis, 2016)。

3.4.2 范畴理论和联想网络理论

Lei，Dawar 和 Lemmink(2008)探究了品牌组合间的溢出效应产生的心理机制，并认为它是一种品牌联想(brand association)的认知过程。在营销领域中通常基于范畴理论(categorization theory)和联想网络理论(associative network theory)来界定品牌联想的概念。范畴理论提出，在消费者认知表征中存在着分层结构，并且会依据某些特征的相似之处来将品牌分门别类(Loken & Ward，1990)。比如，品牌组合中的品牌可以通过共同的母品牌名称(如宝洁)、语音相似性(如 Nescafé 和 Nestea)、空间接近性(在货架上靠近摆放)等方式将品牌相互联结并形成类别。联想网络理论提供了品牌间关联性类型的一般表示，它将品牌知识概念化为由若干包含多种品牌联想(如品牌的主张、评价和属性)的品牌节点(brand node)组成，而这些节点可以揭示品牌在消费者认知中的关联性。

因此，基于这两种理论，Lei，Dawar 和 Lemmink(2008)指出品牌间的溢出效应包含两种连贯的认知过程：对相关节点的检索和更新。检索是指通过联想网络来激活和扩散，当某品牌节点(原点：曝光品牌)被外界信息激发时，这种激活作用会通过联想网络连接扩散到相关的其他品牌节点(终点：非曝光品牌)。品牌间的关联程度反映在被检索的概率和终点品牌被激活的程度上(Morrin，1999)。更新是指关于接触到负面信息后对品牌认知和态度的重新整合，而更新的程度取决于信息记忆和信息引发的思考程度。当品牌间有很强的关联性时，原点品牌的信息对终点品牌就更加凸显和相关(Chapman & Aylesworth，1999)，因而消费者更新认知和态度的程度就更高。由此看来，这种机制与可接近性—可诊断性模型有共通之处(Borah & Tellis，2016)，但更侧重于解释品牌组合或产品组合内部视角下溢出效应产生的理论机理(Lei，Dawar & Lemmink，2008；范宝财、杨洋 & 李蔚，2014)。

3.4.3 同化—对比效应

Dahlén 和 Lange(2006)以及 Gao，Zhang，Zhang，Knight(2015)认为可以用同化—对比效应(assimilation-contrast effect)来解释品牌负面信息向其竞争对手溢出的心理机制。在消费者评价某一事物时，会不自觉地以周围的事物作为标准来进行比较，进而做出判断。如果被评价的事物和周围的标准趋同，两者的重叠程度较高，则与标准相似的知识会被激活，人们会依据相似的信息来评价该事物,即产生同化效应;反之,如果评价的事物和周围的标准背离,两者的重叠程度较低,则与标准相异的知识会被激活,人们会依据相异的信息来评价该事物,即产生对比效应(Meyers-Levy & Sternthal,1993;Chien,Wegener,Hsiao & Petty,2010)。基于这一理论,Dahlèn 和 Lange(2006)提出,当消费者评价曝光品牌的竞争品牌时,会将曝光品牌作为标准来进行比较,消费者产生同化还是对比效应与两个品牌之间的重叠程度有关。如果两个品牌比较相似,重叠程度高,消费者会通过与竞争品牌进行同化效应来评价,从而使对曝光品牌的负面认知和态度向其竞争品牌溢出;而如果两者差异较大,重叠程度低,则消费者会通过与竞争品牌进行对比效应来评价,负面的认知和态度便不会向竞争品牌溢出,甚至可能对竞争品牌有利。此外,国内学者费显政,李陈微,周舒华(2010)提出的传染效应(contagious/infectious spillover effect)和对比效应(contrast/competitive spillover effect)也是类似的原理。

3.4.4　三种产生机制的对比整合分析

以上归纳了品牌负面事件溢出效应产生的几种主要心理机制,尽管这几种理论解释的侧重点不同,但彼此之间并不矛盾,并对全面理解溢出效应的产生起到了互补作用。下面将对以上三种解释进行系统性的对比与整合分析,并归纳溢出效应产生机制的概要重点、侧重解释的研究视角、解释力度等问题(见表 3.2)。

表 3.2　溢出效应产生机制的对比整合分析

理论机制	理论机制重点	侧重解释的视角	解　释　力　度
可接近性—可诊断性模型	产生溢出效应需要具备两个条件:一是具有可接近性;二是具有可诊断性	侧重解释向竞争品牌的溢出效应	对曝光品牌与非曝光品牌相似度高的溢出效应解释力度较强(Janakiraman, Sismeiro & Dutta, 2009;Roehm & Tybout,2006;方正,杨洋,李蔚,蔡静,2013)
范畴和联想网络理论	品牌组合间的溢出效应包含两种连贯的认知过程:对相关节点的检索和更新	侧重解释品牌组合或产品组合内部的溢出效应	可以解释在同一品类或品牌范畴内的非对称溢出效应(与联想方向有关),对曝光品牌与非曝光品牌联想强度高的溢出效应解释力度较强(Lei, Dawar & Lemmink, 2008)

理论机制	理论机制重点	侧重解释的视角	解　释　力　度
同化—对比效应	如果两个品牌比较相似,重叠程度高,会对竞争品牌进行同化评价;而如果两者差异较大,重叠程度低,则对竞争品牌进行对比评价	侧重解释向竞争品牌的溢出效应	同时解释了曝光品牌与竞争品牌相似度高的负面溢出效应,及曝光品牌与竞争品牌相似度低的正面溢出效应(Dahlèn & Lange, 2006)

资料来源:根据相关文献整理。

通过对三种视角溢出效应主要产生机理的对比整合分析,总结归纳出以下几点结论。首先,以上理论都是基于消费者的心理,阐释品牌负面事件发生后,消费者如何对其品牌组合或竞争品牌的认知、态度及行为决策产生溢出效应的理论机理。其次,三种理论机制解释溢出效应的侧重点有所区别,但彼此之间并不矛盾,甚至存在共通之处。比如,这三种理论模型都强调曝光品牌与非曝光品牌的相似性,如果两者的相似性越高,溢出效应也越容易发生。再次,同化—对比效应对向竞争品牌溢出效应的解释范围更广,不仅通过同化效应阐明如何向竞争品牌溢出负面影响,还通过对比效应解释使竞争品牌获益的正面溢出效应的产生机理。最后,这些理论机理的缺陷在于对某些特定的溢出效应解释力较弱,如品牌负面事件对品牌原产国的溢出效应以及对品牌竞争对手营销策略效果的溢出效应。因此,在现有理论的基础上发展和完善溢出效应产生机制是未来研究的重要内容。

3.5　溢出效应的应对策略

鉴于品牌负面事件的溢出效应对其他品牌可能带来的伤害,也有诸多相关文献探究非曝光品牌或国家应该如何化被动为主动,采取有效的应对策略来减少或避免受其负面影响。

3.5.1　对于品牌组合和品牌联盟

对于品牌组合和品牌联盟里的品牌来说,管理者不应该为了提高市场营销的有效性,而仅仅关注如何借助母品牌的品牌资产和增强品牌间关联性所带来的潜在利益。这些品牌同样应该警醒,它们会面临联盟中其他品牌发生负面曝光事件后产生溢出效应的潜在风险。Lei, Dawar 和 Lemmink(2008)提出联盟中的品牌应该思考如何采取恰当的营销策略,既可以弱化子品牌与母品牌的关联度来降低被负面溢出的潜在风险,同时又可以保持从品牌联盟中获得潜在收益。例如,当联盟中某一子品牌发生负面曝光事件时,为了降低负面溢出而激发消费者思考它与母品牌或其他子品牌之间的差异性可能并不是最明智的选择。相反,应对策略的重点应该放在强调母品牌或其他子品牌具有非常优质的品牌资产和声誉,通过建立品牌联盟中积极方面的关联性来抵消曝光事件的负面影响,进而降低对母品牌和其他子品牌的溢出效应。

3.5.2　对于竞争品牌

曝光品牌的竞争品牌同样应该采取有效策略来降低被负面溢出的风险。国外研究者 Roehm 和 Tybout(2006)认为,竞争对手采取否认策略对减少溢出效应是有帮助的,并且竞争对手可以通过强调本品牌与曝光品牌具有差异性来使两者隔离,从而避免遭受牵连。这一结论为后续研究提供了很多启发,国内的学者王钰、方正和李蔚(2014)基于此研究,将竞争品牌的对策分为缄默、否认和区隔三种。其中,缄默策略指不发表有关曝光品牌及负面事件的评论;否认策略指声明本品牌不存在曝光品牌所存在的问题;区隔策略是指强调自身与曝光品牌或产品属性存在较大差异,将其与危机品牌区隔开。他们通过实验证明在产品伤害危机发生后,区隔策略可以有效地降低溢出效应,而否认策略和沉默策略的效果无显著差异。在此结论的基础上,方正、杨洋、李蔚和蔡静(2013)进一步扩展了竞争对手使用否认策略的边界条件。他们认为,这种预防策略的效果并不稳定,当消费者还没有将负面事件与竞争品牌联系起来时,否认策略就没有信息价值,反而会对消费者产生适得其反的作用,使他们推断品牌否认的内容可能是真的。因此,否认策略有效性的边界条件是溢出效应是否发生,如果已经发生,否认策略就具有信息价值,可以有效地区隔竞争品牌和危机品牌的联系,抵御溢出效应的伤害。反之,否认策略将会增加消费者的怀疑而产生反作用。

此外,Cleeren, Van Heerde 和 Dekimpe(2013)以及 Cleeren(2015)的研究通过大规模的真实数据验证了品牌发生负面事件后采取不同策略的有效性问题。他们提出负面事件发生后,竞争品牌或品类一般会采取两种市场调整策略,即通过增加广告支撑或者降低产品价格来从中获益。但是,这两种策略的有效性会受到负面事件的曝光程度和曝光品牌是否承担责任的影响。例如，当危机事件曝光度低，并且危机品牌承担责任时，竞争品牌选择增加广告投放策略可能会产生反作用，因为消费者会认为他们的做法过于投机取巧。而当危机事件曝光度高时，竞争品牌采取两种策略都比较有效。而 Borah 和 Tellis（2016）的研究验证了道歉广告策略的反作用，他们认为曝光品牌以及它的竞争品牌应该谨慎采用道歉广告，因为这种广告会增加消费者对负面事件的关注和思考，反而适得其反。

3.5.3　对于原产国及该国其他品牌

最后，在本国企业曝光品牌负面事件时，政府相关部门也应当采取恰当积极的应对策略来降低对国家形象的溢出效应。比如，江红艳、王海忠和钟科（2014）在研究中提出，当能力（温情）印象的国家的品牌曝光能力（道德）型危机事件时，政府部门应采用积极反馈等主动性的传播策略，从而及时降低负面事件对国家形象的溢出；而当能力（温情）印象的国家的品牌曝光道德（能力）型危机事件时，由于对国家形象的负面影响较小，因而政府部门可暂时选择沉默策略。此外，当品牌负面事件曝光后，原产国政府应该加强相关的公共关系管理来保持消费者对国家的信心（Magnusson et al.，2014），通过采用宣传国家正面形象的广告，或者传播国家会积极承担危机事件的态度等策略，进而减少负面事件对原产国形象及对该国其他品牌的伤害。

综合以上研究结论，本章提出，当品牌危机事件曝光时，采取恰当有效的应对策略将对非曝光品牌或国家抵御负面溢出效应起到至关重要的作用。区隔危机品牌和非曝光品牌的联系，启发消费者关注两者之间的差异性，采取积极主动的回应等策略，都是非曝光品牌或国家降低甚至免于溢出效应带来负面影响的有效途径。

3.6　总结与讨论

3.6.1　研究总结

本章通过对品牌负面事件溢出效应文献的系统性回顾，主要对三部分内容加以综述。首先，综合已有研究探讨品牌负面事件的溢出效应的三种视角及影响因素。第一种视角从品牌组合或品牌联盟内部出发，溢出效应受到品牌间的关联结构、负面事件的信息属性等因素影响。品牌联盟中关联性越强的品牌间溢出效应越容易被激发。第二种视角从外部竞争品牌出发,负面事件的影响可能会蔓延到竞争品牌和品类。这类溢出效应与品牌的相似性、品牌声誉、负面事件的信息属性和消费者个人特质等因素有关。普遍来说,竞争品牌与危机品牌的属性相似度越高,越容易产生溢出效应,而良好的品牌声誉或品牌地位可以降低溢出效应的伤害。第三种视角扩展到国家及该国其他品牌,指出了负面事件对品牌原产国形象和该国其他品牌造成的伤害。其次,对溢出效应产生的主要理论机制进行了总结归纳和对比整合分析,并据此探讨了理论的解释力度和未来的研究方向。最后,本章还着重根据溢出效应的三种视角,分别讨论了非曝光品牌应对溢出效应策略的有效性问题,并发现如果能够区隔品牌之间的联系,激发消费者感知曝光品牌和非曝光品牌差异性的策略会更加有效地减少溢出效应。

3.6.2 研究讨论

尽管对品牌负面曝光事件的研究目前已经取得了丰富的成果,但对其溢出效应的研究还比较零散。通过对前沿研究进行梳理,我们发现该领域还有很多有潜力的方向有待探索。

1. 完善理论机制

未来研究可以进一步深入探究溢出效应产生理论机制的解释力度及缺陷。虽然本章详细归纳了三种品牌负面事件溢出效应的产生机理,但是目前仍然有一些领域值得进一步探究。其一,由于对原产国形象及该国其他品牌溢出效应的研究刚刚起步,解释此类溢出效应产生的心理机制研究也不够充分。目前现有文献也只是通过可接近性—可诊断性模型来概括解释(Magnusson et al.,2014),未来研究可以考虑在已有理论解释模型的基础上,更深入地讨论此类溢出效应的产生机理及边界条件。例如,根据同化—对比效应的原理可以继续探究,品牌负面事件(如日本品牌汽车质量丑闻)是否会通过同化效应向同一原产国其他品牌(如日本电器品牌)产生负面溢出效应,以及是否会通过对比效应向不同原产国其他品牌产生正面溢出效应(如德国汽车品牌甚至电器品牌)。其二,未来研究可以在现有理论模型的基础上进行整合提升,比如结合刺激泛化(stimulus generalization)和刺激甄别(stimulus discrimination)理论的视角来概括这三种心理机制。刺激泛化是指与条件刺激相似的刺激往往会引起类似的条件反应(所罗门,卢泰宏和杨晓燕,2014),即某种特定的刺激引起条件反射后,在遇到其他新的、类似的刺激时,还会倾向于采取同一种条件作用的反应(李欣,1999)。而刺激甄别是指当收到一种类似于条件刺激的刺激后,启动刺激甄别,非条件刺激的行为反应会减弱并很快消失(所罗门,卢泰宏和杨晓燕,2014),即会对某些特定的刺激不做出反应。由于品牌之间存在一系列的联想以及刺激泛化(段桂敏和余伟萍,2012),通过以上理论可以系统整合三种溢出效应的产生机制。在消费者接受品牌负面消息的刺激后,对曝光品牌产生负面态度和认知,而之后面对与其相似的非曝光品牌刺激时,会引起类似的条件反应,对曝光品牌的态度和心理感知会转移到非曝光品牌产生刺激泛化,因而产生负面溢出效应;而当面对与其不相似的品牌刺激时,消费者通过刺激甄别后不会对此做出反应,溢出效应便不容易产生。其三,可以从品牌采取不同的应对策略影响溢出效应产生的角度深入,比如竞争品牌采用否认策略、道歉策略和广告策略都有可能增加溢出效应的产生而适得其反,但三种策略产生溢出效应的心理机制是否相同等问题值得未来进一步探究。例如,否认策略会引发消费者的怀疑而增加负面信息的有用性,道歉策略会增加消费者对负面事件的关注和思考,广告策略会使消费者质疑商家的动机等。因此,在现有理论的基础上探索溢出效应产生机制的其他解释,以及这些机制适用的边界条件等问题将是未来研究应该解决的重要内容之一。

2. 发掘影响因素

在未来研究中可以进一步考察从这三种视角出发的溢出效应的影响因素。本章通过归纳发现,品牌的特征和负面事件的信息属性是影响溢出效应的两大关键因素。并且,目前已有文献将消费者的个人特质作为影响竞争品牌溢出效应的重要因素(Lee,Youn & Nayakankuppam,2011;田阳,黄韫慧,王海忠和何浏,2013)。然而,在对品牌组合内部以及国家形象这两个视角出发的溢出效应文献中,暂时没有发现将消费者个人特质作为影响因素来研究的,因此未来可以从消费者的角度出发,进一步探索消费者相关的个性特征或思维模式是否会对溢出效应产生影响。除此之外,随着品牌国际化趋势日益增强,对跨国品牌的原产国及该国其他品牌的溢出效应研究逐步升温。由于品牌原产国刻板印象会对消费者的品牌选择及购买行为产生重大影响(付春江,袁登华和罗嗣明,2013),

因此未来可以着眼于跨国品牌负面事件的溢出效应是否受原产国刻板印象的影响，以及对原产国形象和本土品牌的溢出效应进行研究。

3. 关注利益相关者

除了本章提出的三种视角，未来可以将研究扩展到对品牌其他利益相关者的溢出效应。由于品牌并不是孤立存在的，将其置于一个品牌生态系统（brand ecosystem）中考虑将是未来研究的趋势（Mackalski & Belisle，2015）。品牌负面曝光事件不仅会在品牌联盟内部产生溢出效应，还可能会蔓延到曝光品牌所在供应链的上下游利益相关者；而当某品牌的利益相关者发生负面曝光事件时，该品牌同样也可能会遭受牵连（Hartmann & Moeller，2014）。而现有文献对该方面的研究较少，未来可以进一步关注。

4. 探讨应对策略

非危机品牌为了减少甚至避免危机品牌可能对其造成的负面溢出效应，应当采取怎样的策略加以应对是研究者们可以进一步拓展研究的范畴。正如前文所述，当溢出效应发生后，非危机品牌可以采取否认策略（Roehm & Tybout，2006）或区隔策略（王钰，方正和李蔚，2014），通过强调与危机品牌的差异性来有效降低溢出效应带来的伤害，也有文献提出否认策略应该恰当使用，使用不当反而会造成反作用（方正，杨洋，李蔚和蔡静，2013）。然而，这些应对策略的有效性问题更多地是通过实验方法进行验证的，鉴于其与真实环境存在差异，未来的研究方向可以考虑如何运用真实的大数据分析应对溢出效应的方法，可能会挖掘出与现有策略不同的全新模式。此外，由于之前的文献都没有涉及在互联网和新媒体环境下非危机品牌如何有效降低溢出效应的不良后果，未来的研究可以结合互联网的营销特点和传播模式，探索非危机品牌的有效响应机制和解决方案，为企业的管理实践提供积极的借鉴和指导。

本篇小结

"效应篇：品牌危机的效应体系"概括性地梳理了品牌危机产生的个体效应和溢出效应，并分别从效应的研究视角、影响因素、产生机制、应对策略等方面进行全方位、系统化整合，充分展示了品牌危机效应研究的体系框架，为后续研究提供了具有启发性的研究方向。

消弭篇

品牌危机的消弭路径

认知,是指人们获得知识、信息加工及应用知识的过程,这是人的最基本的心理过程。它包括感觉、知觉、记忆、思维、想象和语言等。具体来说,人们获得知识的过程开始于感觉或知觉。感觉是对事物个别属性和特性的认识,如感觉到颜色、明暗、冷热、声调、香臭、软硬、大小等。而知觉是对事物的整体感觉及其联系与关系的认识,如看到一面红旗,听到一阵嘈杂的人声,摸到一件轻柔的毛衣等(彭聃龄,2010)。人们进行信息加工的过程是描述人脑接受外界输入的信息,经过头脑的加工处理,转换成内在的心理活动,进而支配人的行为的过程,也就是认知过程(彭聃龄,2010)。人的认知能力与人的认识过程是密切相关的,可以说认知是人的认识过程的一种产物。一般说来,人们对客观事物的感知(感觉、知觉)、思维(想象、联想、思考)等都是认识活动(张履祥,葛明贵,2004)。人们通过认知过程,不仅能直接感知具体的事物以及事物之间的表面联系,还能运用大脑中已有的知识和经验,间接认识事物的本质以及解释事物之间的内在联系。人们因此可以形成对事物的概念,进行推理和判断,解决面临的各种各样的问题。总之,不同的认知方式会对人们的判断、决策和行为产生完全不同的影响。

本篇将从消费者的认知角度出发,探究消费者的社会认知(第4章 社会阶层)以及具身认知(第5章 温度感知)如何对品牌危机对消费者的负面效应产生影响。通过科学严谨的实证研究,本篇试图扩展并完善品牌危机管理理论和相关认知理论的发展,填补之前研究的空白,同时为企业管理者提供消弭危机伤害作用的可行路径,以及危机时期品牌建设的重要指南。

第4章

品牌危机与消费者社会认知
因素的互动研究[①]

4.1 引言

    尽管一些品牌陷入了严重的品牌危机和看似难以挽回的信任危机,但消费者对其购买意愿的现实情况常常令人大跌眼镜。例如,尽管苹果公司的"信号门""童工门""同价不同质"等负面新闻层出不穷,仍然有不少的消费者对其趋之若鹜。这一有趣现象的产生和消费者的社会层次密不可分。在现实生活中,人的社会地位的客观差异和自我感知到的社会层次的区别,往往在消费者的心理认知和实际行为中扮演了重要的角色(Kraus et al.,2012)。尤其是在面对品牌危机时,不同的社会层次也会影响消费者的判断、评价和实际购买决策。因此,在品牌危机的情境下,探讨社会层次对消费者购买决策的影响作用十分必要。

    社会经济地位的客观差异和自我感知到的社会层次的区别,往往在消费者的心理认知和实际行为中扮演了重要的角色(Kraus et al.,2012)。目前,有大量的文献探讨了社会阶层如何对人的心理、认知和行为方面产生影响(Kraus et al.,2012;胡小勇,李静,芦学璋,郭永玉,2014),在以往有关社会阶层与消费者的研究中,大多关注不同社会阶层的消费者对炫耀性消费的偏好差异,如基于心理补偿性视角的研究(郑晓莹,彭泗清,戴珊姗,2014),基于自尊视角的研究(袁少锋,2011)等,然而在品牌营销领域仍缺乏对其作用的充分认识和深入研究。不同社会阶层会通过人的心理和认知影响消费者的判断、评价和实际购买决策。因此,在市场经济迅速发展的新时期背景下,探讨品牌与不同社会阶层的消费者

[①] 本章部分内容来源于著者发表在《管理评论》期刊 2018 年 30 期的论文《社会阶层与品牌危机类型对品牌评价及购买意愿的影响探究》。

的互动作用是十分必要的。本章在以往研究的基础上,首次把社会阶层的心理认知研究成果扩展到品牌管理领域,将其作为消费者的个人因素与品牌关系、品牌危机相结合,共同考察消费者社会阶层与品牌的互动规律。

本章的理论贡献在于:首先,第一次创新性地把消费者的社会阶层和品牌危机联系起来,将社会阶层对人认知方面的影响延伸到品牌管理领域,扩展和补充了这一前沿理论的应用范畴;其次,丰富完善了品牌危机相关理论,提出消费者的个体特征和品牌危机类型的交互效应会对消费者的感知和购买意愿产生影响;最后,进一步验证主体性—共享性导向的中介效用,指明了其在社会阶层对购买意愿影响中的重要作用。此外,在管理实践方面,本章对品牌的危机管理、营销策略有着积极的启示和实际应用价值,可以帮助企业在危机时采用行之有效的应对方法挽救品牌形象和消费者的信心。

4.2　文献回顾

4.2.1　品牌危机类型

品牌危机是指企业在品牌营销过程中发生的关于产品、服务、企业整体或员工个人的具有极大破坏性且传播面非常广的事件(王晓玉,晁钢令,2009)。通常来说,学术界对品牌危机的称谓还有品牌负面事件、品牌丑闻、品牌失误等多种。为了更深入地研究品牌危机的影响,学者们对其进行了细致的分类,比如 Votola和 Unnava(2006)将其分为能力负面事件及道德负面事件;Pullig, Netemeyer和 Biswas(2006)以及 Dutta 和 Pullig(2011)的文章将品牌危机分为与性能相关的危机和与价值观相关的危机;Sohn 和 Lariscy(2015)也将品牌危机分为公司能力型危机和社会责任型危机等。

综合文献中的观点可以看出,学术界把品牌危机大致归结为两类。一类是与品牌绩效和企业能力相关的,是指由于企业的业务能力的不足和失败引起产品或服务质量出现问题的负面事件,简称能力型危机。这类事件关乎消费者的切身利益和保障,会给消费者带来直接的负面影响(如耐克的运动鞋被查出存在质量问题)。另一类是与品牌的道德价值观相关的,是指与企业做出违背伦理道德标准和社会价值观等行为的负面事件,简称道德型危机。这类危机与消费者的自身利益关系不大,但可能危害到他人利益,会给消费者带来间接的负面影响

（如苹果公司的供应商被曝出使用童工、就业歧视等违规行为）。

以往的文献研究表明,能力型危机和道德型危机的区别会对消费者的品牌感知反应产生不同的影响。很多学者基于这一分类方法,把品牌危机类型和消费者相关因素结合起来进行研究,探索各因素之间的互动规律。比如,品牌危机类型和消费者对品牌预先态度的确定程度(prior attitude certainty)会共同影响消费者的品牌态度(Pullig, Netemeyer & Biswas, 2006);消费者的思维模式与不同类型的品牌危机会共同影响对其他品牌的溢出效应(Lee et al., 2011);消费者是否对危机品牌有预先的好感度也会影响不同类型危机给品牌评价带来的伤害作用(Sohn & Lariscy, 2015)等。这些文献说明,品牌危机对消费者产生的负面作用与消费者自身的因素密不可分。

因此,为了全面深入地探讨品牌危机的危害,本章沿袭以往研究的分类方法,将品牌危机分为能力型和道德型两类,并试图引入消费者的社会阶层作为全新的个人因素一并讨论,考察不同阶层的消费者在不同危机情境下的品牌评价和购买决策是否存在差异。进而,结合消费者的个体特征将其归类细分,从而有针对性地根据不同类型的消费者制订合理有效的应对方案,把危机的伤害作用降到最低。

4.2.2 社会阶层

1. 概念和测量

社会阶层(social class)是一个多层面的概念,指根据人们的客观社会资源(收入、教育和职业等)的差异而使人们在社会层次结构中处于不同的地位,同时还包括相比于其他人而感知到的社会地位的差异(Kraus, Piff & Keltner, 2009; Kraus et al., 2012; Piff et al., 2010)。在文献中也常常使用社会经济地位(socioeconomic status, SES)这一相近的概念进行替换(芦学璋,郭永玉和李静,2014)。由定义可以看出,社会阶层既包括由物质资源、教育程度、职业等客观因素组成的客观社会阶层(objective social class)或客观社会经济地位(objective SES),同时也包括强调自我感知的主观社会阶层(subjective social class)或主观社会经济地位(subjective SES)。

在实证研究中需要对社会阶层进行操作化处理,学者通常从以下两个角度来测量社会阶层。对于客观社会阶层,通常单独或同时采用收入、受教育程度和职业作为测量指标(Dubois，Rucker & Galinsky，2015；Kraus et al.，2009；Kraus & Keltner，2009；Piff et al.，2010)。对于主观社会阶层,国外研究中最有代表性也最常使用的测量方法是采用主观社会经济地位 MacArthur 量表(the MacArthur scale of subjective SES),它是一个10级阶梯,从下至上代表了水平收入越高、教育程度越高和职业声望越高,人们根据自己所处环境和他人的状态进行比较来选择自己在阶梯中的位置,位置越高代表社会地位越高(e.g.，Adler et al.，2000；Dubois et al.，2015；Kraus et al.，2009；Piff et al.，2010；芦学璋,郭永玉和李静,2014)。此外,还可以采用以往研究中的成熟量表来测量主观社会经济地位(Griskevicius et al.，2011；Griskevicius et al.，2013；Mittal & Griskevicius，2014)。

2. 社会认知视角下的社会阶层研究

社会阶层是心理学和社会学研究中的新兴前沿领域,社会阶层就像其他社会身份的概念一样(如种族、国家),会影响人们的生活方式和行为模式(Piff et al.，2010)。近几年,有大量的文献在社会认知视角下讨论社会阶层对人们的心理和行为产生的影响。比如,Kraus 等(2012)从社会认知视角出发,提出由于客观物质资源和主观感知差异使得处于同一社会阶层的人拥有相似的环境和共享的经历,从而形成相对稳定的社会认知倾向和比较一致的世界观,进而对人们的思维模式和行为方式产生影响。

目前,已有一些社会认知视角下的相关研究发现,由于高社会阶层的人拥有充裕的资源、较好的教育背景和职业,使得他们不受客观条件约束,更加自由和独立,对外界的控制力也较高(Kraus et al.，2009),从而导致他们产生唯我主义的社会认知导向和行为倾向(Kraus et al.，2012；胡小勇等,2014)。这种导向使高社会阶层的人比低社会阶层的人更强调自身的利益、目标、动机和情感,并且也因此表现出忽视他人(Kraus et al.，2009)、不善于体会他人的感受(Kraus，Côté & Keltner，2010)等行为特点。更严重的是,高社会阶层的人还更容易为了自己的利益参与不道德的行为,如违反交通规则、作弊、说谎、利用他人等(Dubois et al.，2015；Piff et al.，2012)。因此,总结来看,相比于低社会阶层的人,高社会阶层的人表现为独立自由、重视自身利益、遵从自我内心的想法、受个体内部因素(特质、目标、情绪等)影响的唯我主义社会认知倾向。

相反的,低社会阶层的人拥有较少的资源和受教育机会,生活环境也充满不确定性和不可预测性,这些因素使得他们更容易受到威胁和约束,对外界的控制力也比较低。为了适应或改善环境压力,低社会阶层的人倾向于借助外部环境和彼此的帮助共同获取资源来实现目标(Piff et al.,2010),从而产生情境主义的社会认知导向和行为倾向(Kraus et al.,2012;胡小勇等,2014)。这种导向使低社会阶层的人把关注他人利益作为改善环境的一种方式,由此表现为更强的移情能力(Kraus et al.,2012),更加慷慨和乐于助人,更富有同情心,以及更愿意从事亲社会行为等特点(Piff et al.,2010)。总之,相比高社会阶层的人,低社会阶层的人表现为团结互助、重视他人利益、受情境因素(约束、外部威胁)影响的情境主义社会认知倾向(见图4.1,引自 Kraus et al.,2012;胡小勇,2014)。

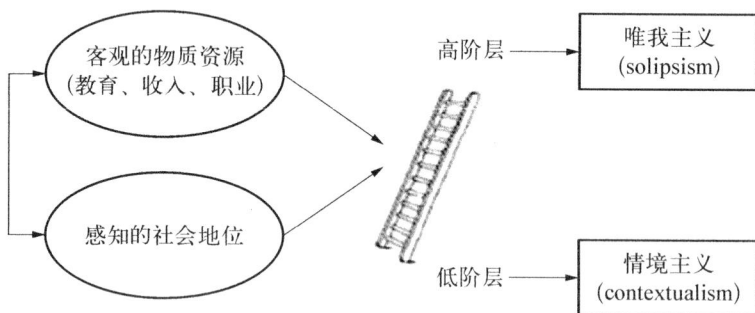

图 4.1　高低阶层的不同认知倾向

3. 主体性—共享性导向

当人们评价自己、他人或者社会群体的时候,常常会与两个方面有关:一方面关于个体自己,表现为强调个体自身的利益、自我发展和实现目标;另一方面与个体所在的社会关系有关,表现为关注他人的利益和与他人建立社会联系。有诸多相关研究提出不同的维度来描述这两种认知状态,比如工具性和表达性维度(Parsons & Bales,1955)、主体性和共享性维度(Bakan,1966)、女性化和男性化维度(Eagly & Steffen,1984)、社会和智力维度(Singh & Teoh,2000),以及道德和能力维度(Wojciszke,2005)。虽然学者们的表达各不相同,但究其实质却是一致的,他们普遍认为人的自我认知存在两种基本状态:一类与自己相关,一类与社会关系相关。

本章选用学者普遍认可的标准,根据人们的价值观和目标是重视自己还是他人分为主体性导向和共享性导向两个维度(Abele & Wojciszke,2007;

Helgeson，1994；Kurt，Inman & Argo，2011；Kwak，Puzakova & Rocereto，2015）。主体性导向是指人们倾向于反映个体个性和强调内部特征,并认为个体是与他人分离而独立存在的（Helgeson，1994）。这种导向关注自身利益以更好地达成目的,它涵盖追求个性化、自我发展、有效达成目标等方面,因而拥有主动、果断、自信、关注自我等特征（Abele & Wojciszke，2007）。而共享性导向是指人们认为个体是嵌入社会关系的组成部分,并且认为个体是和他人有联系的（Helgeson，1994）。这种导向关注他人的利益,努力通过关心他人使自身融入大的社会环境中,因而表现出友善、无私、合作和关心他人的特点（Kurt，Inman & Argo，2011）。总之,主体性导向和共享性导向的核心区别在于关心自身利益还是他人利益（Abele & Wojciszke，2007）。主体性导向的人力图使自己与他人区别开,并且更看重自身的利益;而共享性导向的人关心与他人的人际关系,并且更愿意维护人际和谐和他人的利益（Kurt，Inman & Argo，2011）。

4.3　理论推导与研究假设

4.3.1　品牌危机类型和社会阶层的交互作用

　　文献中关于社会阶层的研究大多关注不同阶层的人们在心理认知和行为方式上的差异,较少涉及企业以及品牌营销领域,至于在品牌危机或品牌丑闻领域的扩展就更少了。鉴于品牌危机频发的社会背景,本章首次创新性地把社会阶层的研究扩展到品牌危机领域,进一步推演社会阶层对消费者认知倾向的作用在一定程度上会影响他们对品牌危机负面影响的感知。上文已经提到,品牌危机不仅会对品牌自身的品牌资产和品牌声誉带来严重的打击,还会伤害消费者对品牌的信任和评价,其购买意愿也会随之降低。同时,这些负面作用受很多因素的影响,如危机类型、消费者个体因素等。目前有少量文献同时考察不同特质的消费者面对不同类型的危机时的反映差异（Pullig et al.，2006；Lee et al.，2011）。因此,本章将对这部分研究领域进行补充和扩展,探究消费者的社会阶层和危机类型的互动规律,即品牌危机类型如何影响不同社会阶层消费者的品牌评价和购买意愿。

　　我们结合以往文献中对品牌危机的分类标准将其分为道德型危机和能力型危机。道德型品牌危机是指企业被曝光做出违背社会伦理道德标准和社会价值观等行为的丑闻,如使用童工、员工歧视、偷税漏税、污染环境等(Dutta &. Pullig,2011;Pullig et al.,2006)。这类丑闻一般不会伤害该品牌的产品质量或服务水平,因此并不妨碍消费者获得合格的产品或服务,对消费者的个人利益影响不大(Votola &. Unnava,2006)。但是,道德型危机很可能会危害到他人或社会的利益,对整个社会环境带来负面影响。根据前文的分析,社会阶层会让人们产生不同的认知倾向,进而影响行为方式。具体来说,与低社会阶层的人相比,高社会阶层的人更关注自身利益、目标和动机,较少能够体会他人的处境(Kraus et al.,2012)。因此,在面对没有伤害到消费者的切身利益的道德型危机时,高社会阶层的消费者比较容易谅解,并会考虑继续购买危机品牌的产品。相反,低社会阶层的人关注他人利益和目标,环境因素对他们的影响较大。比起高社会阶层的人,他们会更无法接受道德型危机带给他人或社会的伤害,因此对品牌的评价会大打折扣,也更不愿意继续购买该品牌的产品或服务。总的来说,道德型品牌危机对高社会阶层消费者的伤害作用小于低社会阶层的消费者,具体表现为高社会阶层(vs.低社会阶层)消费者的购买意愿更高,对品牌的评价也更积极。据此,我们提出如下假设。

H1a:面对道德型品牌危机,高社会阶层的消费者比低社会阶层的消费者对危机品牌的产品(或服务)的购买意愿更高。

H1b:面对道德型品牌危机,高社会阶层的消费者比低社会阶层的消费者对危机品牌的评价更高。

与道德型危机不同的是,能力型品牌危机是由于该品牌的业务能力不足而导致产品质量或服务水平出现问题,不能满足消费者购买产品或服务的需求和目标,直接影响消费者获得品牌的功能性利益(Dutta &. Pullig,2011;Pullig et al.,2006)。同时,这类危机一般会伤害消费者的切身利益,对消费者的负面影响会比较严重(Votola &. Unnava,2006),如汽车因质量问题被召回、食品质量有问题、酒店卫生服务不达标等。因此,当面对危及消费者自身利益的能力型危机时,不论高社会阶层和低社会阶层的消费者都难以容忍,不仅对该品牌的评价会变得消极,对其产品或服务的购买意愿也会大大降低。据此,我们提出如下假设。

H2a:面对能力型品牌危机,高社会阶层和低社会阶层的消费者对危机品牌的产品(或服务)的购买意愿无显著差异。

H2b:面对能力型品牌危机,高社会阶层和低社会阶层的消费者对危机品牌的评价无显著差异。

4.3.2　中介效应

主体性—共享性导向正好契合本章所研究的社会阶层的认知倾向。已有文献表明:社会阶层会对个体的自我认知产生影响,长期处于高社会阶层的人不受资源和环境约束,倾向用内在特质来进行自我表达,行为遵从自己的个性和目标,倾向运用独立的、独特的、特质决定的主体性导向进行判断(Kraus et al.,2012;胡小勇等,2014),高社会阶层的人通过主体性导向关注自己的利益而较少体会他人的处境。相反,长期处于低社会阶层的人受到资源和环境的威胁,更多依靠社会情境和人际关系因素,倾向运用共享的、互依的、情境决定的共享性导向进行判断(Kraus et al.,2012;胡小勇等,2014)。低社会阶层的人通过共享性导向关注他人的利益并更能够移情。总之,高社会阶层的人更多地体现主体性,低社会阶层的人更多地体现共享性。基于以上分析,我们推断社会阶层是通过主体性—共享性导向与危机类型产生交互作用,进而影响消费者的购买意愿。具体来说,当面对不影响消费者获得功能性利益的道德型品牌危机时,高社会阶层的消费者通过关注自身的主体性导向判断而比较容易接受,对购买意愿的负面影响并不大;而这类危机可能对他人或社会造成危害,低社会阶层的人通过关注他人的共享性导向判断而较难容忍和接受,对产品的购买意愿会降低。因此,面对道德型危机,高社会阶层消费者的购买意愿高于低社会阶层消费者。然而,由于能力型危机涉及产品性能和质量,直接危害了所有消费者关注的功能性利益,不论哪种社会阶层的消费者都会受其负面影响,从而减少购买产品的意愿。因此,面对能力型危机,尽管不同社会阶层消费者的认知导向不同,但他们的购买意愿并无显著差异。据此,我们提出如下假设。

H3:消费者的社会阶层通过主体性—共享性导向为中介变量影响消费者面对道德型危机的购买意愿,而对能力型危机的中介效应不显著。

4.4　实验研究一

4.4.1　实验样本

本实验选用一家网上调查机构收集数据,该机构拥有超过 260 万份的高质量在线样本资源。本实验通过采用在便利样本库中简单随机抽样的方法来收集数据,这种数据收集方法已被国内外学术界普遍认可并广泛应用于高水平国际期刊上,如美国类似的研究收集数据普遍使用的是 Amazon Mechanical Turk(Mturk)网络平台。因此,本章研究遵循这一方法,在网上调查机构收集了来自全国 23 个省(包括直辖市)的 142 份被试样本,覆盖东部省市(如上海、浙江、江苏等)、西部省市(如四川、陕西、重庆等)、南部省份(如广东、福建等)、北部省份(如辽宁、吉林、河北等)和中部省份(如河南、江西等)。由于实验研究方法是在尽量控制外部变量的情况下,通过操控自变量来观察因变量的变化,对样本量的需求并不大,并且通过随机分配被试可以大大降低诸如被试的年龄等无关因素产生系统性差异的可能性,因此,将这些来自不同地区和不同年龄阶段的样本随机分配到各实验组,可以有效地平衡区域差异和个体差异对研究结果的影响。同时由于被试处于不同职业阶层(包括学生、一般员工、管理人员等),对于本章的研究问题具有较好的代表性。实验经科学方法筛选去除了没有完整回答的问卷和有缺失值的问卷后得到有效数据 120 份,回收问卷的有效率为 84.5%。其中女性 65 人(占 54.2%),男性 55 人(占 45.8%)。被试的年龄最小的为 15 岁,最大的为 58 岁,均值为 31.7 岁。实验一为 2(社会阶层:测量)×2(品牌危机类型:能力型 vs.道德型)的组间设计实验。

4.4.2 实验操纵

本章遵循以往文献对品牌危机类型的操纵方法,让被试阅读一段关于某品牌虚拟的新闻报道来实现。为避免光环效应和被试对品牌的熟悉程度对研究问题的影响,实验材料选取了虚拟的品牌名称 A。在借鉴之前研究的基础上,选择了贴近人们生活的运动鞋产品品牌(Pullig et al., 2006; Dutta & Pullig, 2011)。其中,能力相关型品牌危机描述了 A 品牌企业业务能力不足,生产了质量不合格的运动鞋,导致消费者的脚踝和膝盖受伤的丑闻;道德相关型品牌危机描述了 A 品牌企业在生产运动鞋的过程中使用童工,对童工的身心造成伤害的丑闻。这样选取是因为 A 品牌的能力型丑闻会危害到消费者自己的健康和安全,与其自身利益密切相关;而道德型丑闻危害到童工的身心健康,与其自身的利益不相关。

4.4.3　实验过程

本实验为2(社会阶层：高 vs.低)×2(品牌危机类型：能力型 vs.道德型)的组间设计实验。在问卷的第一部分,首先把被试随机分配到不同的两组,要求其认真阅读关于 A 品牌的虚拟新闻报道,不同的操纵组阅读的新闻内容不同,即描述能力型危机(质量问题)和道德型危机(使用童工)。在问卷的第二部分,被试回答因变量的测量,采用 Kim,Haley 和 Koo(2009)关于消费者的购买意愿的测量($\alpha=0.97$):"您对 A 品牌运动鞋的购买意愿是? (1＝绝对不可能购买,7＝非常可能购买);您对 A 品牌运动鞋的使用意愿是? (1＝绝对不可能使用,7＝非常可能使用);您向朋友推荐 A 公司运动鞋的意愿是? (1＝绝对不可能推荐,7＝非常可能推荐)。"以及采用 Lei,Dawar 和 Gürhan-Canli(2012)对于品牌评价的测量($\alpha=0.97$):"您对 A 品牌的评价是? (1＝非常糟糕,7＝非常优秀;1＝非常不利,7＝非常有利;1＝非常坏,7＝非常好)。"消费者的社会阶层采用了以往研究中普遍采用的社会经济地位(SES)的测量方法($\alpha=0.91$):"现在我有足够的钱来买自己想要的东西;现在我不用为支付自己的账单而担心;现在我感觉自己相对富裕(1＝完全不同意,7＝完全同意)"(Griskevicius et al.,2013;Mittal & Griskevicius,2014)。此外,我们还测量了被试看过新闻报道后的负面情绪作为协变量。最后,被试还完成了品牌危机类型的操纵检验问题和人口统计等信息。

4.4.4　数据分析

1. 操纵检验

为了检验品牌危机类型的操纵是否有效,实验要求被试回答操纵检验问题。其中,前两个题项测量是否是能力型危机,后两个题项测量是否是道德型危机。正如预期一样,在前两个题项的结果分析中,被试阅读能力型危机信息的得分显著高于阅读道德型危机信息的得分($M_{能力}=5.34$ vs. $M_{道德}=3.69$;$F(1, 118)=6.82$,$p<0.001$)。而在后两个题项的结果分析中,被试阅读能力型危机信息的得分显著低于阅读道德型危机信息的得分($M_{能力}=4.98$ vs. $M_{道德}=5.69$;$F(1, 118)=1.11$,$p=0.004$)。这一结果表明,品牌危机类型这一变量的操纵是成功的。

2. 消费者的购买意愿

下面探究不同类型品牌危机对高社会阶层消费者(Mean$_{+1SD}$)和低社会阶层消费者(Mean$_{-1SD}$)的购买意愿的影响。由于社会阶层这一变量的测量是连续的,我们采用 Hayes(2013)的 PROCESS Model 1,以社会阶层为自变量,购买意愿为因变量,品牌危机类型(道德型=0;能力型=1)为调节变量,负面情绪为协变量进行分析,结果发现存在社会阶层×品牌危机类型的交互作用($\beta=-0.60$,$t=-2.52$,$p=0.01$),以及社会阶层的显著作用($\beta=0.68$,$t=4.03$,$p<0.01$),负面情绪的显著作用($\beta=-0.29$,$t=-3.07$,$p<0.01$)。通过 spotlight 分析进一步得出,当面对道德型危机时,高社会阶层消费者比低社会阶层消费者的购买意愿更高($M_{+1SD}=4.37$ vs. $M_{-1SD}=2.56$;$\beta=0.68$,$t=4.03$,$p<0.01$);而当面对能力型危机时,高社会阶层消费者与低社会阶层消费者的购买意愿无显著差异($M_{+1SD}=2.91$ vs. $M_{-1SD}=2.71$;$\beta=0.07$,$t=0.41$,$p=0.68$),见图 4.2 和表 4.1。因此,假设 H1a 和 H2a 成立。

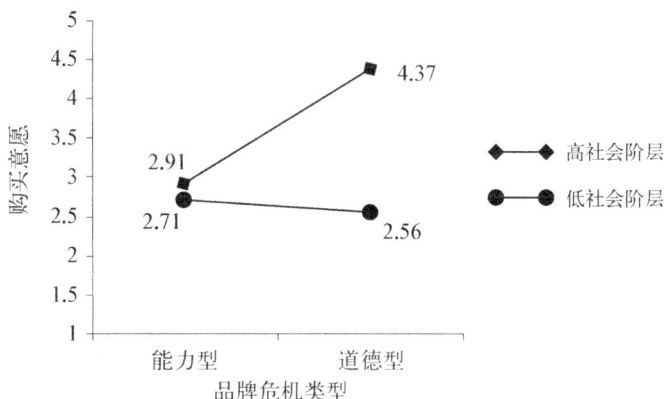

图 4.2 实验研究一:购买意愿比较

3. 消费者的品牌评价

为探究品牌危机类型对不同社会阶层消费者的品牌评价的影响,我们同样采用 Hayes(2013)的 PROCESS Model 1 进行分析,结果发现存在社会阶层×品牌危机类型的交互作用($\beta=-0.51$,$t=-2.18$,$p=0.03$),以及社会阶层的显著作用($\beta=0.54$,$t=3.26$,$p<0.01$),负面情绪的显著作用($\beta=-0.27$,$t=-2.94$,$p<0.01$)。通过 spotlight 分析进一步得出,当面对道德型危机时,高社会阶层消费者比低社会阶层消费者对品牌的评价更

高($M_{+1SD}=4.16$ vs. $M_{-1SD}=2.71$；$\beta=0.54$，$t=3.26$，$p<0.01$)；而当面对能力型危机时，高社会阶层消费者与低社会阶层消费者的品牌评价无显著差异($M_{+1SD}=2.92$ vs. $M_{-1SD}=2.99$；$\beta=0.03$，$t=0.15$，$p=0.88$)，见图4.3和表4.1。因此，假设 H1b 和 H2b 成立。

表 4.1　实验研究一：购买意愿和品牌评价比较

品牌危机类型	能　力　型		道　德　型	
社会阶层	高社会阶层	低社会阶层	高社会阶层	低社会阶层
购买意愿	2.91	2.71	4.37	2.56[a]
品牌评价	2.92	2.99	4.16	2.71[a]

注：高社会阶层 vs. 低社会阶层[a]$p \leqslant 0.01$，[b]$p \leqslant 0.05$。

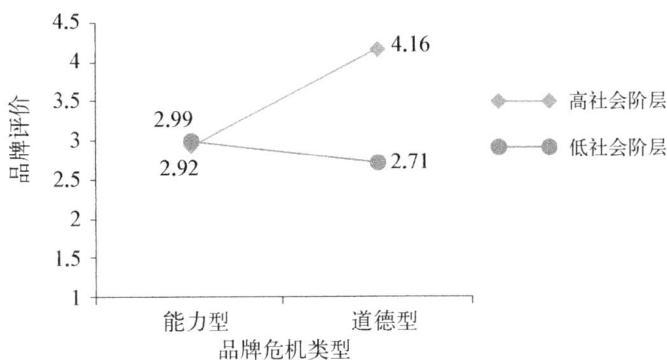

图 4.3　实验研究二：品牌评价比较

　　通过实验一，我们验证了消费者的社会阶层和品牌危机类型对其产品的购买意愿和品牌评价的影响。具体来说，面对品牌的能力型危机，高社会阶层和低社会阶层的消费者对其产品的购买意愿和品牌评价都比较低；而面对品牌的道德型危机，高社会阶层消费者对其产品的购买意愿和品牌评价都高于低社会阶层消费者。究其原因，我们认为这是由于高社会阶层的人具有主体性社会认知导向，他们更加关注与自己相关的利益和目标；而低社会阶层的人具有共享性社会认知导向，他们更加关注与他人相关的利益和目标。所以，相比低社会阶层，高社会阶层的人面对不涉及自身利益的道德型危机时更容易容忍，他们的购买意愿和品牌评价也并不像低社会阶层的人那么负面；而能力型危机会直接危害到所有消费者的利益，因此高社会阶层和低社会阶层的人的购买意愿和品牌评价都会受到负面影响。实验二将据此进一步验证社会认知导向对这一效应起到的中介作用。

4.5 实验研究二

4.5.1 实验目的

实验二在实验一的基础上进行了扩展和深入，主要目的有以下几点：首先，实验二将进一步阐释这一效应存在的理论机理，即选取消费者的社会认知导向作为中介变量进行验证，为解释这一效应提供理论支撑。其次，实验一的品牌危机是关于制造行业的，为增加结论的普适性和严密性，实验二将选取服务行业进行研究。最后，实验二将采用社会阶梯这一新的方法测量消费者的社会阶层，期望得到一致的结论。

4.5.2 实验样本

与研究一类似，研究二同样通过该网上调查机构的在线样本库收集了来自全国 24 个省（包括直辖市）的 170 份被试样本，覆盖东部省市（如上海、浙江、江苏等）、西部省市（如贵州、四川、重庆等）、南部省份（如广东、福建等）、北部省份（如辽宁、黑龙江、河北等）和中部省份（如河南、安徽等）。经科学筛选去除了没有完整回答的问卷和有缺失值的问卷后得到有效数据 144 份，回收问卷的有效率为 84.7%。其中女性 75 人（占 52.1%），男性 69 人（占 47.9%）。被试的年龄最小为 17 岁，最大为 52 岁，均值为 30.4 岁。实验为 2（社会阶层：测量）×2（品牌危机类型：能力型 vs.道德型）的组间设计实验。

4.5.3 实验操纵

为使实验一的结论更为充实可信，实验二选取了一个来自酒店服务行业的品牌。类似地，在实验中采用阅读虚拟新闻报道的方式操纵品牌危机类型，能力型品牌危机描述的是关于"似家"品牌快捷酒店被曝光由于自身业务能力问题导致卫生服务不达标准的丑闻，与消费者的自身利益相关。道德型品牌危机则选用了"似家"品牌快捷酒店被曝光存在使用童工问题的丑闻，与消费者的自身利益不相关。

4.5.4　实验过程

实验二的方法与步骤与实验一基本相同。首先,将被试随机分配到不同的两组,要求其阅读关于"似家"品牌快捷酒店的虚拟新闻报道,之后回答对酒店服务的购买(使用)意愿($\alpha=0.97$)和品牌评价($\alpha=0.97$)等因变量的测量。与实验一不同的是,实验二选择了一种新的测量社会阶层的方法,即 MacArthur 主观社会经济地位量表(Adler et al.,2000;Dubois et al.,2015;Kraus et al.,2009;Piff et al.,2010)。该量表为一个 10 级阶梯,越高层的阶梯代表社会阶层越高(包括收入、学历、职业等方面),见图 4.4。

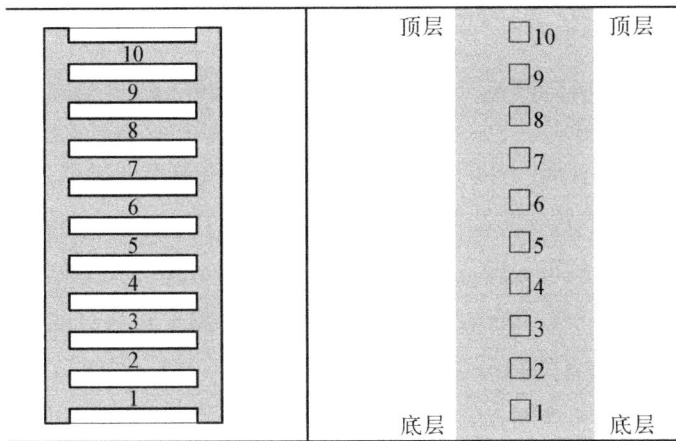

图 4.4　主观社会经济地位量表

实验要求被试评价自己目前的实际状况并选择在阶梯上的位置,得分越高表示社会地位越高($M=5.9$,$SD=1.47$,分布见图 4.5)。此外,还增加了对社会认知导向的测量,采用广泛认可的个人特质问卷(Personal Attributes Questionnaire;Spence,Helmreich & Holahan,1979;Ward et al.,2006),分别对 16 个形容词(8 个主体性题项,8 个共享性题项)进行打分($\alpha_{agency}=0.88$,$\alpha_{communion}=0.84$),然后分别取均值作为主体性得分和共享性得分。由于已有研究证明人可以同时具有主体性导向和共享性导向,即一个人具有高主体性导向不代表具有低共享性导向,因此,参照以往研究取相对值(主体性得分—共享性得分)作为社会认知导向的值(Kurt et al.,2011;Kwak et al.,2015)。最后,被试还完成了负面情绪测量、品牌危机类型的操纵检验问题和人口统计等信息。

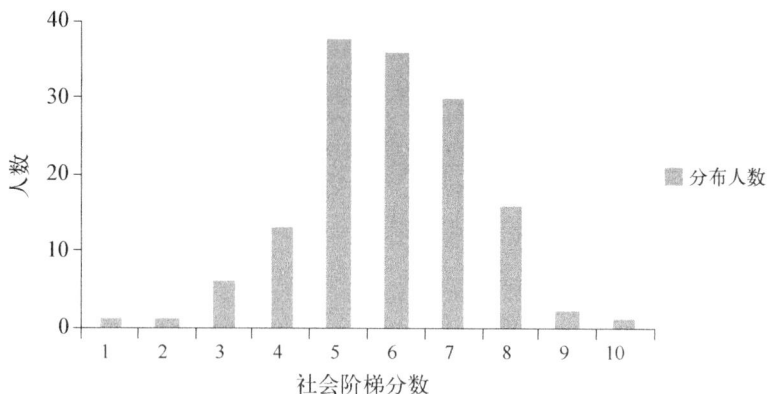

图 4.5 实验研究二：社会阶层测量分数的分布图

4.5.5 数据分析

1. 操纵检验

实验二采用与实验一相同的方法检验品牌危机类型的操纵是否有效，正如预期一样，在前两个题项的结果中，被试阅读能力型危机信息的得分显著高于阅读道德型危机信息的得分（$M_{能力}$ = 5.39 vs. $M_{道德}$ = 4.22；$F(1, 142)$ = 4.12，$p <$ 0.001）。而在后两个题项的结果中，被试阅读能力型危机信息的得分显著低于阅读道德型危机信息的得分（$M_{能力}$ = 5.22 vs. $M_{道德}$ = 5.74；$F(1, 142)$ = 4.70，p = 0.01）。这一结果表明，品牌危机类型这一变量的操纵是成功的。

2. 消费者的购买（使用）意愿

与实验一的分析方法类似，采用 Hayes(2013)的 PROCESS Model 1 进行分析，结果发现存在社会阶层×品牌危机类型的交互作用（β = −0.48，t = −2.21，p = 0.03），以及社会阶层的显著作用（β = 0.42，t = 2.75，$p <$ 0.01）。通过 spotlight 分析进一步得出，当面对道德型危机时，高社会阶层消费者比低社会阶层消费者的购买意愿更高（M_{+1SD} = 4.14 vs. $M_{−1SD}$ = 2.92；β = 0.41，t = 2.75，$p <$ 0.01）。而当面对能力型危机时，高社会阶层消费者与低社会阶层消费者的购买意愿无显著差异（M_{+1SD} = 3.00 vs. $M_{−1SD}$ = 3.20；β = −0.07，t = −0.44，p = 0.66），见图 4.6 和表 4.2。因此，再次验证了假设 H1a 和 H2a。

3. 消费者的品牌评价

采用类似的方法分析，结果发现存在社会阶层×品牌危机类型的交互作用（β = −0.43，t = −2.02，$p <$ 0.05），以及社会阶层的显著作用（β = 0.33，t =

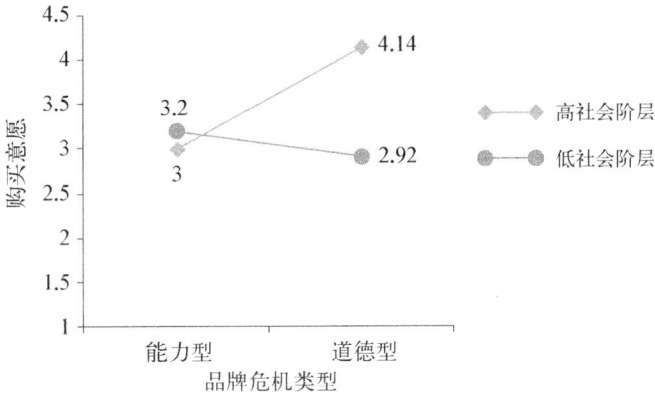

图 4.6　实验研究二：购买意愿比较

2.21，$p=0.03$)。通过 spotlight 分析进一步得出，当面对道德型危机时，高社会阶层消费者比低社会阶层消费者的品牌评价更高($M_{+1SD}=4.16$ vs. $M_{-1SD}=3.20$；$\beta=0.33$，$t=2.21$，$p=0.03$)；而当面对能力型危机时，高社会阶层消费者与低社会阶层消费者的品牌评价无显著差异($M_{+1SD}=3.14$ vs. $M_{-1SD}=3.46$；$\beta=0.03$，$t=-0.70$，$p=0.49$)，见图 4.7 和表 4.2。因此，假设 H1b 和 H2b 成立。

表 4.2　实验研究二：购买意愿和品牌评价比较

品牌危机类型	能　力　型		道　德　型	
社会阶层	高社会阶层	低社会阶层	高社会阶层	低社会阶层
购买意愿	3.00	3.20	4.14	2.92[a]
品牌评价	3.14	3.46	4.16	3.20[b]

注：高社会阶层 vs.低社会阶层[a] $p\leqslant0.01$，[b] $p\leqslant0.05$。

4. 中介效应

首先，为验证主体性—共享性认知导向的中介作用，运用 Hayes(2013)中的有调节的中介模型，以消费者的社会阶层作为自变量，品牌危机类型作为调节变量(0＝道德型，1＝能力型)，消费者的认知导向作为中介变量，对服务的购买(使用)意愿作为因变量进行分析，证明社会阶层通过认知导向，进而影响消费者面对道德型品牌危机后的购买意愿。实验结果发现，社会阶层对认知导向的效应显著($\beta=0.14$，$t=3.12$，$p<0.01$)，控制了社会阶层后，认知导向对购买意愿的

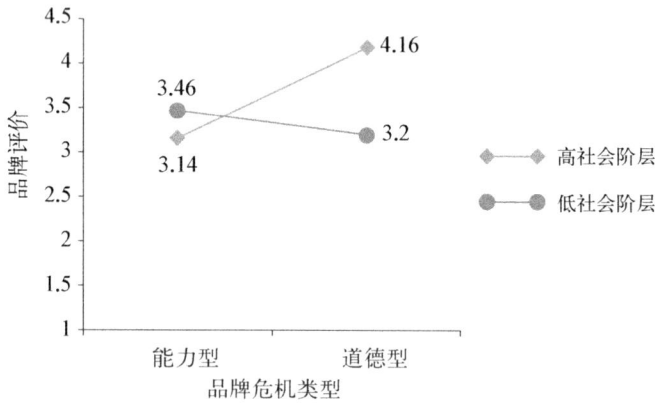

图 4.7 实验研究二：品牌评价比较

效应显著（β＝0.74，t＝2.88，p＜0.01），控制了认知导向后，社会阶层对购买意愿的效应不显著（β＝0.27，t＝1.79，p＞0.05）。同时，在中介模型中，认知导向×品牌危机类型的交互作用对社会购买意愿有显著效应（β＝－1.13，t＝－2.63，p＝0.01），而社会阶层×品牌危机类型的交互作用对购买意愿的效应变得不显著了（β＝－0.29，t＝－1.31，p＝0.19）。通过 5 000 次 bootstrap 分析结果显示，社会阶层通过认知导向对购买意愿产生作用受到危机类型的调节这一效应存在（β＝－0.16，95％ CI [－0.40，－0.04]），证明了主体性—共享性认知导向担当被调节的中介作用成立（Zhao et al.，2010）。条件间接效应结果表明：当面对道德型危机时，认知导向的间接效应显著（β＝0.10，95％ CI [0.03，0.22]）；当面对能力型危机时，认知导向的间接效应不显著（β＝－0.05，95％ CI [－0.22，0.03]）。以上分析结果验证了主体性—共享性认知导向的被调节的中介效应，假设 H3 成立。

其次，运用 Hayes（2013）的中介模型进一步单独对两种危机情况分别讨论。通过数据分析发现，在道德危机情况下，社会阶层对主体性—共享性认知导向有正向效应（β＝0.18，t＝2.70，p＜0.01），认知导向对购买意愿有正向效应（β＝0.74，t＝3.26，p＜0.01），而当模型加入认知导向后，社会阶层对购买意愿的效应变得不那么显著（β＝0.27，t＝2.03，p＝0.05）。间接效应显示，社会阶层通过主体性—共享性导向对道德型危机产品的购买意愿产生影响的中介效应存在（β＝0.14，95％ CI [0.03，0.30]）。然而，在能力危机情况下，分析结果发现社会阶层对认知导向有正向效应($\beta=0.11$，$t=2.13$，$p=0.04$)，而认知导向对购买意愿的效应不显著了($\beta=-0.39$，$t=-1.02$，$p=0.31$)，当模型加入认知导向后，社会阶层对购买意愿的效应也不显著($\beta=-0.02$，$t=-0.09$，$p=0.93$)。间接效应显示，主体性—共享性导向的中介效应不存在($\beta=-0.04$，95% CI [-0.21，0.02])。以上分析结果进一步验证了主体性—共享性导向的被调节的中介效应，假设 H3 成立。

实验二在服务行业情景下进一步验证了研究假设，得出了与实验一相同的结论，即高社会阶层的消费者比低社会阶层的消费者更能容忍道德型品牌危机，对服务的购买意愿和品牌评价也较高；高社会阶层和低社会阶层的消费者对能力型品牌危机都不能谅解，服务的购买意愿和品牌评价都比较低。此外，实验二还进一步解释了这一效应的理论机理，验证了社会阶层通过主体性—共享性导向为中介变量，对道德危机情况下消费者的购买意愿产生影响。

4.6　总结与讨论

4.6.1　研究结论

本章首次对品牌危机与消费者社会阶层的互动作用对消费者的影响进行了实证研究。通过两个实验，从服务业和制造业两个不同行业的角度，得出了消费者的社会阶层和危机类型会对产品或服务的购买意愿和品牌评价产生互动影响。结论表明，当面对品牌道德型危机时，高社会阶层比低社会阶层的消费者对品牌的评价和产品的购买意愿更高；当面对品牌能力型危机时，高社会阶层和低社会阶层的消费者对品牌的评价和产品的购买意愿无显著差异。同时，本章进一步探究了消费者的主体性—共享性导向的中介作用，解释了这一效应存在的内在机理。

4.6.2　研究贡献与展望

在理论方面，本章的研究着眼于现代社会的热点话题，创新性地将心理学和社会学研究中社会阶层对人们心理认知和行为方式的影响应用到品牌危机管理情景下，并结合危机类型共同考察其对品牌评价和消费决策的效用。目前还没有营销学者从消费者个体的社会阶层角度来研究品牌危机管理和消费决策的问题,本章的研究成果有助于引起营销学者对这一前沿性问题的关注。因此,本章在相关理论的延伸与贯通方面展示出一定的价值,同时为企业完善品牌危机管理、缓解负面伤害等方面提供了积极的理论指导。

在管理实践方面,文章提出了企业可以运用消费者的社会阶层作为降低品牌危机负面伤害作用的有效手段,对政府和企业合理地疏通和引导品牌危机对消费者的影响也有重要的管理启示。通过划分客户群体的社会阶层,企业可以在发生品牌危机时,根据危机的类型及时判断该信息所造成后果的严重程度,从而制订快速有效的应对措施。例如,当发生道德型危机时,企业可以营造让消费者知晓道德丑闻并不会直接影响品牌的产品质量或服务能力的舆论导向,进而减轻丑闻带来的负面影响;而当发生能力型危机时,则需要企业谨慎对待,通过切实有效的危机应对方法才可能减轻对消费者的伤害作用。因此,本章的研究结论给危机企业如何制订应对策略提供了积极的借鉴,具备实际应用价值。

当然,本章仍然存在一些局限性。由于实验法是在控制较多外部因素的基础上研究变量之间的因果关系,统计信度较高,需要的样本量也不大。但实验法操控自变量的变化也带来了一定的局限性,比如与实际真实生活存在一定的差异导致外部效度受到局限,研究结论缺乏一定的普适性。因此,未来研究可以从以下方面改进。首先,本章实验并没有测量被试的真实购买决策,为更好地验证结论的严密性,未来研究可以考虑采用实地实验考察消费者真实的购买意愿。其次,除了实验中涉及的制造业和服务业,未来研究可以发展到其他行业中的品牌危机,如食品行业。最后,未来可以考虑借助问卷调查法或二手数据的方法,对互联网与社交媒体上关于品牌丑闻事件的影响进行深入挖掘,增加结论的稳定性和说服力。

第5章
品牌危机与消费者具身
认知因素的互动研究[①]

5.1 引言

从认知科学的发展来看,传统的认知科学认为人的思维是离身的(disembodied),因此在品牌危机认知研究的早期阶段,研究范式也大多是在离身认知(disembodied cognition)的范式之下。而随着认知科学的发展,具身认知(embodied cognition)科学得到了越来越多的重视。当代认知心理学中的具身认知理论认为,人的认知过程不仅是心理的,也是生理的——"我们信息加工的方式不只是和心智有关,还和整个身体都有着密切的联系"。即身体的感觉或运动会在人们无意识的情况下影响人们的认知。本章尝试从感知温度这一最基本的身体感觉出发,以认知心理学研究成果——感知温度影响人际关系认知(Williams & Bargh, 2008a; Ijzerman & Semin, 2009)——为基础,对不同感知温度下的品牌危机认知进行研究。

在以往的研究中,研究人员往往关注消费者的信息加工方式,如整体式思维的人更容易认为发生丑闻的品牌有对有错,分析式思维的人更容易只接受单一(正面或负面)的信息(陈增祥,王海忠,梁剑平等,2009);高品牌承诺的消费者更倾向于抵制品牌的负面信息(Ahluwalia et al., 2000);防御调节聚焦导向的消费者对负面信息更敏感(田阳,王海忠等,2014)。同时,很多关于消费者态度的研究表明,消费者的态度不仅受有意识的信息加工过程的影响,同时还受到很多

---

① 本章部分内容来源于王良燕教授指导的硕士生张纯羽的毕业论文《感识温度对消费者品牌丑闻认知的影响——从具身认知的研究视角出发》,以及著者发表于《上海管理科学》2017 年 39 卷 3 期的论文《"冰冷"的宽容——感知温度对品牌丑闻认知的影响》。

无意识的因素的影响,如情绪被认为是一种影响人们判断的"信号",会影响人们的信息加工方式(Schwarz,2000),与处于正面情绪下的消费者相比,处于负面情绪下的消费者更倾向采用系统式的认知方式,更加重视细节,因此只有强有力的论证方式和内容才能说服负面情绪下的消费者(Schwarz,2000)。能够影响人们认知的不仅有抽象的情绪,还有很多看似无关的外部因素,例如天气会影响人们对信息说服力的判断(Sinclair,Mark & Clore,1994)。根据具身认知理论,人们的身体感觉会影响人们的认知,如喝了苦茶的人比喝了甜水的人做出的道德判断更严苛(Eskine,2011)。因此我们有理由认为,消费者对品牌危机的认知不仅会受信息加工方式和情绪的影响,也有可能会受到身体感知因素的影响。

在日常语言中,人们往往用"热心""热情"等词语来描述有善意的人,而用"冷酷""冷漠"等词语来描述没有善意的人。大量实验证明,感知温度与人们的人际关系认知之间存在紧密的联系。感知温度会影响人们的人际关系认知:在评价他人时,触摸热杯子的人更倾向于正面评价他人的个性特征(Williams & Bargh,2008a);在评价人际关系时,处于温度高的房间里的人感知到的社会距离更近(Ijzerman & Semin,2009)。同时,人际关系也会影响人们对温度的感知:被社会排斥的人更容易低估房间的温度(Zhong & Leonardelli,2008)。虽然品牌并不是社会人,但是消费者在认识品牌时,往往会在心中建立相应的品牌人格(Aaker,1997),往往把品牌或者品牌背后的企业人格化。因此,人们在评价发生丑闻的品牌时,也有可能受到感知温度的影响。

所以本章的研究目的在于探究感知温度的高低是否会影响消费者的品牌危机认知,例如,在低温情境下,消费者对发生危机的品牌是否更加宽容。同时本章还试图寻找中介变量来解释这种现象发生的原因,并且探索调节变量来验证这种现象发生的边界条件。

5.1.1 理论贡献

品牌危机的发生往往会给品牌和相关企业甚至其他同类产品带来市场损失。在文献里,关于品牌危机有非常丰富的研究,包括品牌危机认知、品牌危机的影响、品牌危机的应对方法、品牌危机的补救措施等。在品牌危机认知方面,过去主流的研究角度是单纯从"大脑认知活动"的角度出发,考虑的层面有思维模式、动机、情绪等纯精神层面的因素。近些年来,随着认知科学的发展,具身认知获得了越来越多的关注和认可,众多研究表明,人的认知活动不只是单纯的大脑运动,而且会有身体感觉—运动系统的参与,并且这种影响往往是自发的、不被自己所注意的。这种研究范式为研究消费者认知提供了另一种更全面的视角。

本章的研究证实,消费者在进行品牌危机认知时,认知活动会受到身体感觉—运动系统的影响。本章把具身认知学科中的理论在消费者行为领域进行了拓展,证明感知温度会影响品牌危机认知,并且研究了这种现象发生的边界条件——品牌拟人化程度,即只有在品牌拟人化程度高的情况下,感知温度才会对品牌危机认知产生显著影响。因此,首先从具身认知理论的角度来看,本章拓展了具身认知的应用领域,尤其是在感知温度这一领域。之前关于感知温度的研究都集中在研究感知温度与人际关系(包括人际距离感知、亲社会行为等方面)。本章利用品牌与人之间存在的联系,研究感知温度对消费者品牌认知的影响,拓展了感知温度和具身认知的应用范围。其次,从研究品牌危机的认知视角来看,之前研究大部分都是从传统的认知学视角,即思维认知视角来研究品牌危机。本章研究打破了只从纯思维认知角度开展研究的惯性,扩展到从具身认知的视角探索品牌危机的全新视角。最后,从品牌研究领域来看,本章的研究聚焦具身感知对消费者品牌认知的影响。虽然本章是选择了一个小而具体的切入点(感知温度如何影响品牌危机认知),但是可以根据本章的研究成果合理推论出,具身感知会影响消费者对品牌的认知,其中具身感知不止局限于感知温度,还可以延伸到其他领域,如重量感知、明暗感知、味觉感知、嗅觉感知等。而在品牌认知研究方面,也不仅仅局限于品牌危机认知,还可以延伸到品牌延伸、品牌危机溢出效应、品牌关联、品牌个性塑造等各研究领域。因此本章为具身认知理论和品牌研究之间搭建了一座桥梁,为日后更多相似的研究提供了启发、借鉴和参考。

5.1.2　实践意义

从实践方面来看,在丑闻发生后的品牌危机修复阶段,本章的研究可以为品牌危机的应对和补救提供一定的借鉴和参考价值。

从品牌危机修复时的语言使用来看,品牌在进行品牌危机事件发生后的品牌修复时,可以采用口语化的语言和社交性的沟通平台,也可以采用正式的语言和正式的沟通平台,但根据本章的研究结果,在发生品牌危机事件时,品牌最好的选择是使用正式的语言和正式的沟通平台,这与品牌形象塑造时打造亲民的品牌形象选择社交性的沟通平台的思路是相反的,因为维持品牌与消费者之间的距离感可以缓解消费者的愤怒和责备情绪。

从品牌危机修复时使用的具体行为来看,在品牌危机发生后,大部分品牌都会采取品牌形象修复措施。比较普遍的是进行一些亲社会行为,如捐款、做慈善事业等,还有的品牌采用更换 LOGO、更换代言人、更换广告宣传内容等方式进行品牌形象的重塑。但是很少有企业从采用一些刺激物来启动消费者的身体感觉—运动系统的角度进行思考,本章的研究发现,可以用不同场景的图片启动消费者的温度感觉,从而进一步影响消费者对丑闻相关品牌的评价。根据具身认知理论中的观点,身体感觉—运动系统和大脑的思维之间存在着双向的作用,因此除了本章中采用的图片操纵方式之外,也可以用语言、文字等其他方式来启动消费者的身体感觉—运动系统,从而进一步影响消费者的认知方式。因此本章的研究为品牌危机后的丑闻修复行为提供了新的视角,可以帮助品牌更有效地进行品牌危机修复。

5.2　文献回顾

5.2.1　具身认知

1. 具身认知的概念和内涵

具身认知是当代认知心理学领域中的一个热门话题,强调身体在认知过程中产生的作用。具身认知的具体含义非常丰富,它融合了生理学、认知语言学、动力学等多学科的思想,不同的学者对这一概念也有不同的解读。

传统的认知学科把认知理解为一种信息加工过程,即所谓的"身心二元论"——认知是一种单纯的精神现象,和物理性的身体没有实质上的联系。这类似于计算机软件和硬件的关系,即身体只是精神活动的一个载体:"组成心智的软件可以运行在神经元、硅片或者木制齿轮上——只要其结构成分处在一种适当的功能关系中(Niedenthal, Barsalou & Winkielman, 2005)。"其次,传统认知学科还认为,人们在进行高级认知过程时,只依赖于抽象的表征,而身体感觉—运动系统对认知的作用就是将外界的表征物体传送给大脑,在大脑进行加工后,身体感觉—运动系统再执行大脑发布的运动指令。例如,在这种理论思考范式下,消费者认知品牌危机的过程是:消费者在看到某个品牌的丑闻时,身体感觉—运动系统把眼睛看到的品牌危机传输给大脑,大脑进行或简单或复杂的加工,进而形成了自己对待品牌的态度,而在这个过程中,与品牌认知毫无关系的身体感觉——温度感觉、亮度感觉、气味感觉等——传递给大脑的信息并不参与这个加工过程。

当代的具身认知理论否认传统认知理论的观点,即否认"身心二元论"的认知观。具身认知理论强调身体感觉—运动系统在认知过程中产生的作用。20世纪末的认知科学家 Lakoff 和 Johnson(1980)指出,传统认知科学只是单纯从理性推理和概念形成的角度来研究认知科学,把人的认知过程看成是一项离身的、抽象的活动,他们认为,这种传统的观点忽略了人类生理构造和身体的体验在认知过程中发挥的作用。所以他们提出:① 心智是有具身性的;② 人的思维往往是无意识的;③ 抽象概念的产生和理解依靠来自身体和身体运动的隐喻。

在此之后,越来越多的学者在这一领域进行研究,提出了自己对具身认知的看法。Anderson 和 Lebiere(2003)认为:"心智之所以有具身性的,不仅是因为心智的运行过程必须依靠物理身体——以大脑的神经活动为运行基础,更是因为人的身体感觉—运动系统在各种概念的形成过程中和人们的理性推理过程中处于一个基础角色。"Tversky 和 Hard(2009)指出:"心智被禁锢在我们的身体之中,因此我们的心智无时无刻都处在某一个特殊的空间之中,而且都需要面对面对着具体的外界事物。这些事实就是具身认知形成的基础。"Nemirovsky 和 Ferrara(2009)提出:"具身认知理论拒绝这样的观点——即认为在身体感觉—运动系统的身后存在着一个'心智',这个'心智'中有各种推理规则和形式命题,指挥着身体的运作。无论我们想象中的那个理性的、有规律和有推理能力的东西是什么,它都彻底地嵌在了我们的身体运动中。"

国内学者叶浩生(2010)从三个方面更加细致地对具身认知理论加以解释。

(1)认知的运行过程是由身体的物理性质决定的。如人的头部转动和身体的前后运动使人们形成了深度知觉,能够进行深度知觉信息的加工,即因为人们能够前后运动,头能进行转动,所以才能"立体"地认知事物。

(2)认知的内容由身体提供。人的抽象思维是通过隐喻得来的(Lakoff & Johnson,1980)。所谓隐喻,就是利用一个事物来理解另一个事物,如用旅程来理解人生,用黑和白来理解人物的好坏等。人类的抽象思维的形成就是依靠隐喻,利用熟悉的事物来理解不熟悉的事物,利用具体的事物来理解抽象的事物(Lakoff & Johnson,1980)。而穷根溯源,人们最熟悉的就是自己的身体,因此有大量的抽象概念来自我们的身体,例如,左右、上下、远近、前后等概念都是以自己的身体为中心出发点。而从这些概念出发,又发展出更抽象的概念,如高贵与低贱、提拔和贬职、亲近和疏远等。所以说我们的身体为抽象认知提供了物理基础。

(3)认知活动是具身的,而物理属性的身体又嵌在周围的环境里。认知、身体和环境是一个动态的整体。如果把外部世界比作一个信息仓库,我们在进行认知推理时会不断与这个信息仓库发生关联,因此认知过程既包含大脑内部操作,也有和外部环境的联系(Rowlands,2009),所以认知过程应该拓展到周围的环境。例如,我们在思考问题时,在加工处理信息时,也会利用外部环境,如笔、纸、灯光等这些外部物体与认知系统紧密联系在一起。因此,外部物理环境或物体和大脑内部的认知系统并不是两个完全割裂的主体,而这种嵌套可以为认知活动节约许多不必要的成本(Shapiro,2007)。

2. 身体感觉—运动系统和抽象概念认知之间的双向作用

越来越多的实证研究证明了具身认知理论的正确性。大量的实验证明,人的身体感觉—运动系统会影响人的情绪、认知等精神活动。早在1980年,Wells和Petty(1980)做过一个实验,他们要求学生参加一项有关于耳机的测试,被试被告知该项测试的目的是研究耳机的舒适度。研究者让被试分别水平移动头部(即摇头)或者竖直移动头部(即点头),在这两种情况下对耳机的舒适度进行测试。所有的被试被随机分成3组,分别是水平移动组、竖直移动组和对照组。随后被试听到一段音乐,听完后要求被试给耳机打分。实验统计结果证明,头部竖直移动(点头)组给耳机的打分远高于另外两组,而头部水平移动的小组(摇头)给耳机的打分低于其他两个小组。因此,这个实验证明,点头会让被试的态度更积极,而摇头会让被试的态度更消极。还有许多类似的研究从身体的不同感知角度来进行研究。如Riskind和Rholes(1984)的实验证明,当被试在不同的身体姿势和脸部表情下对自己的过去进行回忆时,站立和微笑状态下的被试会回忆更多快乐的记忆。Stepper和Strack(1993)的实验证明,完成一项高难度任务并得到肯定反馈之后,低头弯腰状态下的被试和抬头挺胸状态下的被试相比,他们的情绪更加消极。Chen和Bargh(1999)的实验证明,词语效价的加工和行为之间存在关系，他们要求被试做拉杆或者推杆的动作对积极或消极的词语做出反应。实验发现，被试对积极效价的词语有更快的趋近反应，对消极效价的词语有更快的趋避反应。Jostmann，Lakens 和 Schubert(2009)通过实验证明，身体的重量感知会影响被试对货币价值和事件重要性的估计。

根据具身认知理论，身体和认知之间的作用是双向的。即不仅如前文所述，身体感觉—运动系统会影响个体的认知过程和认知方式，个体对概念的抽象认知也会在无意识间影响个体的身体运动。即当个体在进行思维活动或者语言表达时，如果使用的大脑中的信息有对应的身体感觉—运动系统，那么身体会使用同一个感觉通道自动对该事件进行模拟(叶浩生，2010)。Spence，Nicholls 和 Driver(2001)的实验证明了这一理论假设，实验测试的是被试用不同的身体感觉通道进行信息加工时，从一个通道转到另一个通道耗费的时间。被试做完需要使用听觉信息通道的任务之后，再进行需要使用视觉信息通道的任务的话，被试的信息加工时间会变长；类似的，当被试在使用了身体的味觉通道——确定柠檬是有酸味的之后，他们需要花更多的时间把"炸弹"和"巨响"联系在一起，因为这两种任务使用的身体感觉通道是不同的。这项实验结果证明，人的大脑认知活动与身体的感觉通道紧紧相连。Rueschemeyer，Pfeiffer 和 Bekkering(2010)的实验发现，当被试对词语进行认知时，相对应的动作信息也会得到加工，进而影响身体的动作：实验者要求被试对单词进行判断，这些单词会与身体的靠近或疏远有关，结果发现，当被试被要求做的动作和单词代表的行为习惯相同时，对该单词的反应更快(如当被试做疏远身体的动作时，对钥匙的这个单词的反应就更快)。Schneider 和 Rutjens 等(2011)的实验表明，当人们认知"重要"这个抽象概念时，身体对"重量"的感知系统也会启动：他首先告知被试本子的重要性，再让被试评估本子的重量，实验结果发现，被试对本子重要性的不同认知，会影响被试对本子重量的判断。Day 和 Bobocel(2013)的实验证明，回忆完让人内疚的事情之后，人的内疚情绪会使人感到身体更沉重。因此，大量实验证据表明，认知和身体感觉—运动系统之间的关系是双向的，认知也可以反向激活身体感觉—运动系统。

3. 具身认知研究中的感知温度领域研究

具身认识框架下的感知温度领域的研究是本章的主要关注点。早在 20 世纪，就有研究者提出，人的个体特质可以从"热情—冷淡"这个维度去划分

(Asch，1946)，Asch 还把身体感知到的冷和热用隐喻的方式映射到人际关系的体验上。对于温度和人际关系之间的联系，早期对于婴儿依恋行为的研究给这种关系提供了基础：Seay，Hansen 和 Harlow(1962)的研究说明，因为婴儿早期与哺育者频繁接触，所以身体上的温暖和心理上的温暖早在婴儿阶段就形成了一种联系。后来 Inagaki 和 Eisenberger(2013)通过神经科学的手段，为这种联系在神经科学方面提供了证据。

身体的感知温度对判断人际关系和社会性行为存在着影响。Williams 和 Bargh(2008a)通过手持热咖啡和冰咖啡的实验表明，手持热咖啡的被试对其他人会给予更友善和热情的评价，手持冰咖啡的被试会给其他人做出更冷淡的评价。此外他们的研究还证明，触摸过热垫子的人会做出更多的亲社会行为，即更多的被试选择把送礼物给朋友而不是给自己。Kang(2011)的实验证明，个体的冷热感受会影响个体对他人的信任感：当被试身体的冷感增加时，被试对他人更不信任。而且该实验还发现，感知到身体冷和感知到冷之后做出信任决策时，脑岛都会得到激活，因此证明温度感知会影响信任决策的激活。此外，身体的感受也会影响人们的消费倾向。如 Hong 和 Sun(2012)的实验证明，在不同温度下的被试，对爱情片的偏好呈现出差异：当身体感到冷时，人们更愿意去消费爱情片，同时这种现象只有在被试心智中认为爱情片和心理温暖之间存在联系的情况下才成立。

人际关系状态和相关情绪也会反过来影响人们的身体温度感知。Zhong 和 Leonardelli(2008)的实验证明，回忆起被社会排斥经历的被试往往会低估环境温度，进而也更愿意去选取热饮料(补偿感知到的低温)；回忆社会接纳经历的被试更容易高估环境温度，相对而言会更多地选择冷饮。Ijzerman 和 Gallucci(2012)也做过类似的实验，他们的研究发现，当被社会排斥之后，被试的手指温度会更低，如果之后给被试提供热饮，这种社会排斥带来的温度效应就会显著降低。

5.2.2　心理距离

1. 心理距离的概念和内涵

心理距离(psychological distance)是个体对其他事物与自我、此时、此地之间的距离的一种主观判断(Trope & Liberman，2010)。心理距离是一种以自我为中心的概念,外物与自我、此时、此地在空间、时间、社会距离等维度上的距离则组成了心理距离的不同维度(Trope & Liberman,2010)。

心理距离的各个维度之间是相互关联的。我们经常可以看到小说中描述"很久很久以前,在一个遥远的地方……",而很少看见有小说描述"很久很久以前,在一个很近的地方……",这种现象并不只是一个表述习惯,而是反映出了心理距离的几个维度之间存在着一定的相关性。在日常生活中,人们也经常用空间概念来隐喻时间概念(Boroditsky,2000)。在社会心理学领域,空间距离经常被用来测量社会距离,如选择一个与别人距离远的位置还是选择一个与别人距离近的位置被认为可以反映这两人之间的亲疏关系(Mooney,Cohn & Swift,1992)。

同样,心理距离的其他维度之间也是相互联系的,如遥远的地理距离更容易让我们想起遥远的未来而不是马上到来的日子,也更容易让我们想到别人而不是想到自己。Baranan 和 Liberman 等(2007)的实验证明了这种理论。实验者使用 Stroop 任务(Stroop,1935)测试心理距离的各个维度在认知上的相关性。实验者给被试展示了一幅风景画,画上有指向远方的箭头或者是指向近处的箭头。箭头上会出现与心理距离相关的文字,例如,"明天""我们""年""他们"等。研究者告诉被试,他们需要① 判断箭头指的是远处还是近处,尽最大可能又快又准确地在键盘上摁下相应的键;② 识别箭头上出现的文字。实验结果表明,被试的反应在心理距离一致(箭头的指向是近处时,文字中包含有近的社会距离、时间距离等含义;箭头的指向是远处时,文字的含义涉及远的社会距离、时间距离)时的反应速度更快。这项研究表明,空间距离、时间距离、社会距离、概率大小之间存在着一个共通的内涵,而且人们无意识地获取这种共通的内涵,即使当前的行为目标并不需要人们这样做。Trope 和 Liberman(2010)指出这种共通的内涵就是心理距离,而且人们会无意识地对心理距离进行评估,因为时刻掌握与外物的距离对人们来说具有很大的实践意义。如判断社交距离对人们寻求帮助时采取什么方式有指导意义,判断概率的高低对人们做出当下的行为决策有指导意义,对时间距离的准确把握能够帮助人们做事情的时候分清楚轻重缓急,对空间距离的把握在很多时候是人们维持自身安全的一项重要手段。

由于心理距离之间的各个维度之间在人的认知中是相互关联的,那么由此可以引申出另一个理论假设:某事物在心理距离的某一个子维度上的距离会影

响它在其他心理距离的子维度上的距离。Stephan，Liberman 和 Trope(2010)
的一项实验证明，人们在社会距离维度感知到的距离会影响人们在空间和时间
这两个维度感知到的距离。有学者指出，有礼貌的语言会创造出一种更疏远的
人际距离，因为人们往往对待陌生人更加有礼貌，使用的语言更加正式，而对待
熟悉的人却不是那么在意礼貌(Brown & Levinson，1989)。以这一发现为基
础，Stephan 等人(2010)的研究发现，当人们使用口语化的、不怎么礼貌的语言
时(较近的社会距离)，人们更容易感觉交流对象在空间距离和时间距离上都是
更近的。比如，如果我们用比较口语化的语言来对待一个人或说一件事情时(例
如，"我哥把我的车弄走了，我只好被困在家里哪里也去不了了"而不是"我的哥
哥借走了我的车，因此我只能待在家里")，人们更容易认为他说的这件事情发生
在比较近的地点和比较近的时间。Stephan，Liberman 和 Trope(2010)还发现
了反向的作用，即沟通对象的时间距离和空间距离会影响人们使用的语言的礼
貌化和正式化程度。如在一个实验中，要求被试写一段介绍，而这段介绍被他人
阅读的时间是较远的或者较近的，结果表明，当人们为更久之后阅读介绍材料的
人写介绍时，人们使用的语言更加有礼貌。Williams 和 Bargh(2008b)从非自我
中心的心理距离进行的研究发现，非自我中心的空间距离的感知也会影响人对
社会距离的感知：当人们在坐标轴上连接较远的两个点之后，与连接较近的两
个点相比，人们感知到的自己的家人或与家乡的距离更加遥远。Wakslak 和
Trope(2009)的研究表明，心理距离的一个子维度——概率维度——的变化也
会影响个体在心理距离的其他子维度上的距离感知。如与发生概率较大的事情
相比，发生概率较小的事情总被人们认为会发生在空间距离遥远的地方，或者发
生在更久的时间之后，或者发生在与个体有更远的社会距离的人的身上。如一
种拥有稀有血型的猫更容易被认为是出现在很遥远的一个地方而不是出现一个
离我们很近的地方(如自己的小区里)。

对于心理距离的变化规律，Trope 和 Liberman(2010)认为，心理距离的变
动并不是线性的，而是呈现出一个上凸的曲线，即当刺激物(被判断的物体)距离
中心(自我、此时、此地、确定性)越远，刺激物在子维度上的距离变化反应在个体
的心理距离上的感知变化就越小。换一种说法，就是距离主体的距离越远，主体
对距离的变动越不敏感。例如，对于居住在中国的人来说，从距离感知来看，上
海到北京的距离远远大于美国的旧金山到纽约的距离。Zauberman 等人(2009)

的研究从时间距离感知的角度也证明了这一观点。

　　因此,心理距离是一个涵盖了很多子维度的概念,如空间距离、社交距离、时间距离等,目前这并不是一个闭合的区间,许多的研究者正在进一步深入探究心理距离可能涵盖的其他子维度。心理距离的子维度之间在人的认知中是相互联系着的,即在某一个子维度上的远距离(例如社会距离)和另一个距离上的远距离(例如空间距离)之间在认知上是存在连接的。此外,心理距离的子维度之间存在双向的相互作用关系,即某个子维度上的距离感知会影响其他子维度上的距离感知,从这个角度来看,心理距离的不同子维度从某种层面上来说是可以互换的(Pronin、Olivola & Kennedy,2008)。例如,有研究发现,社会距离和时间距离在影响人们的预测和判断时的作用是一样的:在进行跨期决策、亲社会行为、忍受不愉快情景等方面,人们对未来的自我选择偏好进行预测和对别人的选择偏好进行预测时,预测结果是一致的,而都与当前的自我偏好选择不同(Pronin、Olivola & Kennedy,2008)。最后,人们对心理距离变化的感知并不是线性的,当刺激物离核心(自我、此时、此地)越远,人们对心理距离变化的感知越不敏感。

　　2. 心理距离子维度之间的关系和差异

　　心理距离的各个子维度之间虽然存在着联系,但这种联系的强度并不是一样的。Trope 和 Liberman(2010)指出,由于心理距离是以自我(自我、此时、此地)为核心的,越靠近自我、此时、此地的东西之间的相似度更高或者说连接越紧密,因此各个子维度之间的联系是随着与核心(自我、此时、此地)距离的增加逐渐减弱的。

　　心理距离子维度之间也存在着本质上的差异。虽然心理距离的各个子维度之间存在着联系,能够相互影响,从某些层面来看可以进行互换,但是他们并不是一样的。

　　(1)心理距离的子维度之间的基础性可能存在差异。例如,有的心理距离子维度更加基础。Boroditsky(2000)的研究表明,空间距离是最基本的心理距离维度。人们对时间距离的理解是建立在对空间距离的理解之上的,即人们通过类比的方式,把相对抽象的时间距离类比成相对具体化的空间距离,进而对时间距离进行理解和描述(Boroditsky,2000,2011;Boroditsky & Ramscar,2002)。被试是否进行空间想象会影响被试回答关于时间的问题,但是是否思考时间对于被试回答关于空间的问题并没有影响(Boroditsky，2000)。但是Trope和Liberman(2010)指出，也有可能自我和非我之间的距离是心理距离的核心，会对其他心理距离的子维度产生影响，因为自我和非我之间的距离是社会距离和换位思考的基础(Pronin，Olivola & Kennedy，2008)。

（2）心理距离的各个子维度具有自己独有的特性。例如，时间是二维的、单方向的、不可控的，而空间是三维的、多方向的、稳定的，我们可以从一个地方移到另一个地方，但是我们却无法从现在回到过去。社会距离有空间距离的三维的、多方向的特性，却只是半可控的，因为社交距离的另一主体是不可控的人，如我们可以接近某一个人，但是最终社会距离是否拉近还部分取决于另一方的态度或行为。

（3）不同的时间子维度所表示的效价可能是不一样的，如社会距离的增加伴随着的是负面效价的增加，而时间距离的增加往往伴随着正面效价的增加。

3. 心理距离和解释水平理论

心理距离和解释水平是紧密联系的两个概念，它们之间存在着相互影响的关系。解释水平(construal level)指的是人们对事物进行表征的方式：高解释水平指的是人们用抽象的方法来表征事物，高解释水平是抽象和简单的，缺乏情境因素的；低解释水平是指人们用具体的方式来表征事物，往往是具体和复杂的，包含有情境因素的(陈海贤 & 何贵兵，2014)。根据解释水平理论(construal level theory，CLT)，心理距离的远近会影响解释水平的高低，而解释水平的高低也会反过来影响个体感知到的心理距离。

Trope和Liberman(2010)认为高的解释水平与远的心理距离相联系，低的解释水平和近的心理距离相联系：当时间距离(Liberman & Trope，1998；Liberman，Sagristano & Trope，2002)、空间距离(Fujita，Henderson & Eng et al.，2006)、社会距离(Stephan，Liberman & Trope，2011)和概率距离(Wakslak & Trope，2009)更远的情况下，人倾向采用高解释水平去理解和表征事物，即用更加抽象的方式去描述事物，用更高维度的分类方式对事物进行分类，使用整体式思维来理解事物；而当时间距离(Liberman & Trope，1998；Liberman，Sagristano & Trope，2002)、空间距离(Liberman，Sagristano & Trope，2002)、社会距离(Stephan，Liberman & Trope，2011)和概率距离(Wakslak et al.，2006)更近的情况下，人倾向采用低解释水平去理解和表征事物,即用更加具体的方式去描述事物,用更低维度的分类方式对事物进行分类,使用分析性的思维来理解事物。

4. 心理距离对认知和行为产生的影响

个体对自己与外界事物之间的心理距离的判断,往往会影响个体对外界事物的态度或认知。大量的研究表明,心理距离会影响个体对未来的预测(Wilson & Gilbert,2003;Kahneman et al.,2006)。例如,当人们预测自己未来对某件事情的反应时,往往出现比较极端的预测,即人们会高估自己遇到积极事件时的心情,同时又会大大低估自己遇到负面事件时的心情(Wilson et al.,2000)。这是因为心理距离更远时,人们容易忽略背景性的东西,只关注最主要的东西,所以当人们预测很久之后发生好事情的心情时,人们只关注好事情这件事本身,而忽略了事情真正发生时必然会存在一些负面的背景干扰;同理,当人们预测很久之后发生坏事情的心情时,人们只关注坏事情本身,而忽略了可能会发生的一些积极的背景因素。

心理距离会影响个体的决策方式。实证研究表明,当人们感知到与事物的心理距离越远,人们越关注事物的可取性,当人们感知到与事物的心理距离越近,人们越关注事物的可行性(Todorov,Goren & Trope,2007;Liberman & Trope,1998)。因此,当心理距离更近时,人们做决策更看重事物的可行性或可获得性;而当心理距离越远时,人们更关注事物的可取性。心理距离还会影响消费者的评价:当心理距离远时,消费者更关注产品中高解释水平特征;当心理距离近时,消费者更关注产品中的低解释水平特征(Kim,Zhang & Li,2008)。

5.2.3　品牌拟人化

1. 品牌拟人化的概念和内涵

品牌拟人化是一种热门的营销手段,是一种让品牌和人一样与消费者进行互动、为品牌带来竞争优势的营销手段(汪涛,谢志鹏 & 崔楠,2014)。这种营销手法在营销实践上被广泛使用,例如杜蕾斯在微博上使用"小杜杜"这个拟人形象,与消费者进行互动;海尔电器通过两个拟人化的卡通形象与消费者们进行营销沟通;等等。

(1)品牌拟人化的成因。早在 20 世纪 70 年代,就有学者对拟人的概念进行研究,Ricoeur(1977)提出:拟人化是为非人类的事物赋予人的特征,使其被人们感知成人。Epley 等(2007)认为人的拟人化动机是天生的、与生俱来的,这种现象产生的原始动机体现在人对非人事物认知上的求知欲。人类天生就有将非人事物赋予人类特质的倾向,或者说人在认识一些抽象主体(如民族、国家、品牌和企业等)时,某种程度上来说,会自动地将这些抽象主体当作人来看待。在看待一个实际事物时,消费者也有自动寻找拟人化属性的倾向,如消费者会自动从产品外观中提取和人类相似的要素(Aggarwal & McGill,2007;Landwehr & Mcgill,2011);消费者会自动把汽车灯看成眼睛,把进气栅看成嘴巴,在汽车上寻找人的脸部特征,并根据这些设备的不同物理形状和组合感知不同的"面部表情"或者"面部情绪"。

(2) 品牌拟人化(brand anthropomorphism)与品牌个性(brand personality)的区别。最早将人类特质引入品牌研究领域的是 Aaker(1997),她提出为品牌赋予品牌个性能够促使消费者实现自我身份类别的区分和自我身份的表达。但是她的研究只停留于对品牌属性进行操纵,如"耐克"等运动品牌被赋予有活力的标签,"施华洛世奇"被赋予优雅的标签,等等。品牌个性是一个与品牌拟人化高度相关的概念,但是品牌个性更像是让品牌和人的个性之间产生某种联系,实现个性的转移(McCracken,1989),使消费者能从品牌本身的行为、态度等方面总结出一系列特征(Sung & Tinkham,2005)。品牌个性的属性操纵可以说是品牌拟人化的先导,但不能说就是品牌拟人化。赋予品牌个性是为了使消费者在品牌中寻找符合自己属性的人类特征(Matzler et al.,2011),而拟人化则是为了改变消费者看待品牌的方式,让消费者不是用看待事物的方式看待品牌,而是用看待人的方式看待品牌。彻底的品牌拟人化需要操纵或影响消费者感知到的品牌拟人性,即让消费者像对待人一样对待某个品牌。这需要品牌营销者将人类独有的特质赋予品牌,如让品牌学会"说话",给品牌打造拟人化的外观特征,等等。

(3) 品牌拟人化概念的理解。Aggarwal 和 McGill(2007)认为,品牌拟人化就是用营销手段提高品牌的拟人性,从而满足消费者对品牌的感知拟人性的要求。汪涛,谢志鹏和崔楠(2014)认为,品牌拟人化是将人的自然属性、精神属性和社会属性赋予品牌,使品牌被消费者当作活生生的、有感觉的人。

2. 品牌拟人化的方法和品牌拟人化的程度

(1) 品牌拟人化的操纵方法。品牌拟人化的操纵方法有很多种,使用最广泛和最直观的方法就是为品牌赋予拟人形象。人们在婴儿时期就会通过添加人类的外貌特征来把物品进行拟人化（Graham & Poulin-Dubois，1999）。如现在很多设计会给物品加上人类的五官——眼睛、嘴，或者是加上四肢，目的是为了让消费者在看到该产品时把产品进行拟人化，进而用对待人的方式来对待产品。除了给物体加上人类的外貌特征，在代言人和广告的设计方面，也经常会采取这样的拟人化方式（Delbaere，McQuarrie & Phillips，2011）。除了外形上的拟人化设置，在"社交属性"上进行设计也是一种品牌拟人化的方式，社交互动是一种创造情感联系的有力方式（Fournier，1998）。品牌与消费者的沟通往往是持续和稳定的，这里的沟通指的是品牌与消费者进行互动性的行为，如对消费者展开的营销沟通进行反馈（广告语、宣传语、社交互动等）。Aaker（1997）指出，在与品牌的沟通中，消费者能够很快地自动感知到品牌中包含的有"个性"特征的信息。近年来的线上沟通方式的兴起，为拟人化沟通提供了更好的方式，如品牌的线上虚拟角色向消费者展示自己情绪化的一面，往往使消费者更加信服这一品牌（Marin，Hunger & Werner，2006）。汪涛和谢志鹏（2014）对品牌拟人化的策略进行了总结，把品牌拟人化的手段分为拟人印象和社会交互两大类，拟人印象包括角色情绪、拟人外观、角色个性、细节/故事等；社会交互包括品牌沟通、消费者参与、角色顾客共识等。

（2）品牌拟人化的程度。品牌拟人化的程度指消费者感知到的品牌与人的相似程度，或者说品牌在多大程度上能使消费者想到人（Aggarwal & McGill，2007；Landwehr & Mcgill，2011）。消费者感知到的品牌拟人化程度有多高取决于品牌是否从多维度来进行拟人化的设计，仅仅启动消费者的感知拟人化是容易的，但是作用却有限，品牌应该更深化和立体地进行品牌拟人化的设计，这些都需要细致的品牌拟人化操控（汪涛等，2014）。

3. 品牌拟人化的作用

品牌拟人化让消费者对待品牌的方式从"待物"变成"待人"。这种转变会进而影响消费者对品牌认知的强度（陈卓浩、鲁直 & 蒋青云，2006），使消费者认为品牌更具有吸引力（Windhager et al.，2010）。产生这种效应的原因是，消费者总是有将非人事物与人类进行比较的倾向，品牌拟人化就满足了消费者的这种倾向，从而使消费者深入地了解认知对象——品牌（Epley et al.，2007）。

从视觉拟人化方面来看，研究者发现拟人化的品牌广告能够对消费者产生影响（McQuarrie & Phillips，2005）。例如如果在广告中让化妆品做一些人类才会有的动作——"喝水",或者让商品与商品之间进行"对话""牵手"等动作,消费者对广告的回想会更多(Delbaere et al., 2011)。除了品牌广告的视觉拟人化之外,产品设计的产品拟人化也能够改变消费者的品牌态度,如汽车的外观拟人化设计不仅可以提高消费者感知到的品牌拟人化,通过产品外形设计表现出不同的"表情"还能改变消费者对产品的具体看法(Aggarwal & McGill,2007;Landwehr & McGill, 2011)。

从社交拟人化方面来看,Dennett(1996)发现,语言是一个品牌拟人化的重要因素。品牌沟通和品牌拟人化沟通使用的语言是存在一定区别的。人与人之间的语言沟通是非常复杂的(Hauser, Chomsky & Fitch, 2002)。可以从内容和形式两个角度来看这种复杂性:从内容上而言,人的口语沟通是离散型的,离散的意思是说,人与人之间的口语交流不是完全朝着某个目标发展的,而是会在交流过程中出现很多与原交流目标不相关的信息;从形式方面来看,人与人之间的口语交流会出现更多不正式的称谓(Nowak, Komorava & Niyogi, 2001)。当品牌与消费者的沟通方式采取类似人与人之间的口语交流方式的时候,与品牌采取正式的语言相比,虽然可能会降低沟通效率,但是能够给人与人之间的交流带来随意感和缓和感,从而降低消费者对品牌的排斥心理,使品牌更容易获得客户,也更容易保持客户(Gummesson, 2002;Sheth & Parvatiyar, 2002)。这是因为消费者更喜欢自由地交谈,排斥目的性强的品牌沟通方式。汪涛、谢志鹏和崔楠(2014)通过实验的方式证明,在品牌拟人化的沟通中,加入不相关信息可以正向地影响消费者的品牌态度。汪涛等研究者(2014)对品牌拟人化的作用从品牌联系和形成情感性的购买偏好两个角度进行了总结。在品牌联系方面涉及消费者对品牌的长期关注,消费者对品牌质量的信任,消费者对品牌的长期偏好;在情感性的购买偏好方面涉及通过提高消费者的自尊感形成消费者购买偏好,通过形成品牌的温暖感形成消费者购买偏好,通过营造品牌的亲近感形成消费者购买偏好,通过构建消费者和品牌之间的友谊形成购买偏好。

5.3 理论推导与研究假设

5.3.1 品牌危机认知与具身认知视角下的感知温度的关系

品牌危机认知一直是品牌危机研究的重要领域,是应对品牌危机的第一步

(Pennings，Wansink & Meulenberg，2002)。大多数研究一般把品牌危机认知作为一种单纯的思维运动过程来进行研究。Ahluwalia(2002)从信息加工动机的角度进行研究，他把信息加工动机分为准确性动机(accuracy motivation)、防御动机(defense motivation)和印象动机(impression motivation)，研究结果发现，不同动机的人会不同程度地重视品牌的负面信息，因此品牌危机对不同动机的人产生的影响也有差异。陈增祥和王海忠等(2009)从思维模式的角度进行研究，他们的研究发现，个体的思维模式会影响消费者对品牌危机的评价：整体式思维的人更容易认为发生丑闻的品牌有对有错，而分析式思维的人更容易只接受单一(正面或负面)的信息。归因理论也是研究消费者品牌危机认知的一个重要切入点。Jorgensen(1994)的研究发现，与单一外部归因和混合归因情况相比，当消费者把丑闻原因归因为单一内部原因时，消费者的负面情绪和负面态度就更明显。

综上所述，大部分研究者都是把品牌危机认知看作一种纯精神层面的大脑加工过程。这种视角不仅是符合大众直觉的一种思维模式，也是传统的认知学视角。随着认知科学的发展，具身认知理论逐渐被越来越多的人所接受——"越来越多的证据表明，人的思维总是具身的，人的思维无法超越物理身体的感觉和运动的范畴。道德、时间和人际关系这些抽象概念都构建于隐喻的基础上，而隐喻最根本的来源就是身体的经验"(Slepian，Weisbuch，Rule & Ambady，2011)。

具身认知为我们研究消费者的品牌危机认知提供了一个全新的视角。具身认知有着多样化的内涵，可以概括为"身体的状态影响认知过程的进行"(叶浩生，2011)，即人的身体感觉—运动系统在理性思考中扮演着基础角色(Anderson & Lebiere，2003)。已经有许多实证研究证实了这种观点，如紧握拳头的男生更加有自信和自尊感(Schubert & Koole，2009)。

人在认知非人事物时，有一种与生俱来的为事物赋予人类特质的倾向(Epley et al.，2007)。消费者在认识一个品牌时会对品牌进行一定程度上的人格化(Rook & Dennis，1985)，会在自己心中建立相应的品牌人格(Aaker，1997)。所以我们有理由推测，人们在认知品牌危机时，会像认知人际关系时一样，受到感知温度的影响。在本章中，我们会在具身认知的视角下，探究感知温度是否会影响人们对品牌危机的认知，以及这种影响产生的路径和边界条件。

5.3.2 感知温度与心理距离之间的关系

心理距离(psychological distance),指的是人们以当下的自我为参照点,对参照点和外物之间的距离的感知。心理距离的内涵非常丰富,包含时间距离、空间距离、社会距离等或具体或抽象的概念。有研究表明,当感知温度高时,人和他人之间心理距离更近(Ijzerman & Semin,2009)。心理距离又会影响人的情绪和认知。从进化论的角度来看,人和外界保持一定的距离是非常重要的,因为对人类来说,往往是"距离就意味着安全"。已经有许多实证研究证实了这一看法,例如,与负面对象的心理距离越近,人们对负面信息的敏感度越高,感知到的伤害越大;和别人的距离太近使人感到危险,有防御倾向;消极情绪和近的心理距离之间存在相关性(Gasper & Clore,2002)。因此,基于以往的研究和理论推导,我们提出如下假设。

H1:相比于感知温度高时,感知温度低时消费者对品牌危机的态度更宽容。

H2:相比于感知温度高时,感知温度低时消费者感知到的自己与品牌之间的距离更遥远。

H3:在感知温度对品牌危机认知的影响中,心理距离起中介作用。

5.3.3 品牌拟人化程度的调节作用

品牌拟人化是企业通过提供刺激物来提高消费者感知到的品牌拟人性(Aggarwal & McGill,2007),引导消费者把品牌当作"人"来对待的一种营销手段。品牌拟人化的方式有很多种:可以提高品牌在社交维度的拟人化程度,例如,让产品学会"说话";可以从外形上提高品牌的拟人化程度,例如给品牌设计人的外观形象等。众多研究表明,品牌拟人化能够显著影响消费者对品牌的评价(Aggarwal & McGill,2007),原因在于消费者用对待"人"的方式对待品牌,而不是用对待"物"的方式对待品牌。

在本章的研究框架下,相比于低拟人化的品牌,高拟人化的品牌更容易被消费者当作"人"来对待。于是我们有理由认为,当品牌拟人化程度低时,消费者用对待"物"的态度来对待品牌,当品牌拟人化程度高时,消费者用对待"人"的态度来对待品牌。本章前两个假设的理论基础是感知温度影响人际间的人际距离判断,因此本章认为,只有在品牌拟人化程度高时,感知温度才会对消费者的品牌危机认知产生较大的影响。因此我们提出如下假设。

H4:相比于低品牌拟人化,高品牌拟人化时,感知温度对品牌危机认知的影响更大。

5.3.4　研究方法

我们用三个实验用来检验以上假设,实验一是预实验,目的是证明假设 1——感知温度低时消费者对品牌危机的态度更宽容,采用的实验方式是通过直接操控被试的感知温度。实验结果表明,在感知温度更低的情境下,消费者对发生丑闻的品牌更宽容,在感知温度高的情境下,消费者对发生丑闻的品牌采取更严苛的评价。在实验二中,我们操控感知温度并测量品牌与消费者之间的心理距离,试图确认,相比于感知温度高时,感知温度低时消费者对品牌危机的态度更宽容(H1)。同时我们测量了不同感知温度下被试与品牌之间的心理距离并证明了假设 2——相比于感知温度高时,感知温度低时消费者感知到的自己与品牌之间的距离更遥远。此外,实验还证明了假设 3——在感知温度对品牌危机认知的影响中,心理距离起中介作用。在实验三中,我们操控了感知温度和品牌拟人化程度,尝试探索感知温度对品牌危机认知产生影响的边界条件,结果验证了假设 4——相比低品牌拟人化程度,高品牌拟人化程度时,感知温度对品牌危机认知的影响更大。

1. 研究方法选取

本章的研究方法主要包括文献研究法和实验法,其中实验法的具体操作方法是情景操纵法。

(1)文献研究法。通过研究与"品牌危机认知"方面有关的文献,发现前人在研究视角上的单一性,再结合认知科学领域的新研究热点——"具身认知"方面的理论,发现可以从一个新的视角探索品牌危机认知的可能性。在梳理具身认知方面的理论和实证研究结果之后,本章选取一个感知温度作为突破点,以此为基础提出研究模型和假设,并且进行具体的实证研究。

(2)实验法(情景操纵法)。在具身认知的实证研究中,实验法是最主要的研究方法,涉及具身认知的感知温度方面的研究大部分都是采用这种研究方法。这些研究证明,个体的身体对物理温度的感知会影响个体的情绪和认知的变化。比如 Williams 和 Bargh(2008a)通过操纵手指感受到的温度来操纵被试的温度感觉体验,Hong 和 Sun(2012)通过操纵环境温度来操纵被试的温度感觉体验。实验法在变量控制方面有很强的优势,能够满足具身认知研究控制其他变量的需求。情景操纵法是指通过操控实验中的物理刺激,激活被试的身体状态或心理状态,从而影响被试的态度或行为。在感知温度相关的具身研究中,实验者通过控制被试的温度感知(肢体温度感受或者场景温度感受)来观察在不同温度情景下的被试在情感和认知方面会出现什么差异。实验法的局限性在于脱离真实情景,因此在第三个实验设计上采用与实际生活中品牌平面广告相似的操控方式来进行实验的操控,以此提高研究的现实价值。

2. 实验被试选择

在本章的研究中,我们的实验采取的是招募被试的方法,由于考虑可操作性和对实验变量控制的严谨性,我们的招募范围仅限于上海某高校。因为一方面招募高校学生实行起来具有较高的效率,另一方面,由于本章的研究方法是实验控制法,除了人为操纵的自变量之外,需要尽可能控制其他变量,在同一高校内招募的被试有很高的相似性,能够有效避免实验中可能发生的随机误差。本实验对于被试的性别、年龄并没有明确的要求。但是在后续数据分析中,会把这些变量的影响考虑进去。

本研究一共进行了三次实验和一次前测,第一次实验有 43 人参与,第二次有 64 人参与,第三次有 146 人参与;前测一共有 55 人参与。前测使用的是线上调研平台,该样本库以 20 至 30 岁的年轻人为主,其中男性占 53%,女性占 47%,样本的职业分布比较集中,主要是在校学生和普通员工(占比 65.5%)。从年龄和职业角度来看,前测的样本和正式实验的样本有很高的相似性,因此可以认为对于正式实验来说,在该平台上进行的前测是有效的。

3. 实验架构

本研究包括一次前测和三次实验。前测的主要目的是作为操控检验,为了保证实验三操控的有效性。前测一共有两个实验组,采用的是单因素双水平的组间实验设计,自变量为不同温度场景的图片,因变量为被试对图片中场景温度的感知。而三次实验在逻辑上是一种递进关系。实验一证明假设 1,实验一有两个实验组,采用的是单因素双水平的组间实验设计,自变量为感知温度,因变量为品牌评价。实验二在证明假设 1 的基础上证明了假设 2 和假设 3,实验二共有两个实验组,采用的是单因素双水平的组间实验设计,自变量为感知温度,因变量为品牌评价,中介变量为心理距离。实验三在证明假设 3 的基础上,又证明了假设 4。实验三共有四个实验组,采用的双因素双水平的 2×2 组间实验设计,自变量为感知温度和品牌拟人化程度,因变量为品牌评价,中介变量为心理距离。

5.4　实验研究一

5.4.1　被试和实验设计

实验采用中国东部某综合性大学的学生作为被试。一共有 43 名学生参加实验,实验完成将获得价值 5 元左右的小礼品。实验一采用单因素双水平的实验设计:高温 vs.低温,使用组间实验设计。

5.4.2　实验过程

每个被试独立完成实验。在实验开始前,主试告知被试该次实验涉及两个独立的调查项目:一个是产品认知调查,一个是品牌认知调查。在实验开始后,被试被随机分到低温组或高温组。低温组的操控工具是内装 5℃左右冰水的水杯,高温组的操控工具是内装 70℃左右热水的水杯,两个分组的被试使用完全一样的水杯。每位被试在语言引导下,开始"产品认知调查"。被试需要用手机(主试提供)拍摄单手持水杯(内装 5℃左右冰水/70℃左右热水)的照片两张;再被要求手握杯子,估计水的温度和重量,整个过程手持杯子的总时长约 1 分钟左右。接下来,要求被试填写估计的水温,该问题的答案会被用于操控检验。此部分的主要问题内容如下。

(1) 请观察桌上的水杯,并且用桌上的手机拍摄两张单手持水杯的照片。

(2) 请手握杯子,估计杯中水的温度,并把估计的温度(摄氏度/℃)填入下方问卷。

(3) 请再次拿起杯子,估计水的重量,并把估计的重量(克/g)填入下方问卷。

接下来,在问卷的语言引导下,被试开始另一项"品牌认知调查"。首先被试阅读完一小段品牌介绍,再阅读一则关于该品牌最近发生的品牌危机,并在阅读完成后对该品牌进行评价。该部分使用的品牌危机材料如下:

"A是一个互联网品牌,A品牌旗下运营着一家大型在线订票网站。它一向以重视用户体验、主张给消费者提供性价比最高的服务为口号。该网站的业务主要涉及机票/火车票预订以及旅游景点的门票预订等。

日前,某新闻网站爆出A网站出现用户个人信息泄露的问题。可能泄露的信息包括用户基本信息(用户名、身份证号等)和用户的财产信息(银行卡卡号、银行卡CVV等)。该新闻爆出后,A网站的官方微博在线上回复该新闻,称该漏洞正在加紧修复,请消费者相信A网站的技术实力和社会责任感,不必过于担心。"

阅读完该段材料后,被试报告自己对A的品牌评价。品牌评价采用7点量表进行测量:"请问你对该品牌的总体印象如何?(1=非常负面,7=非常正面)。"最后收集个人基本信息,如年龄、性别、情绪等。实验结束后向被试表示感谢并赠送小礼品。

5.4.3 实验结果

1. 操控检验

采用独立样本T检验的统计方法进行分析。分析结果见表5.1,低温组填写的感知温度显著小于高温组填写的感知温度($M_冷 = -3.27$,$M_热 = 37.62$,$t(41) = 9.173$,$p = 0.000$),说明感知温度的实验操控是成功的。

表5.1 实验研究一:感知温度操控检验

	数 量	平均数	标准差
低温	22	−3.27	16.22
高温	21	37.62	12.71

2. 品牌危机认知

对高温组和低温组的品牌评价进行独立样本T检验,数据结果见表5.2和图5.1。根据描述性数据统计,低温组21人,高温组22人,低温组的品牌评价显著高于高温组($M_{冷}=2.55$，$M_{热}=1.71$，$t(41)=-2.09$，$p=0.43$)，表明结果支持假设 1——相比于感知温度高时，感知温度低时消费者对品牌危机的态度更宽容。

表 5.2　实验研究一：感知温度对品牌评价的影响

	数　量	平均数	标准差
低温	22	2.55	1.535
高温	21	1.71	1.007

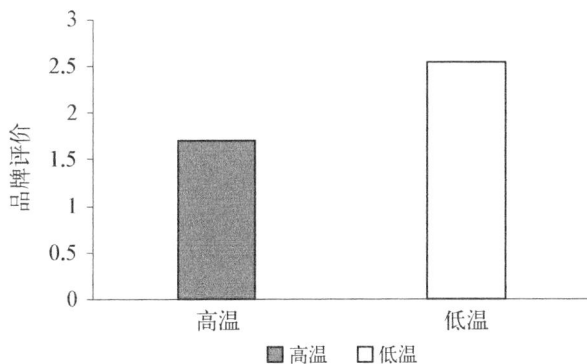

图 5.1　实验研究一：感知温度对品牌评价的影响

5.5　实验研究二

5.5.1　被试和实验设计

实验采用中国东部某大学学生作为被试。64 名学生参加了本次实验，实验完成后每人将获得价值 5 元左右的小礼品。实验采用单因素双水平的实验设计：低温 vs. 高温，使用组间实验设计。

5.5.2　实验过程

每个被试独立完成实验。在实验开始前，主试告知被试该次实验涉及两个独立的调查项目：一个是产品认知调查，一个是品牌认知调查。在实验开始后，被试被随机分到低温组或高温组。低温组的操控工具是内装 5℃ 左右冰水的水杯，高温组的操控工具是内装 70℃ 左右热水的水杯，两个分组的被试使用完全一样的水杯。

每位被试在语言引导下，开始"产品认知调查"。被试需要用手机（主试提供）拍摄单手持水杯（内装 5℃左右冰水/70℃左右热水）的照片各一张；再被要求手握杯子，估计水的温度和重量，整个过程手持杯子的总时长约 1 分钟左右。接下来，要求被试填写估计的水温，该问题的答案会被用于操控检验。此部分的主要问题与实验一相同。

接下来，在问卷的语言引导下，被试开始另一项"品牌认知调查"。首先被试阅读完一小段品牌介绍，再阅读一则关于该品牌最近发生的品牌危机，并在阅读完成后对该品牌进行评价。该部分使用的品牌危机材料与实验一相同。

阅读完该段材料后，被试报告自己对 A 的品牌评价："请问你对该品牌的总体印象如何？（7 点量表，1＝非常负面，7＝非常正面）。"接下来要求被试报告自己与品牌之间的心理距离（7 点量表，1＝非常近，7＝非常远）。最后收集个人基本信息，如年龄、性别、情绪等。实验结束后向被试表示感谢并赠送小礼品。

5.5.3 实验结果

1. 操控检验

与实验一相同，采用独立样本 T 检验的统计方法进行分析。低温组填写的感知温度显著小于高温组填写的感知温度（$M_冷 = -8.75$，$M_热 = 53.60$，$t(62) = -18.35$，$p = 0.000$），说明感知温度的实验操控是成功的。

2. 品牌危机认知

对高温组和低温组的品牌评价进行独立样本 T 检验，统计结果见表 5.3 和图 5.2。低温组被试对丑闻相关品牌的评价显著高于高温组的评价（$M_冷 = 2.87$，$M_热 = 2.32$，$t(62) = 2.30$，$p = 0.03$），结果再次支持假设 1——相比于感知温度高时，感知温度低时消费者对品牌危机的态度更宽容。

表 5.3　实验研究二：感知温度对品牌评价的影响

	数　量	平均值	标准差
高温	34	2.32	0.912
低温	30	2.87	0.973

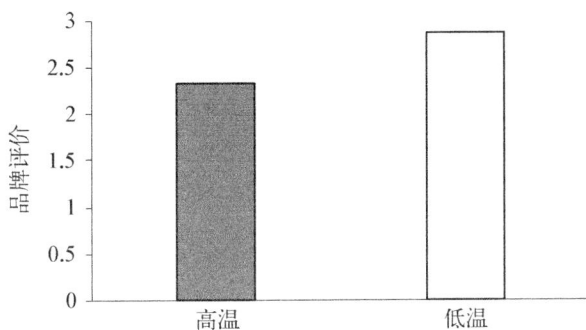

图 5.2　实验研究二：感知温度对品牌评价的影响

3. 感知温度对心理距离的影响

采用独立样本 T 检验分析高温组和低温组的被试感知自己与危机品牌的心理距离,数据见图 5.3。与低温组相比,高温组报告的心理距离更近($M_{冷}$ = 3.53, $M_{热}$ = 3.03, $t(62)$ = 2.113, p = 0.04)。结果支持假设 2——相比于感知温度高时,感知温度低时消费者感知到的自己与品牌之间的距离更遥远。

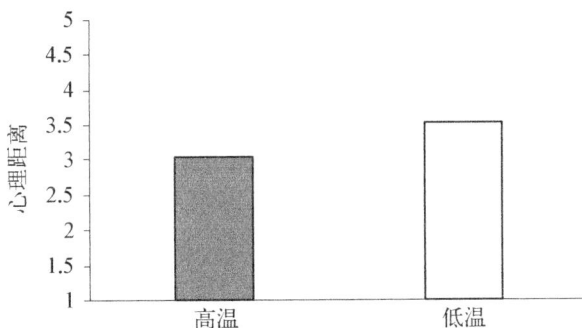

图 5.3　实验研究二：感知温度对心理距离的影响

4. 中介效应检验

上一步分析表明,与低温组相比,高温组报告的心理距离更近($M_{冷}$ = 3.53, $M_{热}$ = 3.03, $t(62)$ = 2.11, p = 0.04)。然后再采用 Hayes(2013)提出的 Bootstrapping 方法进行中介效应分析,数据分析结果见图 5.4。样本量选择 5 000,在 95% 置信区间下,中介检验效应显著(95% CI [−0.50, −0.04])。控制了中介变量(心理距离)之后,自变量(低温 vs. 高温)对因变量(品牌评价)的影响不显著(95% CI [−0.76, 0.12])。该结果支持假设 3——在感知温度对品牌危机认知的影响中,心理距离起中介作用。

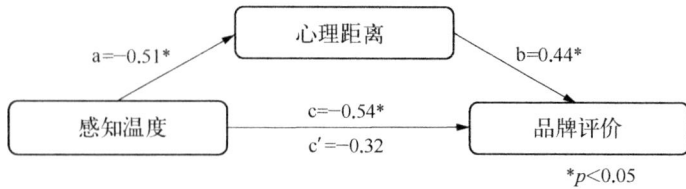

图 5.4　实验研究二：心理距离的中介作用

5.6　实验研究三

在具身认知的视角下，人的身体感觉—运动系统和人的认知系统之间存在双向关系。如激活温度概念时，人对于温度的身体感觉系统也会激活；反之亦然。因此，为了验证假设 4，同时拓展本研究的实践价值，实验三利用图片来激活感知温度。

5.6.1　被试和实验设计

实验采用中国东部某大学学生作为被试。146 名学生参加了本次实验，实验完成后每人将获得价值 5 元左右的小礼品。实验采取 2（感知温度：低温 vs. 高温）×2（拟人化程度：低拟人化 vs.高拟人化）的组间实验设计。

实验设计如表 5.4 所示。

表 5.4　实验研究三：实验设计

	高品牌拟人化程度	低品牌拟人化程度
高感知温度	高温/高拟人	高温/低拟人
低感知温度	低温/高拟人	低温/低拟人

5.6.2　实验过程

每个被试独立完成实验。被试被告知需要完成一项品牌认知调查。实验开始后，被试被随机分在低温组或高温组，低温组使用的实验材料是一张隐藏起具体 LOGO 的汽车品牌宣传图，图中的场景是冰天雪地中有一辆该品牌的车；高温组使用的实验材料背景是一张隐藏起具体 LOGO 的汽车品牌宣传图，图中的场景是炎热的沙漠中有一辆该品牌的车。两张宣传图的亮度、大小、车的摆放位置、车的外形完全统一(参见附录 1)。

在语言引导下,被试阅读一段简短的汽车品牌文字介绍:低拟人化品牌介绍 vs.高拟人化品牌介绍。低拟人化的品牌文字介绍使用官方的、正式的语言和标点符号,并且在品牌介绍旁放置一个普通的车的简化 LOGO;高拟人化的品牌文字介绍使用口语化的语言和标点符号,并且在品牌介绍旁边放置一个有人脸的车的简化 LOGO,为了避免有人脸的 LOGO 传递积极的情绪,影响实验操控的精确性,人脸 LOGO 采用了情绪中性的表情,即展现出的是没有开心或悲伤情绪的表情(参见附录 1)。

在阅读完关于该品牌的介绍之后,被试阅读一则有关该品牌危机的新闻稿,新闻稿参考大众汽车发生的真实品牌危机事件,对相关新闻稿进行修改之后作为实验材料使用,在其中已隐去大众汽车的品牌名称,用一个虚拟的品牌名称代替。

该品牌危机新闻稿如下:

"近日,国家环保局发布公告称,M 品牌的汽车涉嫌在发动机上安装作弊软件,以此逃避环保局对尾气排放的检测。装上这个软件之后,在进行汽车尾气排放测试时,汽车的尾气控制装置能全速运转,尾气排放能达到国家环保标准,但是当汽车上路时,尾气控制装置就停止全速运转,这时尾气排放量会超标 10～40 倍。M 品牌的总裁兼首席执行官就汽车尾气排放造假事件表示道歉,但同时表示作弊'事件'是'个别工程师的个人行为'。"

被试阅读完该新闻稿之后,要求对丑闻相关品牌进行评价,接下来被试报告自己与品牌之间的心理距离。最后被试被要求对最开始的广告的拟人化程度进行评价:"看广告时,你是否感觉像是在与人交流?"(采用 Likert 7 点量表,1＝完全不,7＝完全是)以此作为对品牌拟人化程度的操控检验。同时收集个人基本信息,如年龄、性别、当下情绪等。实验结束后向被试表示感谢并赠送小礼品。

5.6.3 实验结果

1. 操控检验

在主实验前,我们做了图片温度操控的前测。在问卷星上收取了 55 份问卷,被试随机被分在低温组或高温组,低温组使用的实验材料背景是某虚拟汽车品牌的冰雪地区宣传图,高温组使用的实验材料背景是沙漠背景宣传图,两张宣传图使用的是相同外形的汽车。要求被试想象自己置身于图片中的情景,并估计相应的场景温度。高温组填写的估计场景温度显著大于低温组填写的估计场景温度($M_热$=36.03,$M_冷$=−2.52,$t(53)$=11.44,p=0.000),可以认为温度的实验操控是成功的,数据见表5.5。

表 5.5　实验研究三:图片温度操控前测

	数　量	平均数	标准差
高温	26	36.03	8.88
低温	29	−2.52	14.97

此外,拟人化程度进行操纵检验的结果表示,高拟人化组报告的感知拟人化程度显著大于低拟人化组报告的感知拟人化程度($M_{高拟人化}$=3.76,$M_{低拟人化}$=2.54,$t(144)$=8.64,p=0.001)。表明拟人化的操控是成功的。

2. 品牌拟人化程度的调节作用

实验进行了一个2(感知温度:低温 vs.高温)×2(拟人化程度:低拟人化 vs.高拟人化)的组间方差分析,对丑闻相关品牌的评价作为因变量。结果显示,感知温度的主效应不显著($F(1, 142)$=1.857,p=0.18),品牌拟人化程度的主效应不显著($F(1, 142)$=0.23,p=0.64)。感知温度和品牌拟人化程度的交互作用显著($F(1, 142)$=4.51,p=0.04)。当品牌拟人化程度高时,高温组对危机品牌的评价显著低于低温组($M_{高温组}$=3.06,$M_{低温组}$=3.44,$t(65)$=−2.51,p=0.01),当品牌拟人化程度低时,高温组和低温组对危机品牌的评价之间无显著差异($M_{高温组}$=3.24,$M_{低温组}$=3.16,$t(65)$=0.52,p=0.60),见图5.5。以上验

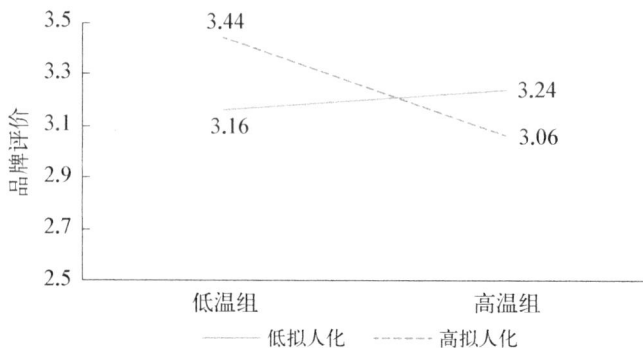

图 5.5　实验研究三:品牌拟人化程度的调节作用

证了假设 4——相比于低品牌拟人化,高品牌拟人化时,感知温度对品牌危机认知的影响更大。

3. 中介效应检验

直接中介效应。与低温组相比,高温组报告的心理距离更近($M_冷 = 4.27$,$M_热 = 3.97$,$t(144) = 2.073$,$p = 0.04$)。然后采用 Hayes(2013)提出的 Bootstrapping 方法进行中介效应分析,样本量选择 5 000,在 95% 置信区间下,中介检验效应显著(95% CI [0.001 6,0.124 7]),中介效应为 0.045 7。控制了中介变量(心理距离)之后,自变量(低温 vs. 高温)对因变量(品牌评价)的影响不显著(95% CI [−0.108 7,0.317 0])。该结果与实验二结果一致,再次证明假设 3——在感知温度对品牌危机认知的影响中,心理距离起中介作用。

5.7　总结与讨论

5.7.1　研究结论

本章在文献研究的基础上,通过总结和梳理前人在品牌危机认知领域的研究,再结合其他领域的理论知识——心理距离理论、品牌拟人化理论、具身认知理论,尝试从具身认知这一新的研究视角对品牌危机领域进行全新的探索。在具体的研究内容选择上,通过文献梳理和理论推导,选择感知温度这个具身认知研究的子领域为落脚点。选择感知温度的原因在于,首先具身认知领域内针对感知温度的研究表明,感知温度与人际距离的判断有着双向的关系,而早期研究表明,人总是有自动把外物拟人化的倾向,因此根据理论推导,本章认为既然感知温度会影响个体对他人的认知,那么感知温度也会影响个人对其他有拟人特性事物(在本章中是品牌)的认知。另一方面,过去的研究表明,身体感觉—运动系统是可以被抽象的概念所启动的,例如语言的使用(使用温暖亲近的语言还是冷漠疏离的语言)、颜色的选择(选择暖色调还是选择冷色调)等,因此从实践意义角度来说,研究感知温度对品牌危机评价的影响,对于品牌的危机修复行为可以进行实践操作上的指导。

本章在实验研究过程中,不仅使用直接操控自变量(感知温度)的方式进行实验研究,还利用身体感觉—运动系统和概念之间的双向关系,对感知温度进行了间接的操控。实验使用了场景图片的方式进行实验操控,采取有巨大温度差异的场景图片启动消费者的身体温度感知系统,以此达到操控自变量的目的。从理论方面来看,实验三的实验操纵手段十分创新,并再次证实了具身认知理论中的身体感觉—运动系统和概念之间的双向作用。从实践方面来看,采用间接操控的方式为品牌危机修复的管理实践提供了可操作化的指导,因此可以大胆推测,还有许多其他与感知温度有关的因素(语言、图片、颜色、表情等)都可以作为间接启动感知温度的手段,继而运用于品牌的危机修复策略之中。

5.7.2 研究局限和未来研究方向

1. 研究局限

本研究也有一定的局限性。从理论角度来说,第一,在研讨对品牌危机认知的影响时,只讨论了品牌拟人化这一调节变量和心理距离这一中介变量,也许存在其他边界条件或中介机制,这是未来可以深入细化研究的方向;第二,学生样本对实验研究来说是合适的,但是也可能存在缺乏生活经验的局限,或者思维模式与其他群体有一定差异的弊端。

2. 未来研究方向

本研究只是从具身认知理论中的个别领域(感知温度)的角度进行研究,而人身体感觉—运动系统异常丰富,如还有视觉、触觉、空间感觉等,同时消费者对品牌的认知不只限于品牌危机的认知。因此本章在具身认知理论和品牌认知研究领域之间建立起了联系。在这个大的研究范畴下,还有很多研究空白是在未来可以进一步探讨的。

从横向拓展来看,具身认知领域下的其他身体感觉—运动系统是否会影响消费者对品牌的认知? 这些不同的身体感觉—运动系统在影响消费者认知时的机理是什么,即不同的身体感觉—运动系统如何参与消费者对品牌的认知? 明暗也是具身认知研究中的关注热点,明暗感知往往和道德判断联系在一起,例如,有研究表明当被试戴着墨镜时,更倾向于把别人的行为判断为不道德的。那么根据具身认知的这种发现,当品牌发生丑闻时,消费者的明暗感觉是否也会影响消费者对品牌危机的认知? 也许当消费者感觉到暗时,更容易对发生丑闻的品牌作出严苛的判断。也许只有企业发生道德丑闻而非能力丑闻时,消费者的明暗感知才会影响消费者对危机品牌的判断。除了品牌危机认知,消费者的身体感知是否会影响对品牌其他方面的认知,例如,对品牌延伸的认知,对品牌形象的认知,对品牌负面溢出效应的影响等。根据具身认知理论,人类的所有认知活动,不管是具体的对外界事物的认知,还是抽象的对概念的加工和思考,都会有身体感觉—运动系统的参与,因此我们也许可以大胆推测,品牌认知涉及的各方面都会被消费者的具身感知所影响。所以不管是从具身认知领域进行横向拓展,还是从品牌认知角度进行横向拓展,都可以在未来的研究中考虑这些具身认知要素。

从纵向深入研究来看,感知温度和品牌危机之间的作用机理还有值得深入研究的地方。因为根据心理距离解释水平理论,较远的心理距离往往代表更极端化的判断和态度,因为当心理距离更远时,人们更容易只看到主要的、单一的信息;而当心理距离近时,人们对主要和次要的信息都更关注。在本章的研究中,使用的品牌危机信息都是比较单一效价的信息,即只有负面信息没有提供正面信息。但是在现实中,有时候消费者面对一起品牌危机事件时,很可能接触到多维度的信息,即正面信息和负面信息同时出现,在这种情况下,消费者的品牌危机认知模式是否会发生变化? 例如,在感知高温的情况下(心理距离近),消费者对正面信息和负面信息给予相似的权重,从而出现相对中立的品牌评价;而感知低温(心理距离远)的消费者只看重单方面的信息,或出现极端的正面评价或出现极端的负面评价。以上这些都是未来可以深入研究的具体方向。

本篇小结

"消弭篇:品牌危机的消弭路径"从理论推演角度出发,立足于与管理实践相结合的目标,探究了如何通过融合消费者的社会认知、具身认知等可操作变量,以及品牌的自身特征、品牌危机等相关因素,为企业消弭品牌危机产生的负面影响提供可行路径。

重塑篇

品牌形象的重塑策略

品牌危机带来的负面伤害与消费者认知因素的互动影响在前文已经探讨详尽，在本篇中，我们将关注重点转为品牌危机后企业的应对策略和消费者认识因素的互动研究，目的在于为品牌或企业提供危机后的行之有效的策略建议，帮助企业有针对性地重塑品牌形象，赢回消费者对品牌的信任。因此，本篇的研究不仅有助于公司摆脱品牌危机的不利影响，并且更重要的是帮助其保护自己的品牌，重塑品牌在市场中的地位。其中，第6章将探讨如何根据不同类型的品牌道德危机和消费者不同的道德推理模式（合理化 vs.脱钩化）来制定有效的应对策略，缓解品牌危机对品牌的负面效应，重新打造消费者对品牌的信任感。第7章将探讨如何根据消费者不同的思维模式（整体式 vs.分析式）来制定采用不同道歉方式的应对策略，更有效地降低品牌危机对品牌的打击，进而重塑品牌的形象。

第 6 章
应对品牌危机的推理模式策略研究[①]

6.1 引言

  2010 年 4 月 1 日,戴姆勒贿赂案在美国哥伦比亚特区地区法庭开庭审理,这是一起轰动欧美的商业道德案件。有证据显示,全球最大的商用车制造商戴姆勒集团(Daimler AG)曾花费重金,邀请官员出国旅游,以此方式在中国、希腊、俄罗斯等 22 个国家贿赂相关官员,为其拿下政府大额采购订单提供便利。这一事件将戴姆勒公司推向了道德和诚信的拷问平台。但令人惊讶的是,戴姆勒集团发布的 2010 年年度财务报告却反映出该公司当年的净利润达到 46.7 亿欧元,较前一年增长了 24%,不仅实现了扭亏为盈,利润甚至达到了 2002 年以来的最高峰。戴姆勒公司的形象在道德丑闻后很快得到了恢复,在很短的时间内重新赢得了民众对他们的支持。无独有偶,在 2011 年百度竞价的排名丑闻事件中,中央电视台《新闻 30 分》节目连着 2 天时间用近 5 分钟的节目曝光百度竞价排名中充斥着假药游医信息。同一时间,几乎全国所有媒体都在显著的位置,公开揭露百度丧失商业道德的丑闻。而在 2012 年 8 月中国互联网络信息中心 CNNIC 发布的《中国网民搜索行为研究报告》中,数据显示百度仍然以 96.9% 的用户渗透率高居手机综合搜索引擎第一名。

  在这两个案例中,尽管品牌发生了严重的道德危机,但并没有在很长时间内影响品牌在消费者心中的地位,甚至对品牌未来发展的影响也微乎其微。这一有趣的现象引起了我们的深思:为什么在品牌危机发生后,有些品牌可以在短时间内恢复品牌形象和品牌忠诚度,而有些品牌却一直深陷危机之中,再也难以

---

① 本章部分内容来源于著者发表在《上海管理科学》2015 年 37 期 5 卷的论文《道德推理过程与品牌危机类型对消费意愿的影响研究》。

重新回到原来的品牌地位？是和品牌危机本身的因素相关,还是和消费者的认知和心理相关呢？针对这一问题,在本章我们将系统深入探索其中的奥秘。

从前面几章已有的研究可知,文献中一般将品牌危机分为能力型危机和道德型危机。上面的案例中的两种品牌危机都属于品牌道德型危机,但似乎两种品牌危机在某些角度上又不太相同。其中,汽车制造商戴姆勒集团贿赂官员的道德品牌危机与其主要的汽车制造的业务关联度并不高,而百度竞价排名的假消息丑闻与其主要的信息搜索业务范围关联度比较高。因此,本章将现实存在的品牌危机案例、前人的品牌危机研究和企业道德伦理相结合,进行横向拓展和深化,提出品牌道德型危机本身又可以进一步细分。我们将品牌道德危机根据与企业主要业务的关联性为标准,对其进行二级分类,分为与业务相关的道德危机和与业务无关的道德危机。关联性是指道德危机的具体内容和发生公司品牌所经营的业务,如与产品、服务等的相关度。比如,对于金融证券公司而言,非法洗钱的丑闻相比破坏生态环境而言是关联度较高的;反之,对于新能源公司而言,破坏生态环境相比洗钱活动是关联度较高的。那么,鉴于以上对道德型危机的细分讨论,企业在针对这两种不同类型的道德危机时,是一视同仁地采用相同的公关策略,还是针对不同的类型采取不同的应对方案？本章将延续前文一贯的逻辑框架,探索消费者的认知因素在这一问题中的重要作用。

在众多影响发生道德危机的品牌评价的因素中,道德丑闻与公司业务的关联性以及消费者自身处理信息的认知模式是较少被研究探讨的因素。因此,本章将着重研究影响消费者认知的一种因素,即道德推理过程(moral reasoning process)。一般来说,消费者在处理与自身道德标准相悖的新闻时有两种道德推理模式。一种推理模式是道德合理化,即通过降低自身道德标准减少危机信息与自身的违和感,从而来支持危机品牌;另一种推理模式是道德脱钩化,即通过将道德危机和企业业务剥离开分别对待,从而支持危机品牌。本章研究的是道德推理模式与道德危机相关性之间存在的交互作用,并试图解决如何依据道德危机的不同类型和消费者的道德推理模式制定合理且有效的危机解决方案。

通过来自制造行业和服务行业的两个实验,本章得出结论:当品牌道德危机与主要业务有相关性时,企业可以采取启发消费者通过道德合理化的方式思考危机事件,使危机公司获得更高的支持,这样对品牌信任和消费者购买意愿的修复效果更好;反之,当品牌道德危机与主要业务无相关性时,企业可以采取启发消费者通过道德脱钩化的方式思考危机事件,缓解危机给品牌带来的负面效应,这样对品牌信任和消费者购买意愿的修复效果更好。研究结论丰富了道德推理过程这一前沿理论的应用范畴,对品牌危机领域相关理论做了有益补充。此外,两相匹配的组合修复策略对企业及其品牌的营销公关和危机应对、品牌形象的重建和重塑,以及国家政策的贯彻和实施有着积极的管理启示和实践意义。

6.1.1　理论意义

在理论方面,本章的研究着眼于将现代社会的热点话题和前沿性的学术成果相结合,首次创新性地探究在品牌危机情境下,消费者对道德危机的推理过程如何影响品牌的信任和企业产品的消费意愿。本章基于近期新的学术成果,即人们对个人道德丑闻的推理过程分为道德脱钩化和道德合理化两种模式,并进一步将该理论引入品牌危机领域,考察了道德危机类型和推理过程模式的互动效用。本章的研究结论指出,当面对业务相关型道德丑闻时,通过降低事件严重性或归因于外界因素等角度运用道德合理化的推理过程,人们会更容易谅解危机企业。这一结论与很多其他理论的观点相得益彰,其中态度改变理论中认知一致性的观点认为当人们接收到与原有态度不一致的信息时,便会产生心理上的紧张,而人们可以通过多种方法来缓解这种紧张感,比如可以通过贬低信息来源、故意扭曲说服信息和对信息加以拒绝等方式来拒绝态度的改变,从而坚持自己原来的态度。此外,从归因理论的角度看,人们把品牌危机的产生归因于不稳定因素(如外界环境因素)比归因于稳定因素(如品牌的能力或道德)更容易使消费者保持对品牌未来的期望。这些观点都与本章研究结论一致。因此,本章的研究结论不仅拓展了道德推理过程的应用范畴,补充了品牌危机领域相关理论,还可以与态度改变理论、归因理论等多种理论结合进行研究,进而为企业如何缓解品牌危机带给消费者的负面伤害提供理论依据,也为企业如何做好危机应对提供积极的理论指导。

6.1.2　实践意义

在实践方面,本章首次提出了消费者的推理过程模式可以作为减少品牌危机负面伤害作用的有效杠杆,对于制造行业、服务行业以及公关公司等都有积极的指导效用,对贯彻中央经济工作会议提出的"把我国经济发展推向质量效益时代"的会议精神也有一定的实际应用价值。对于制造和服务性行业而言,了解目标和潜在客户群的思维模式,可以帮助企业在发生道德危机时,通过危机与自身经营业务的关联性及时判断该危机所造成的后果的严重程度,并协同危机公关小组制订快速有效的应对措施。例如,当道德危机与企业业务具有强关联度的时候,企业可以通过制造舆论导向,让消费者潜意识中认为可以偶尔降低自己的道德标准,因为这样的丑闻并非大事,不会对自己的道德标杆造成严重影响;而当道德丑闻与企业业务不具有关联性时,可以通过引导消费者分离看待道德危机和企业的业务能力,使消费者认为道德危机对企业的产品或服务没有任何影响。这样,公司通过明确道德危机与业务的关联度,可以确定营造何种舆论导向,进行何种公告消息措辞,才能更迅速有效地保护受损品牌。因此,本章的发现对于企业制定危机应对策略有着丰富的管理启示,尤其对处在危机频发的经济环境中的企业意义重大。

6.2 文献回顾

目前,学术界对品牌危机给品牌自身和消费者带来的负面影响已经做了很多全面的探讨(Ahluwalia et al.,2000;Dawar & Lei,2009;Dutta & Pullig,2011;Kim,2014),但是如何在危机出现之后减轻其对品牌的冲击,让消费者从认知和心理上谅解企业是学者和企业管理者们逐渐开始关注的课题。已有一些文献讨论选择何种策略来减轻危机对品牌和企业带来的严重后果,如向公众道歉(Bradford & Garrett,1995;Dean,2004;Roschk & Kaiser,2013),产品召回(Siomokos & Kurzbard,1994),经济赔偿(Xie & Peng,2009),改正行为(Dutta & Pullig,2011)等。此外,相关研究还考察了危机发生后企业的道歉方式与消费者个体差异之间的匹配效应是如何减轻危机的负面影响并获得消费者更多的原谅,如道歉方式(提供赔偿、表达同情等)与消费者的自我解释水平(独立自我 vs.相依自我)的匹配(Fehr & Gelfand,2010),基于情景的解释(内部vs.外部)和消费者思维模式(整体式 vs.分析式)的匹配(Monga & John,2008),基于信任违背类型(正直型信任违背 vs.能力型信任违背)的道歉与文化差异(美国 vs.日本)的匹配(Maddux et al.,2011)等。然而,目前在品牌危机领域尚未对消费者处理信息的推理模式这一因素进行深入的研究,而这一因素会在很大程度上影响消费者对危机品牌的态度,所以研究消费者的推理模式如何在处理危机信息时发挥作用是很有必要的。因此,本章首次把人们对行为道德的推理过程延伸到品牌道德领域,通过实验法探究了消费者的道德推理过程和品牌道德危机类型之间的匹配效应,并且在该效应中消费者对企业和品牌的信任起到了中介效用。

6.2.1　品牌道德丑闻与分类

品牌危机一般可分为两类:一类是能力型危机,即由于施动对象,通常是个人或企业的能力的不足和失败引起的负面信息;另一类则是道德型危机,即由于施动对象做出违背社会道德标准的行为引起的负面信息。而有关品牌负面信息的研究成果表明,能力型丑闻和道德型丑闻本质上的区别会对消费者的品牌感知反应形成不同的影响(Roehm & Tybout,2006)。同时,品牌危机中与企业经营业务直接相关的丑闻和不相关的丑闻对消费者回应、接受并处理负面信息的影响也是不同的(Ahluwalia,Burnkrant & Unnava,2000)。但是,目前尚未有学者对品牌道德丑闻这一板块下丑闻和企业经营业务的细分关联性进行探索研究。然而有学者在研究名人效应时曾发现,道德丑闻与名人身份的相关性高低(如对于一个政府官员而言,两则丑闻——偷税漏税比服用违禁药物的相关度高)会对其丑闻曝光时获取的支持度造成不同的影响(Bhattacharjee,Berman & Reed,2013)。从某种意义上说,名人是一种个人品牌,即品牌人(Thomson,2006),因此,对于名人效应的研究结论对于品牌道德丑闻的研究应当有一定的借鉴意义,当一个企业品牌发生道德丑闻时,消费者对信息的反馈过程和机理也应该与作用于名人身上的道德丑闻有类似的效果。所以,本章将着眼于研究在市场经济中,企业品牌道德丑闻与企业所提供的产品或服务的相关性存在与否对于品牌危机发生后所获得的评价的影响。

6.2.2　消费者道德推理过程

人类无时无刻不在进行着思维处理过程,并且这一过程经常是在无意识中进行的。它通常分为几个阶段,从最初的观察开始,人们从中寻找事实和理论依据,接着从依据中推断得出其内涵,并做出假设。随后,人们综合之前所获取和加工处理的信息形成自己的观点,再建立适合的论据来支撑自己的观点。最后,人们通过分析来评判自己和他人的观察结果、理论事实依据、内涵假设、意见建议和论据。道德评价相对而言是一个自动生成的过程，它更多来源于人的直觉，道德思维推理模式则是在事件发生之后来为直觉的评价寻找建立原因（Haidt，2001）。从这一观点出发，道德思维推理并非是一个毫无偏见的寻找真理的过程，而是一个主观能动地为理想结论创建原因的过程。它帮助人们决定自身的道德准则，并确立自身不会跨越的道德底线。每天人们都面临着各种情形下的两难抉择：做还是不做、对还是错等。人们通过道德思维推理模式来衡量行为的道德程度和其作用于当前情形的权重，从而做出结论。道德思维推理模式可分为两种：道德合理化（moral rationalization）和道德脱钩化（moral decoupling）。

1. 道德合理化

心理学家已经发现了许多心理作用机制，可以用来解释为什么当涉及道德的时候人们常常自欺欺人（Tenbrunsel & Messick，2004）。从逻辑和心理的角度出发，合理化是一种潜意识的心理防御机制，个体将所获取的具有争议性的行为和感觉通过逻辑的方式进行辩护和解释，从而使其易于被接受（Haidt，2001）。道德合理化的定义是指人们通过对于违背道德的行为进行重构，使不道德行为的严重程度得以降低（Mazar et al.，2008；Shu et al.，2011），如通过为不道德行为辩白、找寻理由等其他方式，从而减轻消费者心中理想结果和自身道德评判标准的差距，最终维持对于产生不道德行为个体的支持（Bandura，1991；Tsang，2002；Bhattacharjee et al. 2013）。例如，当将自己的不道德行为同他人更加恶劣的行为相比较时，人们会觉得自己的行为是正当的（Bandura，1999），从而将指责和责任归咎于他人（Tsang，2002），甚至会贬低以及诋毁受到自己行为伤害的受害者（Ashforth & Anand，2003；Waytz & Epley，2012）。这样的思维推理方式从某种意义上说鼓舞了不理智和不能接受的行为、动机或者情感，对于消费者而言是一个挑战，因为它要求人们刻意地去降低甚至违背自身的道德标准并为这些行为辩护，或者默许这些行为，以达到调整原有对错误行为的评判，使其从另一个角度变得易于接受，这样会造成消费者内心的一种不协调感，他们需要很好地平衡自身道德准则和此次道德标准。形象地阐释，即采用这种思维模式的个体好比既做道德法官，又做道德辩护律师，找尽一切理由地辩护会带来批判消费者自己道德观的罪恶感。

2.道德脱钩化

相比道德合理化,道德脱钩化是一个相对年轻的概念。"道德脱钩化"定义借用了数学意义中和行为组织学意义中的含义。在线性代数中,脱钩一词指的是对系统方程进行重组,使组内的方程相互之间都独立(De la Peña & Giné,1999)。而组织学研究中将脱钩一词定义为"建立并维持官方政策和组织行为间的差别"(Meyer & Rowan,1977)。基于以上两条定义,营销研究中的"道德脱钩化"吸纳了上述两种含义中"独立"的含义,最初来源于对人行为道德的评价,是指人们选择性地把对个人业绩的评判和对道德品行的评判分离的一种心理过程(Bhattacharjee et al.,2013)。这一概念接受并承认对象做了不道德的事情,并不涉及对人们原有道德标准的威胁,它通过强调违背道德伦理的行为和个人成绩不相关来维护对其的评价。道德脱钩化充实了道德推理模式理论,相较于道德合理化,这种心理过程并不是把不道德的事情解释得相对道德,而是人们通过脱离和区分不道德的行为与良好绩效的人,从而实现对其的支持,因此可以减轻消费者的负罪感,减少对思维中道德标准的改动,更易于使消费者接受。在此理论提出之前,道德合理化作为唯一的道德思维推理模式已被众多学者研究并强调,但是关于道德脱钩化的研究目前仍处于起步阶段,相关文献也相对较少。

6.2.3 品牌道德丑闻与消费者道德推理模式的关系

在道德丑闻屡见不鲜的当代社会,消费者的道德思维推理模式对品牌道德丑闻的危机公关有着非常深刻的意义。如何使道德丑闻的负面影响得到减轻,如何减少消费者对于品牌的态度、评价以及购买意愿的改变,从而不对后续的企业发展造成影响,这对于现今社会企业品牌的塑造和发展是很有研究价值的。为了追求企业和品牌的可持续发展,积极并且有效地应对道德丑闻这一公关危机是不容忽视、迫切需要加强的一个方面,这对于企业长远的利益也是不可或缺的一个环节。

不难发现,在偌大的市场中,消费者们面对企业丑闻报道时所呈现的反馈表现不尽相同。对于同一道德丑闻,当接触到某些舆论媒体报道时,消费者会更愿意谅解企业,对于企业的评价改变不大,而当接触到另一些报道信息时,消费者会更为客观、更加公正不阿地去批判企业的不道德行为,并对企业的评价呈现直线下滑的趋势。一些人在面对维持道德原则和支持品牌的不协调中选择撤回对曝光道德丑闻品牌的支持,而一些消费者可能会采用更有效的思维推理模式以帮助自身平衡这一不协调感,继续对曝光品牌给予信任和支持。这两种截然不同的效果会给企业带来天翻地覆的变化。所以对于企业而言,理解消费者处理道德信息的方式和预测之后的结果是企业道德丑闻危机公关的关键所在。

在面对品牌道德丑闻时,暴露于信息轰炸时代的消费者面临着一个两难的思维处境。心理学中的首因效应指出人先入为主的思维定式,人们更倾向于按照之前的信息来阐释后面的信息。如果前后信息产生分歧时,人们常常会屈从于前面获取的信息,从而使对于个体的印象保持整体的一致。这一思维惰性导致品牌道德丑闻发生时,消费者潜意识中想保有原有的对于企业的评判意见,使个人对于品牌的情感维持相对稳定不变的态势。但是,如果保持对企业的原先评价,则人们自身的道德标准受到了威胁,而这又与人类身上的另一种特性相左。前人研究发现"人们总是努力维持自尊,并认为自己在道德层面上是诚实正直的",从这一理论出发,人们会试图避免违背自己道德标准的行为。这种思维处境上的冲突会对企业产生不可估量的影响,消费者在质疑的同时会改变对企业信任度评价和购买意愿,这些是直接关系到企业生存及未来发展的。

6.3　理论推导与研究假设

之前的文献中,关于道德推理模式的理论大多应用于人们在行为道德违背方向上的研究,基本没有涉及企业以及品牌营销领域。然而,在品牌道德危机屡见不鲜的当代社会,消费者们面对企业道德危机报道时所呈现的反馈也不尽相同。比如,面对相同的道德危机,某些消费者会在面对维持道德原则和支持该品牌的不协调中选择撤回对危机品牌的支持并降低对该企业的评价;而某些消费者会采用有效的道德推理模式帮助自身平衡这一不协调感,从而对危机品牌给予谅解和支持。因此,本章把消费者的道德推理模式引入品牌道德危机领域,推演该模式在一定程度上会影响他们对品牌危机的感知。

6.3.1　匹配效应

首先,我们要了解消费者在面对品牌道德危机时面临着一个两难的思维处境。心理学中的首因效应指出人先入为主的思维定式,人们更倾向于按照之前的信息来阐释后面的信息。如果前后信息产生分歧时,人们常常会屈从于前面获取的信息,从而使对于个体的印象保持整体的一致(Luchins,1957)。这一思维惰性导致品牌道德危机发生时,消费者潜意识中想保有原有的对于企业的评判意见,使个人对于品牌的情感维持相对稳定不变的态势。但是,如果保持对企业的原先评价,则人们自身的道德标准受到了威胁,而这又与人类身上的另一种特性相左。前人研究发现"人们总是努力维持自尊,并认为自己在道德层面上是诚实正直的"(Fiske et al.,2010)。也就是说,一方面人们倾向于不改变原有的认知,一方面又与自己的道德标准相违背,这种思维冲突会使人们试图通过道德推理模式(合理化和脱钩化)来处理信息,从而减少对不道德行为的负面感知和评价。

其次,Bhattacharjee 等(2013)的文章揭示了人的职业身份与其不道德行为的相关性会影响人们对这一行为的推理思维类型,即当人的身份与不道德行为越不相关时(即政府官员服用药物或运动员偷税漏税),人们越容易选择道德脱钩化来谅解这一行为。因为脱钩化推理模式就是把对违反道德行为的评价与其自身的能力和成绩的评价脱离开来,使得人们在不降低自己道德标准的情况下,更容易为其开脱责任,因此对人本身的评价不会降低很多。本章借鉴此结论,提出与企业所经营业务相关或无关的两种品牌道德危机类型,并进一步推演采用道德脱钩化推理模式的消费者对两种类型危机的评价。当消费者面对与企业业务不相关的道德危机时,将道德危机和企业经营业务两者独立评估较为容易,因此,当消费者处理这一负面信息时,使用道德脱钩化的思维模式对处理信息有正向的促进作用,既维护了消费者自身的道德标准,又通过这一思维模式降低了不协调感,使其更愿意谅解这类道德危机。因此,我们认为道德脱钩化和与业务不相关的道德危机是相匹配的,这种匹配使得消费者给予企业更多的谅解和支持,进而对其产品的购买意愿相对较高。

类似的,当面对与企业业务相关的道德危机时,将道德危机和企业经营业务完全独立对待是有一定困难的,因此当消费者处理这一负面信息时,使用道德脱钩化的思维处理模式便与实际情形产生了矛盾,造成不协调感的加剧。相比之下,使用道德合理化的思维模式更容易帮助消费者理解。比如消费者可以通过以下推理来使企业的道德危机不再严重:这一危机是由于社会和经济环境的压力造成的;这一危机对于企业来说是比较普遍的情况;相比于社会上存在的其他更严重的危机,这一事件并不那么严重等。即从合理化思维的角度,帮助消费者重建道德评判标准,通过降低阈值减少不协调感,从而便于消费者对曝光丑闻的企业给予更多的谅解和支持。因此,我们认为道德合理化和与业务相关的道德危机是相匹配的,这种匹配可以降低危机对企业的伤害,对其产品的购买意愿的负面影响也较少。

通过以上讨论,可以认为企业经营业务与道德危机的关联性,与消费者处理危机时所运用的推理模式存在交互作用:当两者相匹配时,会缓解危机对消费者的负面效果,对产品或服务的购买意愿更高;而当两者不匹配时,便不能缓解危机的负面效果,对产品或服务的购买意愿更低。据此,提出如下假设。

H1:当品牌道德危机与企业经营业务相关时,运用道德合理化(vs.道德脱钩化)推理过程的消费者对该企业产品的购买意愿更高。

H2:当品牌道德危机与企业经营业务不相关时,运用道德脱钩化(vs.道德合理化)推理过程的消费者对该企业产品的购买意愿更高。

6.3.2　品牌信任的中介效应

信任是社会交换关系的基础(Morgan & Hunt,1994),品牌信任体现了消费者与品牌之间情感关系,可以直接影响消费者的购买意愿(万广圣和晁钢令,2014)。决定一个企业成败的因素往往在于是否与消费者建立了长期稳定的信任关系,这也是获得长期竞争优势的基础,可以直接影响消费者的购买意愿。当一个企业遭遇品牌危机,实际是消费者对整个企业的信任危机,因此品牌危机管理的核心是对品牌信任的管理,让消费者和顾客仍能保持或者恢复对品牌的信任,进而减少对企业产品的购买意愿的负面影响(孟兴华和黄荣,2007)。因此,本章把消费者对企业和品牌的信任程度作为中介变量,来分析交互效应对购买意愿的影响。

首先,品牌危机会不同程度地伤害消费者对企业和品牌的信任程度。在品牌危机领域,国内外有很多文献探讨在危机发生后消费者对企业和品牌信任程度产生的变化,比如品牌危机对消费者的品牌态度和品牌信任产生的负面影响(Dawar & Lei,2009),企业先前的声誉和危机类型(能力相关 vs.社会责任相关)会影响消费者对企业的信任(Sohn & Lariscy,2015)等;以及探讨企业采取何种应对策略可以修复和重建消费者的品牌信任,比如 Dawar 等(2000)提出消费者的期望和企业的回应对消费者品牌信任的作用,Xie和Peng(2009)分析了采取信息性、情感性、功能性的应对措施对修复和重建消费者对品牌信任的有效性问题等。因此,大量研究表明品牌危机会影响消费者对品牌和企业信任程度的感知。

其次,消费者对品牌和企业的信任会进一步影响他们对产品的购买意愿。Howard和Sheth(1969)首次提出品牌信任是消费者决定购买意愿的重要因素。同样,Bennett和Harrell(1975)也提出在预测消费者的购买意愿时,品牌信任起着主要作用。后来,Laroche和Sadokierski(1994)验证了品牌信任与购买意愿之间的正向关系。随着研究的发展,越来越多的研究都证明,品牌信任会影响消费者的购买意愿和购买选择行为。例如,Chaudhuri和Holbrook(2001)已经发现在品牌信任与消费者购买承诺之间存在着积极的关系。这些都说明品牌信任是能够影响消费者购买意愿的关键因素。

最后,有诸多关于品牌与消费者互动关系的研究将品牌信任作为中介变量来进一步探究与其他结果变量的关系。比如,消费者的品牌态度会否影响他们对品牌延伸的评价(柴俊武,2007);品牌延伸和消费者品牌忠诚的关系(龚艳萍等,2008);品牌的直接和间接经验对品牌绩效产生的不同影响(袁登华等,2008);消费者对企业动机的感知如何影响对企业社会责任工作的评价(Vlachos et al.,2009);企业形象和企业声誉与消费者忠诚的正向关系(Nguyen et al.,2013);品牌信任和满意度如何影响消费者对零售企业的购买意愿(Zboja & Voorhees,2006);等等。在这些文献中,消费者的品牌信任都起到了中介作用。

综上,品牌危机在不同情况下会降低消费者对企业和品牌的信任,而品牌信任又继而会影响消费者对产品的购买意愿。因此,本章提出道德危机类型和消费者推理模式的交互效应是通过消费者对企业或品牌的信任作为中介变量,来进一步影响消费者的购买意愿。据此提出如下假设。

H3:消费者对企业和品牌的信任是消费者推理模式与品牌道德危机类型交互影响产品购买意愿效应的中介变量。

6.4 实验研究一

6.4.1 实验样本

本次实验的参与者为上海某大学的学生。参与实验的被试106名,其中女性 39 人,占被试比例为 36.8％,男性 67 人,占被试比例为 63.2％。被试的年龄均值为 23 岁。

6.4.2　实验操纵

1. 道德危机类型的操纵

为避免光环效应(即人们对他人的判断首先是根据个人的好恶得出的,然后再从这个论断推论出认知对象的其他品质的现象),同时,也为了避免由于被试对企业和品牌的了解程度与熟悉程度不同对研究问题的影响,在实验中,问卷案例隐去了公司名称,用虚拟符号替代。对于问卷的问题设计,本次研究借鉴了 Bhattacharjee 等(2013)的论文中有关名人问题的案例研究,并且在此基础上进行了一定程度的调整,选择贴近人们生活的企业品牌——世界知名的会计师事务所 B 品牌。其中,与业务相关的道德危机选用了 B 品牌会计师事务所在经营过程中存在偷税漏税的问题,与业务不相关的品牌危机则选用了 B 品牌会计师事务所在经营过程中造成了环境污染问题。这样选取是因为会计师事务所的业务领域涵盖税务审计和查核,知法犯法的道德危机与企业的经营业务脱不了干系;而在经营过程中存在的资源浪费等环保相关事宜相对而言与业务的关联性没有那么明显。

2. 道德推理过程的操纵

对于道德推理过程的类型,实验借鉴之前文献中的操纵方法,要求被试阅读一份材料来激发道德推理过程。在之前的文献中,与道德脱钩化相应的描述是"政府官员(棒球运动员)的行为不应改变人们对他工作能力的评价""对一个人能力的评价应该与对他道德的评价区分开来"。与道德合理化相应的描述是"政府官员(棒球运动员)的行为并没有比其他人做的坏事更糟""偷税漏税(服用药物)并没什么,因为它本身并没那么严重""人们不应过于指责他们的道德问题,因为来自社会的压力太大了"(Bandura et al., 1996; Bhattacharjee et al., 2013)。本实验的阅读材料描述一份由某权威学术期刊发表的知名商学院教授的最新研究成果,我们改编了相应的题项以符合品牌危机的情境。让被操控为道德脱钩化的消费者阅读以下语句:"公司在经营过程中的危机并不会改变我们如何评价其产品性能和成果业务""一家公司的产品性能和成果业务应该与公司的道德水平独立开来评价""公司在经营过程中的危机曝光,不应该影响到我们对于该公司的产品性能和成果业务的评判"。让被操控为道德合理化的消费者阅读以下语句:"公司道德危机的曝光并不是那么严重,因为同行业中还有更严重的危机曝光""公司所处的市场环境太复杂,压力很大,不应该总是指责公司在经营过程中的危机""同行业中很多公司在经营过程中都存在这类问题,不应该过多指责公司在道德危机上的过错"。

6.4.3 实验过程

实验一为2(道德危机类型:与业务相关 vs.不相关)×2(道德推理模式:道德脱钩化 vs.道德合理化)的组间设计实验,被试被随机分成四组。在实验的第一部分中,首先将被试随机分配到两组中完成道德推理过程的操纵,即阅读学术期刊研究成果,其中包含三条归纳总结的语句,这份研究成果被注明由某权威学术杂志刊登,作者为美国某知名商学院教授。不同的操纵组阅读的内容不同,分别为上文描述过的道德合理化和道德脱钩化内容,阅读完毕后,实验参与者被提醒带着这样的思维去回答后文案例中的问题。

在第二部分中,被试依次阅读关于B品牌会计师事务师基本情况的介绍(包括业务能力优秀、业内口碑好、服务满意度高等)和两种道德危机案例中的一种,即描述事务所偷税漏税的事件(与业务相关)或环境破坏的事件(与业务不相关)。

第三部分是因变量的测量,包括消费者对于品牌的感知评价,包括对于品牌的信任度评价(信任与否,可靠与否)以及对于品牌的购买意愿评价(购买可能性、购买意愿)。而对于衡量标尺的选择,本次研究则参考了Keller(1993)对于品牌资产和形象的定义,从而定下了对于因变量的衡量标准。被试在阅读案例之后,将面对7道题目,分别是对于丑闻曝光公司的形象的评价(B公司在您心目中的形象如何),对其信任度的评价(您对B公司的信任度如何)以及对于该公司经营业务的购买意愿和倾向(假设您有购买B公司业务的打算,请问您对于B公司提供的产品的意向如何)等问题。实验一借鉴此量表,分别测量对B品牌事务所服务的使用意愿评价:"假设您有聘用B公司财务咨询的打算,请问您对B公司提供服务的使用意愿?"(1=绝对不可能使用,7=非常可能使用;1=完全无使用意愿,7=非常有使用意愿),以及对于B

品牌事务所的信任度评价："您对 B 品牌事务所的信任度如何?"(1＝非常不值得信任,7＝非常值得信任;1＝非常不可靠,7＝非常可靠)。所有问题的答题部分都提供说明清晰的七级李科特量表。被试根据自身实际情况进行选择填写。为了检验道德推理过程的操纵,要求被试回忆之前看过的学术期刊强调的内容。最终,实验参与者需填写自己的年龄、性别、所学专业,作为基本信息录入之用。在问卷调查结束后,实验工作人员向被试的参与表示感谢。

6.4.4　数据分析

1. 操纵检验

正如预期,实验结果在道德推理过程检验上存在主效应($-2LL＝106.82$, $p＜0.001$)。大部分阅读描述道德脱钩化信息的被试(94.4％)可以正确地回忆起之前看过的信息重点强调评价公司的产品性能和成果业务应该与公司的道德水平区分开。同样,大部分阅读描述道德合理化信息的被试(96.2％)可以正确地回忆起之前看过的信息是关于公司发生道德危机是由于环境复杂、生存压力大等合理化因素,因此是可以理解的。结果表明,道德推理过程的操纵是成功的。

2. 消费者对企业服务的使用意愿

通过 ANOVA 分析得到,对于道德推理模式来说,消费者对企业服务的使用意愿并不存在主效应($F(1, 102)＝0.03$, $p＝0.86$),但是对于危机类型来说,阅读与业务相关型危机的消费者的使用意愿显著高于与业务不相关型危机($M_{相关}＝4.88$ vs. $M_{不相关}＝4.18$; $F(1, 102)＝7.74$, $p＜0.01$)。此外,结果还存在道德推理模式×道德危机类型的交互作用($F(1, 102)＝8.15$, $p＜0.01$, $\eta_p^2＝0.07$)。面对与业务相关型危机时,运用合理化方式的消费者对服务的使用意愿比运用脱钩化方式更高($M_{相关+合理化}＝5.26$ vs. $M_{相关+脱钩化}＝4.50$; $F(1, 102)＝4.59$, $p＝0.04$)。而面对与业务不相关型危机时,运用脱钩化方式的消费者的使用意愿比运用合理化方式更高($M_{不相关+脱钩化}＝4.52$ vs. $M_{不相关+合理化}＝3.84$; $F(1, 102)＝3.60$, $p＝0.06$),见表 6.1 和图 6.1。因此,假设 1 和 2 成立。

表 6.1　实验研究一：服务的使用意愿比较

	相关型		不相关型	
	道德合理化	道德脱钩化	道德合理化	道德脱钩化
使用意愿	5.26	4.50[a]	3.84	4.52[b]

注：道德合理化 vs.道德脱钩化[a] $p \leqslant 0.05$，[b] $p < 0.10$。

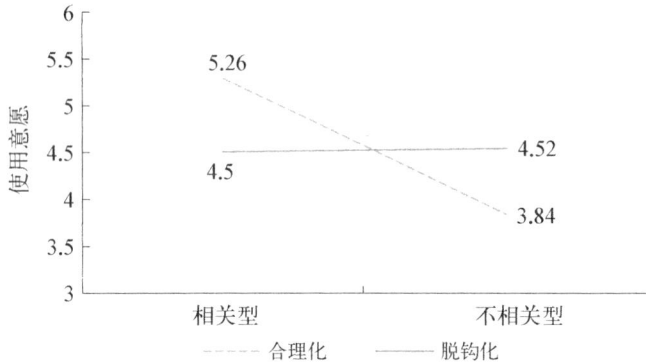

图 6.1　实验研究一：服务的使用意愿

3. 消费者对品牌信任的中介效应

为探究消费者对企业和品牌的信任这一中介变量，文章以道德推理过程的类型作为自变量（0＝脱钩化，1＝合理化），道德危机类型作为调节变量（0＝与业务相关，1＝与业务不相关），对企业的信任作为中介变量，对服务的使用意愿作为因变量，运用 Hayes（2013）中的有调节的中介模型进行分析。实验结果存在道德推理类型×道德危机类型的交互作用，说明危机类型对企业信任程度有调节效应（$\beta = -1.44$，$t(102) = -3.17$，$p = 0.002$）。条件间接效用结果显示，当面对业务相关型危机时，采用道德合理化与道德脱钩化的消费者对企业的信任程度并没有显著差异（$\beta = 0.31$，95% CI [−0.07，0.77]）。然而当面对不相关型危机时，采用道德脱钩化的推理方式对企业的信任程度有显著的正向影响（$\beta = -0.64$，95% CI [−1.17，−0.21]），从而进一步正向影响消费者的使用意愿（$\beta = 0.66$，$t(102) = 7.45$，$p < 0.001$）。当控制了中介变量品牌信任后，道德推理方式（X）对使用意愿（Y）的直接效用变得不再显著（$p = 0.26$）。实验结果证明了消费者对企业信任的中介效用（Zhao et al.，

2010)，成功验证了假设 3。

实验一的结果说明了道德合理化和道德脱钩化这两种推理过程的确与道德危机与业务的相关性产生了交互作用，成功验证了假设 1 和 2。即当面对与业务不相关的危机时，采用脱钩化方式的消费者对企业服务的使用意愿较高；而面对与业务相关的危机时，采用合理化方式的消费者对企业服务的使用意愿较高。同时，实验一验证了道德危机类型与道德推理过程之间交互效应产生的内在机理，即这一效应是通过消费者对企业和品牌的信任程度作为中介变量来影响消费者对产品的购买意愿的。为了确保结论的科学普适性，实验二选取了不同的行业进行研究，同样验证了这一交互效应的存在。

6.5　实验研究二

6.5.1　实验样本

本次实验的参与者为上海综合性大学的在读学生，参与实验的被试数量共计 194 名，删除不符合实验要求的数据（如数据缺失等），共计有效问卷 180 份。其中女性 87 人，占被试比例为 48.3％，男性 93 人，占被试比例为 51.7％。被试的年龄均值为 22.6 岁。

6.5.2　实验材料

为使实验一的结论更为可靠，实验二选取了一个来自制造行业的虚拟品牌。同样，为避免光环效应和由于被试对企业和品牌的了解程度与熟悉程度不同对研究问题的影响，在实验问卷案例隐去了公司名称，用虚拟符号 A 作为替代。在实验二中对道德危机与业务的相关性操纵采用问卷案例，描述关于某世界知名 A 品牌的环保车制造商的危机。其中，与业务相关的道德危机选用 A 品牌"环保型"汽车制造商在制造汽车的过程中造成水污染和废气污染，因为环保车的制造目的就是为了减少尾气排放和保护生态能源，而其生产过程造成水污染是与环保车的"环保"业务相关的；与业务不相关的道德危机选用了 A 品牌"环保型"汽车制造商存在偷税漏税的问题，与"环保"业务没有关联。对道德推理过程类型的操纵和实验一相同。

6.5.3 实验过程

实验二为 2(道德危机类型：与业务相关 vs.不相关)×2(道德推理过程：道德脱钩化 vs.道德合理化)的组间设计实验,被试被随机分成 4 组。实验二的方法与步骤与实验一基本相同。被试首先阅读 A 品牌环保车企业的基本情况介绍(包括制作工艺精湛,设计屡获殊荣,市场好评率高等)。之后分别阅读该企业不同类型的道德危机,并在因变量的测量部分依次回答对于 A 品牌环保车的购买意愿评价(α=0.91):"假设您有购买 A 品牌环保车的打算,请问您对 A 品牌环保车的购买意愿?"(1=绝对不可能购买,7=非常可能购买;1=完全无购买意愿,7=非常有购买意愿);以及对于 A 品牌环保车企业的信任度评价(α=0.95):"您对 A 品牌环保车企业的信任度如何?"(1=非常不值得信任,7=非常值得信任;1=非常不可靠,7=非常可靠)。最后,被试还完成了道德推理过程的操纵检验和人口统计等信息。

6.5.4 数据分析

1. 操纵检验

正如预期,实验结果在道德推理过程的检验上存在主效应($-2LL=215.59$, $p<0.001$)。大部分阅读道德脱钩化信息的被试(97.8%)可以正确地回忆起之前看过的信息重点强调评价企业的产品性能和绩效应该与公司的道德水平区分开。而同样,大部分阅读道德合理化信息的被试(96.7%)可以正确地回忆起之前看过的信息是关于企业发生道德危机是由于环境复杂、生存压力大等合理化因素,因此是可以理解的。这一结果表明,道德推理过程这一变量的操纵是成功的。

2. 消费者对产品的购买意愿

通过 ANOVA 分析得到,对于道德推理过程来说,消费者对企业产品的购买意愿并不存在主效应(F(1, 176)=0.03, $p=0.88$),但是对于危机相关性来说,阅读与业务相关型危机的消费者的购买意愿显著低于与业务不相关型危机(M相关=3.89 vs. M不相关=5.09；F(1, 176)=31.98, $p<0.001$)。此外,结果还存在道德推理模式×道德危机类型的交互作用(F(1, 176)=8.10, $p=0.003$, $\eta_{\mathrm{p}}^2=0.05$)。 面对与业务相关型危机时,运用合理化方式的消费者购买意愿比运用脱钩化方式的消费者更高(M相关+合理化=4.22 vs. M相关+脱钩化=3.56；F(1,

176)＝4.94，p＝0.03)。而面对与业务不相关型危机时,运用脱钩化方式的消费者购买意愿比运用合理化方式的消费者更高($M_{不相关+脱钩化}$＝5.39 vs. $M_{不相关+合理化}$＝4.79;F(1，176)＝4.00，p＝0.05),见表6.2和图6.2。因此,假设1和2得到验证。

表 6.2　实验研究二:产品的购买意愿和信任比较

	相关型		不相关型	
	道德合理化	道德脱钩化	道德合理化	道德脱钩化
购买意愿	4.22	3.56[a]	4.79	5.39[a]
信任	3.52	2.96[a]	4.37	4.84[b]

注:道德合理化 vs.道德脱钩化[a] p≤0.05，[b] p≤0.10。

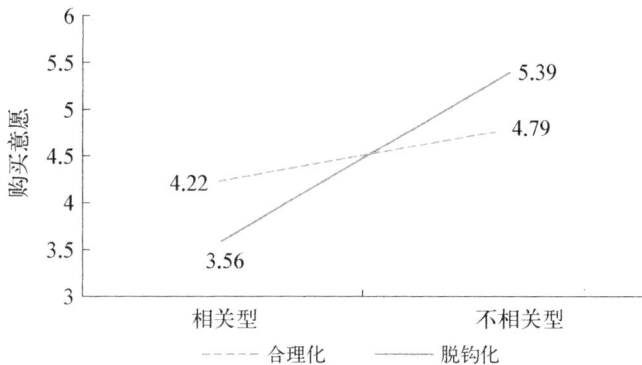

图 6.2　实验研究二:产品的购买意愿

3. 消费者对企业的信任

对于道德推理模式来说,消费者对企业的信任并不存在主效应(F(1，176)＝0.06，p＝0.80),但对于危机类型来说,阅读业务相关型危机的消费者的信任程度显著低于阅读业务不相关型危机的消费者($M_{相关}$＝3.24 vs. $M_{不相关}$＝4.61;F(1，176)＝46.48，p＜0.001)。此外,结果还存在道德推理模式×道德危机类型的交互作用(F(1，176)＝6.59，p＝0.01，η_p^2＝0.04)。 面对业务相关型危机时,运用合理化方式的消费者对企业的信任度比运用脱钩化方式的消费者更高($M_{相关+合理化}$＝3.52 vs. $M_{相关+脱钩化}$＝2.96;F(1，176)＝3.96，p＝0.05)。而面对业务不相关型危机时,运用脱钩化方式的消费者对企业的信任度比运用合理化方式的消费者有更高的趋势（$M_{不相关+脱钩化} = 4.84$ vs. $M_{不相关+合理化} = 4.37$；$F(1, 102) = 2.69$，$p = 0.10$），见表6.2。

6.5.5 消费者的品牌信任的中介效应

与实验一相同，以道德推理过程作为自变量（0＝脱钩化，1＝合理化），道德危机类型作为调节变量（0＝与业务相关，1＝与业务不相关），消费者对企业的信任作为中介变量，对产品的购买意愿作为因变量，运用 Hayes（2013）中的有调节的中介模型进行分析。实验结果存在道德推理过程×道德危机类型的交互作用，它对信任程度的效应显著（$\beta = -1.03$，$t(176) = -2.57$，$p = 0.01$），对购买意愿的效应也显著（$\beta = -1.27$，$t(176) = -2.99$，$p < 0.01$）。同时，信任程度对购买意愿的作用显著（$\beta = 0.51$，$t(176) = 7.23$，$p < 0.001$）。5 000 次 bootstrap 结果显示，道德推理模式（X）和危机类型（W）通过中介变量品牌信任（M）对购买意愿（Y）产生的间接效应显著（$\beta = -0.52$，95% CI [-1.02，-0.12]），因为置信区间不包括0，证明道德推理过程和危机类型对购买意愿的影响是以消费者的信任程度作为中介变量的。此外，当加入了品牌信任程度后，道德推理过程×危机类型的交互作用对购买意愿的效用变得不再显著（$\beta = -0.74$，$t(176) = -1.96$，$p > 0.05$）。综上所述，分析结果证明了品牌信任的中介效用成立（Zhao et al.，2010），假设3得到了验证（见图6.3）。

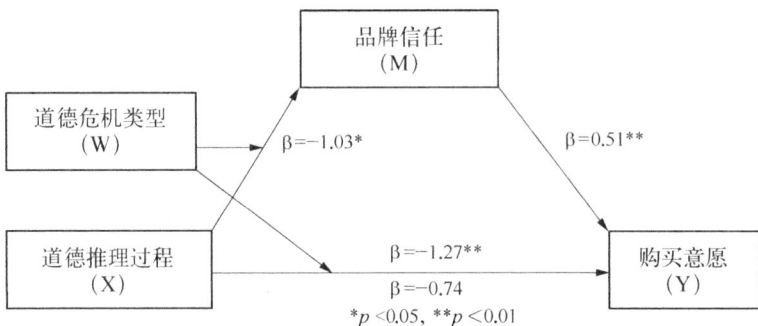

图6.3　实验研究二：中介效应分析

实验二在制造行业情景下验证了所有假设，得出了与实验一相同的结论，即消费者的道德推理过程与危机类型存在交互效应，当面对与业务相关型危机时，运用道德合理化推理模式（vs.脱钩化）的消费者更容易谅解企业，对品牌或企业的信任和购买意愿也会更高；当面对与业务不相关型危机时,运用道德脱钩化推理模式(vs.合理化)的消费者更容易谅解企业,对品牌或企业的信任程度和购买意愿也会更高。实验二提高了研究成果的可靠性和普适性。同时,实验二再一次验证了道德危机类型与道德推理过程之间交互效应产生的内在机理,即这一效应是通过消费者对企业和品牌的信任程度作为中介变量来影响消费者对产品的购买意愿。

6.6 总结与讨论

本章通过两个实验,分别从服务业和制造业两个不同行业的角度,对企业品牌道德危机与消费者推理过程的交互作用对消费者购买意愿的影响进行了一系列的实证研究,得出了道德危机与经营业务的相关性和消费者处理危机信息的推理过程会对消费者的购买意愿和企业信任度产生交互影响。即,当品牌道德危机与企业经营业务相关时,消费者运用道德合理化模式比运用道德脱钩化模式对品牌信任和对产品的购买意愿更高；当品牌道德危机与企业经营业务不相关时,消费者运用道德脱钩化模式比运用道德合理化模式对品牌信任和对产品的购买意愿更高。同时,本章进一步探究了这一效应存在的内在机理,即消费者对企业和品牌的信任在其中起到了中介作用。

虽然近年来,西方学者开始渐渐对品牌危机的应对策略和消费者认知因素的领域产生了研究兴趣,但关于这个主题的文献资料相对比较贫乏,并且对于中国消费者的被试研究欠缺。基于此,本章对于企业品牌的营销公关实践有着积极的管理启示和理论意义,并在危机公关的基础上加以消费者思维模式作为调节变量,进行更深入的分析,这对于公司的危机应对、长远发展及品牌形象的重建和重塑有一定的贡献价值和启示意义。

本章的研究在一定程度上补充了品牌道德丑闻营销领域的研究,但受客观因素的影响,仍然存在一些局限。首先,实验并没有测量被试的真实购买行为,而是让被试自我报告,未来研究可以考量消费者在真实情景中的购买意愿。其次,文章的样本是来自学生样本,在样本选择的多样性和丰富性上还有待改进。最后,在实验中选择了服务业和制造业两种比较典型的行业,未来研究可以扩展到其他行业中的道德危机,比如将消费品也纳入考量范围。考虑到大众消费品与消费者的关系紧密贴合,民众有更高的熟悉度和发言权,可以观察结果是否会受到这些因素的干扰,抑或是品牌与受众的关联度会更为强化本章的研究成果。鉴于大众消费品占据购买力的重头,因此实验案例的重新选择和研究是值得的。针对以上局限,未来可以对研究结论的稳定性和普适性做进一步探索。

第7章
应对品牌危机的道歉方式策略研究①

7.1 引言

考虑到品牌危机对品牌本身造成的巨大伤害,就要求危机企业在面对危机时采取有效的处理策略,那么品牌仍将有挽救的余地,否则会将品牌推向覆灭的深渊。比如我们看到丰田在身陷"召回门"时最初未对中国车辆召回,造成中国消费者的极度不满,丰田销量急剧下滑,之后逼迫丰田总裁丰田章男亲自来华道歉并且召回车辆,才渐渐平息了中国消费者的怨愤。当企业做出道歉之后,并不是每个人都会接受。比如丰田汽车对于自身"刹车门"道歉之后,有的消费者原谅了他们并会继续购买丰田的车辆,但也有消费者彻底抛弃了这个品牌,转投竞争对手的怀抱。

因此可以看出,在企业丑闻发生后,企业能否很快地重塑品牌形象取决于消费者对于企业道歉的接受程度,而消费者对于企业道歉的接受程度受到两个因素的影响,一个是企业道歉的方式,另一个是消费者自身的心理特征。本章将从这两个因素切入,揭示面对不同的消费者,企业究竟应如何做出相应的道歉策略。

本章主要的研究内容是企业针对不同消费者不同的思维模式采取不同的应对品牌危机对策的研究,这既包括企业本身对于品牌危机的应对策略,也包括消费者思维模式的不同对于企业道歉方式的接受程度。Choi 等学者(1999)的研究已经表明,两种思维模式的消费者在对于事件原因的解释方面存在着种种差异,整体式思维的消费者比分析式思维的消费者更注重情境因素的影响,但是他

---

① 本章部分内容来源于王良燕教授指导的硕士生王施健的毕业论文。

们对于内部因素的影响的关注程度相同。在此基础之上,本章撇除了外部情境因素的影响,从企业本身的角度出发,研究了企业道歉的措辞重点——"为什么"(Why)与"怎么样"(How)与消费者的思维模式——整体式思维与分析式思维之间的交互作用及其中介变量。

本章证明了在两种不同的道歉措辞重点之下,消费者对于该品牌的印象都会较道歉前上升,但是在措辞的侧重点为"为什么"的时候,整体式思维的消费者对于品牌印象的上升程度大于分析式思维的消费者;在道歉侧重点为"怎么样"的时候,分析式思维的消费者对于品牌印象的上升程度大于整体式思维的消费者。在此基础之上,本章间接证明了企业道歉时措辞的侧重方式与不同思维模式的消费者互动的作用机理在于消费者对企业道歉行动所感知的效能(perceived efficacy),即整体式思维的消费者处理"为什么"的道歉侧重方式时认为企业实际行动时会取得更好的成果,而分析式思维的消费者处理"怎么样"的道歉侧重方式时认为企业实际行动时会取得更好的成果,进而提升对于企业品牌的评价。

7.1.1　理论意义

在理论方面,我们将提供一个全新的对于措辞侧重方式和思维模式之间的交互作用研究。目前关于"为什么"与"怎么样",主要的研究是从抽象程度上来分类(Semin & Fielder,1988)以及会激发不同的解释水平(Trope & Liberman,2010);关于思维模式的研究,主要从其内在特质的区别上着手,即对于外部环境因素关注程度不同,进而进行一系列的研究。但是目前还没有"为什么/怎么样"道歉方式与整体式思维/分析式思维之间交互作用的研究,这是这两个领域的研究首次相结合,并且本章引入感知效能这一中介变量来解释这两个自变量对于因变量的作用机理,非常有创新价值。

7.1.2　现实意义

关于企业品牌危机的研究内容很多,目前已经有将思维模式与品牌危机相结合的研究(Monga & John,2008)。但是目前还没有研究关注不同的道歉措辞重点作用于不同思维模式的消费者时,对于品牌形象挽回程度的研究。而且在现实生活中,企业发生品牌危机之后道歉的事件屡见不鲜,但是虽然同样是口头或者书面的道歉,所取得的效果却不尽相同,因此研究企业如何应对品牌危机也是同样重要的。Pearson 和 Clair(1998)的研究表明,企业的应对方式将最终影响到消费者对于该企业品牌信心的恢复。因此我们很容易理解企业需要一个高性价比的应对策略来最大限度地挽回消费者对于该企业品牌的信心。

7.2　文献回顾

7.2.1　"为什么"与"怎么样"

Semin 和 Fielder(1988)将人际间适用范围内的动词按照抽象的程度由低到高归为 3 类,分别为描述行为动词,指代某个特定的行为动作,具有明显的开始和结束,一般不存在褒贬,比如 A 为 B 倒茶;解释行为动词,指代某一类的动作,可以描述多种行为,可能存在褒贬,比如 A 帮助 B;状态动词,指代一种心理的状态,没有明确的开始和结束,一般没有进行时态,一般也不用于祈使句中,比如 A 尊敬 B。Trope 和 Liberman(2010)指出,对于任何一种行为(比如运动),都有一个上级(Superordinate)水平抽象的描述,来解释为什么要这么做(比如强身健体),还有一个对应的下级(Subordinate)水平具体的描述,来回答具体是怎么样做的(比如打羽毛球),更高的抽象水平表示这个描述包含更少的关于这个行为的具体细节。

Liberman 等(2007)研究显示,当个体用高解释水平的"为什么"的句式而不是低解释水平的"怎么样"的句式来思考一个活动的时候,个体倾向于认为这个活动将在较远的未来发生,并且开展这项活动的人和自己关系更遥远(socially distant)。Fujita,Trope 和 Liberman(2006)的实验表明,当展现给被试的是"为什么要保持身体健康"时,被试费力地紧握虚拟治疗装置的时间要比那些展现为"怎么样来保持身体健康"的被试的时间更长。White 等(2011)创造性地将行为表述的抽象程度与调节聚焦(regulatory focus)结合研究,表明环保活动中,当强调参与之后所能"获得"的好处(比如能拯救多少树木)时,以及"为什么"参与,即强调参与环保活动对于社区生活环境的意义(比如能够为社区空气、水、土作出贡献)的时候,被试参与垃圾分类回收利用等环保活动的意愿和实际参与程度更高。而强调如果不参与将造成的"损失"(比如失去多少树木)时,以及"怎么样"参与,即强调参与环保活动的具体措施(比如垃圾分类)的时候,被试实际参与的程度更高。

7.2.2 思维模式

1. 整体式思维与分析式思维的定义

Nisbett 等（2001）指出，个人特定的社会环境会塑造其特定的认知过程（cognitive process）。置身于许多社会关系中的个人更容易关注整体并且注意到事物之间的关系；相反的，社会关系较少的个人相信这个世界是离散的（discrete）和不连续的（discontinuous），并且通过特定的规则（rules）和属性（properties）可以预测某个个体的行为。在这种情况下，个人被区分为整体式（holistic）与分析式（analytic）这两类思维模式的人。整体式思维被定义为：专注于情境或者整体的情况之上，包括对于焦点目标与整体环境的关系的注意，以及基于这个关系来解释或者预测事件的偏好；分析式思维被定义为：专注于将焦点目标及其情境区别看待，倾向于通过目标本身的属性来将其归类，以及通过适用于该类别的规律来解释和预测该目标的行为的偏好。

2. 两种思维模式特质的研究

Choi 等（1999）的研究总结性地指出了两类思维模式的人对于内部因素（internal object-based）的影响的关注程度相同，但整体式思维的消费者比分析式思维的消费者更注重情境因素（external contextual-based）的影响，此后，Choi 等（2007）根据前人在社会和认知方面的各种研究再次总结并从中提取了注意力（attention）、因果关系（causality）、变化感知（perception of change）以及矛盾（contradiction）这四个主要维度来开发两种思维模式的量表。研究表明，在注意力方面，整体式思维的个体的注意力倾向于以物体和周围环境之间的关系为导向；而分析式思维的个体的注意力倾向于集中在该物体本身而不是它所处的环境。

在因果关系方面，整体式思维的个体始终假设复杂因果关系的存在，并且更关注行为执行者和他周遭环境的关系和互动；而分析式思维的个体则主要考虑行为执行者内在的性格因素。在变化感知方面，因为整体式思维的个体关注事物间复杂的交互作用，因此倾向于认为一切现象都在永恒的变化之中；而分析式思维的个体认为事物是相互独立的，因此倾向于认为事物的本质不会随着时间而发生剧烈的变化。因此整体式思维的个体认为事物总在循环的变化之中，而分析式思维的个体则认为事物沿着原来的轨迹线性地变化。

在面对矛盾方面,整体式思维的个体倾向于采取折中的办法,因为他们认为事物间可以互相转换,因此可能是同时正确的;而分析式思维的个体形式逻辑方法会引导他们通过选择矛盾双方中的一种方式来解决矛盾。McElroy 和 Seta(2003)的研究表明,当个体处于分析式思维的状态时,由于更加关注自身的得失,因此框架效应(framing effect)的作用将变弱,取而代之的是预期效用理论(expected utility theory)的作用较为明显;而个体处于整体式思维的状态时,则框架效应将依然发挥作用。

具体的案例研究也硕果累累,Miller(1984)的研究表明,分析式思维的人在解释某个相识之人的行为的好坏时,主要会从相应的人格特质方面入手;而整体式思维的人则主要从社会角色、义务和其他外部情境因素方面入手。Morris 和 Peng(1994)在报社记者关于凶杀犯罪嫌疑人的描述中得出了同样的结论,分析式思维的记者更注重犯罪嫌疑人个人的性格因素,而整体式思维的记者更注重犯罪嫌疑人的情境因素。

3. 两种思维模式人群的研究

Nisbett 等(2001)的定义中说明特定的思维模式是特定的社会环境塑造的结果,并且认为来自美国等西方独立文化国家的个人更容易形成分析式思维,而中国、韩国等东方群体文化国家的个人则更容易形成整体式思维。这是基于一个朴素的观点,即不同的文化伴随着不同的社会环境,因而会培育不同的思维模式。在东方社会中,由于社会关系网庞大,因此个体较易成为整体式思维的人;而在西方社会中,由于社会关系较为简单,因此个体较易成为分析式思维的人。

之前关于这两种思维模式的研究也大多是在跨文化背景的情况下进行的,比如 Masuda 和 Nisbett(2001)研究就发现,当面对一个包含着运动的鱼和其他运动物体的场景时,来自日本的被试比来自美国的被试更多地注意到了背景环境以及鱼和背景环境之间的关系。Chiu(1972)在实验中请美国和中国的儿童从一组物品中选择最相近的两样,结果美国儿童选择了类型或者功能特性最相近的物品,比如一辆吉普车和一艘船最相近,因为它们装备有引擎;而中国儿童选择了功能或者主题相关联的物品,比如一张桌子和一把椅子,因为我们在桌子上吃饭的时候需要坐在一把椅子上。事实上,分析式思维与整体式思维这两种思维模式所代表的思维模式研究最初是从跨文化差异研究中脱离出来的,为了给文化建设的差异提供一种合理的解释。

然而,社会取向(social orientation)也会在同一个文化内部分化。Nisbett 等(2001)在研究中使用了"工具箱"这一比喻来指代这两种思维模式,并且认为每种文化都配备了这两种思维工具,只是某个特定的工具在特定的文化中变得更加有用,进而表现得更加显著。Choi 等(2007)检验自己开发的量表时发现,被试虽然都是韩国学生,但是参加心理学课程的学生和东方医学专业的学生在思维模式方面存在显著的差异,于是表明同一个文化内的人也会分化出分析式思维与整体式思维两类人。这也与其他跨文化研究的结论相一致,例如自我建构和个人主义与集体主义等,这些研究都发现跨文化的差异在单一文化内部都有不同程度的体现。

4. 感知效能

Bandura(2000)指出,感知效能(perceived efficacy)在人体机能(human functioning)中起到了至关重要的作用,因为它不仅会直接影响个体的行为,还会影响到执行行为的其他因素,包括目标和愿望、结果期望、情感倾向以及社会环境中的机会和阻碍。感知效能会最终影响到个体究竟是乐观还是悲观地看待行为的效能,最终会采取的行为步骤,最终设定的目标以及为之付出的努力,对于付出的努力所期望的结果,面对困难时坚持的时间,从逆境中恢复的能力,以及最后所完成的成就。

感知效能已经在很多领域被利用借以引发正确的行为,尤其是在医疗领域。Newcomb 和 Harlow(1986)的研究证实,当感知到的损失越大,或者说感知到进行戒酒戒毒这些活动的效能更高时,个体就更容易参与到戒酒戒毒中去。Block 和 Keller(1995)将感知效能、处理投入程度(in-depth processing)以及框架效应这三个变量结合起来,研究表明,面对疾病的治疗方式时,当个体感知到的效能较弱时,他们更容易深入地思考信息所传达的行为是否会真正达到理想的效果,而此时负面框架(negative framing)的语言比正面框架的语言更有说服力;而感知到的效能更强时,他们对于信息的处理将更迅速、更流畅,而此时框架效应不再显著,正负面的语言的说服力相等。

7.3 理论推导与研究假设

Trope & Liberman(2010)应用解释水平理论(construal level theory)研究

视觉感知(visual perception)、文字与图片、分类方法、行为识别(action identification)、个人感知(person perception)、预测、评估与选择、行为意图与自律(behavior intentions and self-regulation)时,指出个体处理此类信息的时候会感知到不同的心理距离(psychological distance),有远(distal)与近(proximal)之分。根据解释水平理论,当个体处于高解释水平时,对于心理距离遥远的因素更加敏感;而处于低解释水平时,对于心理距离邻近的因素更加敏感。

而从行为识别方面来看,行为同客观物体(objects)一样,可以被解构成高水平,使它们与更高一级的意图(superordinate purpose)联系起来,比如为什么这样做;也可以被解构成低水平,使它们与较低一级的方法(subordinate means)联系起来,比如具体要怎么做。如果高解释水平足以表现心理距离较远的行为,那么激发高解释水平就会引导个体去考虑较遥远情境下发生的行为。实际上,Liberman 等(2007)的研究显示,当个体用高解释水平的"为什么"的句式而不是低解释水平的"怎么样"的句式来思考一个活动时,个体倾向于认为这个活动将在较远的未来发生,并且开展这项活动的人和自己关系更遥远(socially distant)。

于是根据解释水平理论,任何行为都可以通过解释为什么发生来使个体处于高解释水平,通过解释具体如何发生来使个体处于低解释水平(Freitas et al.,2004)。如企业应对品牌危机时采取的召回、赔偿等措施,我们可以将它表述成高解释水平的,以表达目的为重点的"我们需要通过召回和赔偿来减少对社会造成的危害";我们也可以将它表述成低解释水平的,以表达过程和行动为重点的"我们通过4S店的渠道召回,并凭购车凭证领取具体数额的赔偿"。

又根据两种思维模式自身的天性,整体式思维的个体专注于情境或者整体的情况之上,包括对于焦点目标及其整体环境的关系的注意,而且整体式思维的消费者比分析式思维的消费者多考虑了外部情境因素的影响。Kuhnen 和 Hannover(2001)认为,相依自我建构将激发环境依赖型的(context-dependent)思维模式,而独立自我建构将激发环境独立型的(context-independent)思维模式。这正好与整体式思维和分析式思维的特点一一对应,因此本章推测整体式思维的个体应该会激发出高解释水平;而分析式思维的个体倾向于将焦点目标及其情境区别看待,倾向于通过目标本身的属性来将其归类,因此分析式思维的个体应该会激发出低解释水平。

行为表述重点与思维模式的匹配将激发出相同的解释水平,继而行为的表述将更容易被理解。Macrae 等(1994)的刻板印象(stereotype)研究表明,个体更容易处理一些与自己预期相符继而从概念上来讲比较容易理解的信息。而且匹配程度高时会增强消费者的情感判断,例如 Lee 和 Aaker(2004)的研究表明,当消费者的调节聚焦(regulatory focus)和信息框架(message framing)相匹配时,信息更加有说服力,消费者对于品牌的评价更高。以上表明,当信息的表述与个体自身自然的思维相一致时,信息将更容易被理解,进而反过来在接下来的评估时会增加个体的积极态度。

基于此,本章提出,道歉策略所使用的侧重方式(为什么/怎么样)在消费者身上产生的效果将取决于消费者的思维模式(整体式/分析式)。我们预期企业应对品牌危机道歉时侧重于表述"为什么"要向消费者致歉时,对于整体式思维的消费者会非常有效;而企业应对品牌危机道歉时侧重于表述具体"怎么样"采取措施向消费者道歉时,对于分析式思维的消费者会非常有效。

于是本章提出如下假设。

H1a:"为什么"道歉侧重方式(vs."怎么样"道歉侧重方式)更容易被整体式思维的消费者接受,对整体式思维消费者的品牌态度改善更多。

H1b:"怎么样"道歉侧重方式(vs."为什么"道歉侧重方式)更容易被分析式思维的消费者接受,对分析式思维消费者的品牌态度改善更多。

在此基础之上,本章进一步认为,企业道歉侧重方式与消费者思维模式的匹配会使个体更大程度地感知到实践这一行为的容易程度,并且更倾向于认为企业最终将妥善地处理这一危机,即感知到的效能更高。Bandura(2000)指出,感知效能会影响到结果期望、情感倾向,并最终影响到个体究竟是乐观还是悲观地看待行为的效能。因此,本章认为如果消费者感知到的企业道歉的效能更高,那么相比于感知到效能低的消费者,他们对于企业的情感将更加正面,更倾向于乐观地看待企业的补偿措施。他们认为企业将会非常妥当地处理这一危机来挽回企业因为品牌危机而带来的损失,并对预期的结果更满意,进而改进对于该企业品牌的印象和评价。

于是本章提出如下假设。

H2:道歉侧重方式(为什么 vs.怎么样)与消费者思维模式(整体式思维 vs.分析式思维)的匹配对于消费者的品牌评价提升的作用是通过消费者感知效能这个中介变量来实现的。

7.4　研究方法

7.4.1　思维模式测量的研究

Zenhausern(1978)研发出了偏好测试(preference test)。偏好测试是一套包含 20 个自我陈述(self-report)题目的测量个体认知活动时优先使用的大脑半球(preferred hemisphere thinking styles)的量表,其中测量右脑认知水平的 10 个题目与整体式思维相一致,比如"你是否喜欢使用符号和图像来处理问题";测量左脑认知水平的 10 个题目与分析式思维相一致,比如"你是否很具有逻辑性"。McElroy 和 Seta(2003)认为,右半球认知的偏好表明该个体整体式思维模式的倾向,而左半球认知的偏好将表明该个体分析式思维模式的倾向,并使用这一量表成功完成了框架效应对于整体式思维与分析式思维个体不同影响的研究。Merckelbach 等(1996)的研究充分支持了该量表的效度以及两次实验的信度(test-retest reliability)。鉴于此,Zenhausern 和 Nickel(1979)发现,完成偏好测试后测定为整体式思维优先的被试在整体性模式的任务中,比如迷宫学习(maze learning)等,表现得比量表测定为分析式思维的被试更优秀。

Witkin(1971)推出了群体嵌入式图形测试(group embedded figure test)。在测试中,内容载体(content field)是一个分散的或者令人困惑的背景,之后被试需要从中找出被嵌入的某个简单的图形。测试的目的在于区分场相依型(filed-dependent)认知风格和场独立型(field-independent)认知风格,场独立型认知相较于场相依型认知的个体更容易完成这一测试。Monga 和 John(2007)认为,因为整体式思维模式是以场依存为特征而分析式思维模式是以场独立为特征的,因此分析式思维的个体更容易完成这一测试,并使用这一方法来区分被试的思维模式,最终研究说明整体式思维的消费者对于品牌延伸的接受度和评价更高。

Choi 等(2007)根据前人在社会和认知方面的各种研究再次总结出,两类思维模式的个体在注意力(attention)、归因(attribution)、归类(categorization)、记忆(memory)、逻辑推理(logical reasoning),以及对于矛盾的容忍(tolerance of contradiction)等方面都有着显著的区别,并从中提取了注意力、因果关系、变化感知以及矛盾这四个主要维度来开发两种思维模式的量表。经过探索性因子分析以后，该研究从最初设定的 80 个条目中筛选出了共 24 个，每个因子 6 道题，之后进行了一系列的信度、聚合效度、区分效度检验，再通过两个实验验证了该量表确实能表现出不同文化间以及单一文化内部思维模式的差异。最后再通过两种思维模式的人对于相似度的不同认知偏好，即整体式思维的个体倾向于做出群体性相似(family resemblance-based)的判断，分析式思维的人倾向于做出单一因素相似(rule-based)的判断，以及因果关系复杂性的判断，即整体式思维的个体做出行为解释时比分析式思维的个体更倾向于考虑环境因素的影响，这两个实验验证了量表的有效性。Monga 和 John(2008)使用这一量表来区分两种思维模式的被试，成功研究了思维模式、认知负荷以及环境显著性之间的关系。

7.4.2 思维模式操纵的研究

Nisbett 等(2001)的"工具箱"比喻表示每个个体都配备了这两种思维工具。Hong 等(2000)的研究指出，不仅消费者个体之间存在着整体式思维和分析式思维的差异，而且在同一个个体内，在不同的时间点两种思维模式的显著性也会不同。并且虽然某个特定的个体从长期来看会倾向于某种特定的思维模式，但是人为地通过一定的手段让这个个体在短时间内处于某个思维模式也是可行的。Trafimow 等(1991)在研究中将来自美国和中国的被试随机分组，之后在其中一个小组中要求被试回忆他和他的家人朋友有什么共同点，从而激发相依自我建构；另一个小组中要求被试回忆他和他的家人朋友有什么不同点，从而激发独立自我建构。同样的，Brewer 和 Gardner(1996)在研究中使用了一段描述个人游览城市的故事，在相依型的版本中，被试看到所有的人称代词都是"我们"，而在独立型的版本中，被试看到的人称代词则变成了"我"，之后被试被要求圈出他们所看到的所有人称代词。Kuhnen 和 Hannover (2001)认为相依自我建构将激发环境依赖型的思维模式，而独立自我建构将激发环境独立型的思维模式，这正好与整体式思维和分析式思维一一对应。Monga 和 John(2008)在研究中发挥了嵌入式图形测试更大的作用，研究使用了一张浑然一体的嵌入了 11 个小图形的大图片，操纵整体式思维时要求被试关注整张图片的背景，然后写下所看到的内容，因为关注背景会激发整体式思维特征之一的场依存性；操纵分析式思维时要求被试从大图片中尽可能多地找出 11 个嵌入的小图形,因为这将激发分析式思维特征之一的场独立性(参见附录 3)。

7.4.3　研究方法确定

本章将使用问卷与实验相结合的研究方法。

首先,本章使用 Choi 等(2007)开发的检测整体式思维和分析式思维的量表来评估被试的思维模式倾向。它由 4 种潜在的维度构成:因果关系、对待矛盾的态度、对于变化的感知和关注的焦点。这份量表在 319 个成年被试中测试时内部一致性信度 α=0.80。

其次,本章设置了一个汽车公司的品牌危机,并且给出了两个版本的道歉语言作为刺激物,其中一个侧重点为"为什么",另一个侧重点为"怎么样"。被试在阅读材料之后,会对道歉的侧重点进行打分,以确保道歉语言的准确性。最后在汽车公司品牌危机的情境下评估对于品牌的印象。

之后我们还将通过 Brewer 和 Gardner(1996)及 Trafimow 等(1991)使用的操控手段,将被试引导为整体式思维和分析式思维两类人,之后在上段介绍的汽车公司品牌危机的情境下评估他们对于品牌的印象。

最后,我们引用 White 等(2011)研究时使用的测定感知效能的量表来验证预测的中介变量作用机理是否准确。

7.5　实验研究一

7.5.1　实验目的

实验一的目的主要是通过量表来验证假设 1a 和 1b,即企业道歉侧重方式与消费者思维模式之间的交互作用。我们预期侧重点为"为什么"的道歉方式,相比于侧重点为"怎么样"的道歉方式,对整体式思维的消费者更有说服力;侧重点为"怎么样"的道歉方式,相比于侧重点为"为什么"的道歉方式,对分析式思维的消费者更有说服力。

7.5.2　实验样本

实验被试均来自上海某高校的学生,他们在参加实验之前被清楚地告知了此次试验的主要内容和流程,以防止最终无效数据的产生。最终总共 98 名被试(M$_{年龄}$＝22.04,52 名男性,46 名女性)有效地参与了本次实验。

7.5.3 实验设计

本实验使用 2(道歉侧重方式:为什么 vs.怎么样)×2(消费者思维模式:整体式思维 vs.分析式思维)的组间设计。其中道歉侧重方式通过操纵来实现,消费者的思维模式通过量表测量。

首先,被试会看到一段品牌危机的描述,为了排除消费者的品牌承诺对于品牌危机后品牌评价的影响(Ahluwalia et al.,2000),本实验使用虚拟的"A 公司"品牌作为品牌的载体,内容如下:"A 汽车公司的一批新车次中,4S 店收到数十起消费者投诉,称雨天时有转向延迟的问题,可能危及乘客人身安全。"

随后,被试会被要求根据这一丑闻,对 A 公司的品牌印象做出评价,7 分度量(1＝非常差,7＝非常好,M$_{品牌印象1}$＝2.74)。

接下来,被试会随机看到公司 CEO 的两种语言侧重点不同的道歉方式中的一种。侧重点为"为什么"的道歉方式将强调此次召回的益处,并且简单提及企业应对此次品牌危机的措施,内容如下:"我们这批次的新车型使用了全新的转向设计,但是由于我们的设计失误,造成了雨天时有转向延迟的问题,危及消费者的生命安全。为了将已发生的损害控制在最小范围和程度内,为了最大限度地消除由于大量缺陷汽车的存在而导致的安全隐患,从而直接避免汽车缺陷进一步发生及所带来的更多人身、财产损害,为了维护公众利益,我们决定将推出一系列补救措施,包括产品召回、顾客赔偿、管理改善和社会监督等。"(参见附录2:"为什么"版本)。

侧重点为"怎么样"的道歉方式将强调企业应对此次品牌危机的具体措施,并且简单提及此次召回的益处,内容如下:"为了维护公众的利益,我们现在决定通过 4S 店召回目前市面上所有该批次的产品,并给予购买了该批次产品的消费者下次购车的 20％优惠折扣。我们将在今后的生产中更加完善员工培训体系和生产反馈,保证员工能够正确地理解生产设计,并且更加频繁地检查我们的产品,保证问题产品不流向市场。我们诚挚地邀请消费者参观我们的设计和生产流程,监督我们生产出更好的产品!"(参见附录 2:"怎么样"版本)。

随后,被试会被要求根据他看到道歉之后的感受再给 A 公司的品牌印象做出评价,同样是 7 分度量(1＝非常差,7＝非常好,M$_{品牌印象2}$＝4.41)。

由于企业道歉的语言是经过人为的操控,因此本实验需要检验它是否达到了预期的目的。因此紧接着,被试会被要求对于他所看到的道歉的侧重点做出评价,7 分度量,1 分表示侧重点非常偏向于"为什么"道歉,7 分表示侧重点非常偏向于"怎么样"道歉,作为对于语言侧重点的操控检验(M＝4.48)。

接下来,本实验使用 Choi 等(2007)研发的量表来测试被试的思维模式(参见附录4)。被试对于归属于因果关系、对待矛盾的态度、对于变化的感知和关注的焦点这 4 个维度的 24 个陈述进行打分,7 分度量,1 分表示十分不同意,7 分表示十分同意(α＝0.65)。本实验取每个被试对于所有问题回答分数的均值,并对所有的均值采取中位数(中位数＝4.82)分割的方式,认为均值大于中位数的被试是整体式思维的消费者,而均值小于中位数的被试是分析式思维的消费者。

最后,本实验记录下被试的性别、专业与年龄这 3 个背景信息,以检测性别、专业和年龄这 3 个变量是否会对被试关于品牌印象的评价造成影响。

7.5.4　实验结果

1. 操控检验

首先,本章使用方差分析(ANOVA)来检验对于企业道歉语言的操控是否成功。本章将预先设定的道歉语言的侧重点作为自变量,将被试感知的道歉语言的侧重点作为因变量。结果得到侧重点在"为什么"道歉组的被试的得分低于"怎么样"道歉组被试的得分(M$_{为什么}$＝3.18,M$_{怎么样}$＝5.78,$F(1, 96)$＝77.50,$p<0.001$)。这些数据显示了本实验道歉侧重方式这一自变量的操纵是成功的。

2. 交互作用检验

接下来,本章使用方差分析来检验 2(道歉侧重方式:为什么 vs.怎么样)×2(消费者思维模式:整体式思维 vs.分析式思维)对于被试在企业道歉前后对于该品牌印象增量的作用。

本章关注不同思维模式与不同的道歉侧重方式组合后对于品牌印象评价的提升数值。数据显示,虽然两种侧重点不同的道歉方案作用于不同思维模式的被试时,对于品牌印象评价的提升均值有差异,其中自变量(道歉侧重方式与思维模式)对于因变量(道歉前后被试对 A 汽车公司品牌印象增值)具有显著的交互作用($F(1, 94)$＝4.15,$p<0.05$),这与我们的实验假设 1 相一致。对于整体

式思维的被试,两种道歉方式的差异虽然不显著,但趋势是对"为什么"的道歉语言的品牌印象改善更高($M_{为什么}=1.85$,$M_{怎么样}=1.55$;$F(1,94)=1.15$,$p>0.10$);对于分析式思维的被试,"怎么样"的道歉语言的品牌印象改善更高,两种道歉方式的差值边际显著($M_{为什么}=1.45$,$M_{怎么样}=1.95$;$F(1,94)=3.26$,$p<0.10$),见表 7.1 和图 7.1。

表 7.1　实验研究一:描述性统计量

思维模式	道歉侧重点	均　　值	标准偏差	N
整体式思维	为什么	1.850 0	1.039 99	20
	怎么样	1.551 7	0.985 11	29
	总　　计	1.673 5	1.008 05	49
分析式思维	为什么	1.448 3	0.909 72	29
	怎么样	1.950 0	0.887 04	20
	总　　计	1.653 1	0.925 36	49
总　　计	为什么	1.612 2	0.975 03	49
	怎么样	1.714 3	0.957 43	49
	总　　计	1.663 3	0.962 64	98

因变量:品牌印象增量。

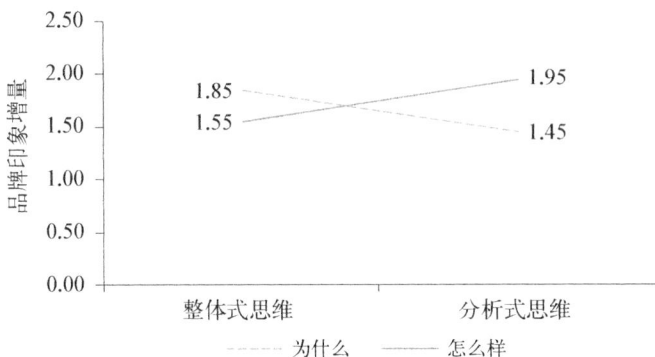

图 7.1　实验研究一:品牌印象增量

7.5.5　结果讨论

实验一的结果与本章最初的假设基本一致,消费者的思维模式确实会影响道歉方案最后作用的效果。当企业道歉的侧重点是"为什么"时,即强调此次召回的益处时,更容易激发出整体式思维的消费者较高的解释水平,更容易被他们接受,最终提升这部分消费者对于该品牌的评价;相反,当企业道歉的侧重点是"怎么样"时,即企业应对此次品牌危机的具体措施时,更容易激发出分析式思维的消费者较低的解释水平,更容易被他们接受,最终提升这部分消费者对于该品牌的评价。

但遗憾的是,对于整体式思维的消费者,两种道歉方式的差异并不显著。这很可能是由于本实验用于判别思维模式的方法并没有很好地反映出这两种思维模式的差别。本实验使用量表来测量被试的思维模式,并且使用了中位数分割的办法,认为量表测量结果均值大于中位数的被试是整体式思维的消费者,而均值小于中位数的被试是分析式思维的消费者,但是这个中位数相对于一个 7 分度量的量表来说较高(中位数＝4.82),因此对于这两种思维模式的判别很可能并没有达到预期的效果。

为了解决这一问题,本研究计划在下一实验中使用操控的方式来操控被试的思维模式。Hong 等(2000)的研究就指出,不仅消费者个体之间存在着整体式思维和分析式思维的差异,而且在同一个个体内,在不同的时间点两种思维模式的显著性也会不同。并且虽然某个特定的个体从长期来看会倾向于某种特定的思维模式,但是人为地通过一定的手段让这个个体在短时间内处于某个思维模式的状态也是可行的。于是,下一实验使用操控的手法使被试的某种思维模式更加显著,这使得实验二中对于被试思维模式的判别更加清晰客观,避免了由于主观的分组方法不准确导致的其他因素的影响。

7.6 实验研究二

7.6.1 实验目的

实验一证明了假设 1a 和 1b,道歉侧重方式与思维模式的匹配将很大程度上影响到最终消费者对于发生品牌危机的品牌的评价,即整体式思维的被试对于侧重点为"为什么"的道歉语言接受度更高,表现为对于品牌印象评价的提升更高;而分析式思维的被试对于侧重点为"怎么样"的道歉语言接受度更高。但是由于是通过主观的中位数分割法来区分被试的思维模式,因此对于整体式思维的消费者,两种道歉方式的差异并不显著。实验二的目的就是想通过操纵思维模式这一更加客观准确的办法来消除一些不确定因素的影响,进一步去检验假设 1a 和 1b 的准确性。

7.6.2 实验样本

实验被试为上海某高校的学生,他们在参加实验之前被清楚地告知了此次试验的主要内容和流程,以防止最终无效数据的产生。最终总共 96 名被试($M_{年龄}$＝20.31,42 名男性,54 名女性)有效地参与了本次实验。

7.6.3 实验设计

实验二依然使用 2(道歉侧重方式:为什么 vs.怎么样)×2(消费者思维模式:整体式思维 vs.分析式思维)的组间设计。

首先,被试会随机地被引导成两种思维模式中的一种。本实验先使用 Brewer 和 Gardner(1996)使用的操控手段,请被试阅读一段文字并圈出其中的人称代词。其中,操控为整体式思维的被试将看到一篇以第一人称"我们"为主语叙述的段落,操控为分析式思维的被试将看到一篇以第一人称"我"为主语叙述的段落。随后,本实验再使用 Trafimow 等(1991)使用的操控手段,请操控为整体式思维的被试回忆并使用第一人称"我们"写出他/她和他/她最好的朋友有什么相同点(比如"我们都喜欢运动"),请操控为分析式思维的被试回忆并使用第一人称"我"写出他/她和他/她最好的朋友有什么不同点(比如"我爱看电影")。

操纵部分结束之后,与实验一相同,被试将首先看到一段品牌危机的描述,随后,被试会被要求根据这一丑闻,对 A 公司的品牌印象做出评价($M_{品牌印象1}$＝2.41)。接下来,被试会随机看到公司 CEO 的两种语言侧重点不同的道歉中的一种,随后,被试会被要求根据他看到道歉之后的感受再给 A 公司的品牌印象做出评价($M_{品牌印象2}$＝3.97)。然后,被试会被要求对于他所看到的道歉语言的侧重点做出评价,与实验一相同,作为对于语言侧重点的操控检验(M＝4.07)。

待被试完成前面的部分之后,本实验使用 Kuhnen 和 Hannover(2001)研究中衡量被试思维模式的嵌入式图形测试(EFT)作为本实验引导被试思维模式的操控检验。图形共 12 组,分为 A、B 两类,A 为简单图形,B 为复杂图形,如图 7.2 所示。每组图形中,复杂的 B 类图形中都被嵌入了 A 类图形。本实验邀请被试在所有 12 组 B 类图形中,找出同组的 A 类图形,最终记下所花费的时间(M＝

240.8 秒)。最后,本实验记录下被试的性别、专业与年龄这 3 个背景信息,以检测性别、专业和年龄这 3 个变量是否会对被试关于品牌印象的评价造成影响。

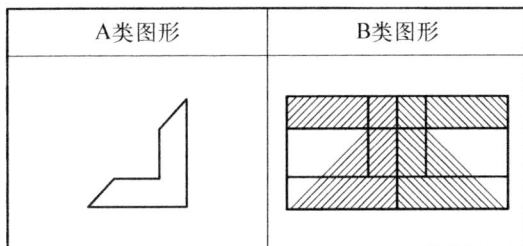

A类图形	B类图形

图 7.2　嵌入式图形测试示意图

7.6.4　实验结果

1. 操控检验

首先,本章使用方差分析来检验对于企业道歉侧重方式的操控是否成功。本章将预先设定的道歉的侧重方式作为自变量,将被试感知的道歉的侧重点作为因变量。结果得到被试感知到的侧重点在"为什么"道歉组的得分低于"怎么样"道歉组的得分($M_{为什么}=3.08$, $M_{怎么样}=5.15$, $F(1, 94)=45.27$, $p<0.001$)。这些数据很清楚地显示了本实验道歉侧重点这一自变量的操纵是十分成功的。

然后,本章再使用方差分析来检验对于被试思维模式的操控是否成功。本章将预先设定的操控思维模式作为自变量,将被试完成嵌入式图形测试所用的时间作为因变量。结果得到被操控为整体式思维的被试完成图形测试的时间高于被操控为分析式思维的被试($M_{整体式思维}=264.0$ 秒 vs. $M_{分析式思维}=215.7$ 秒,$F(1, 94)=5.20$, $p<0.05$)。这些数据很清楚地显示了本实验关于被试思维模式的操纵是成功的。

2. 交互作用检验

接下来,本章使用方差分析(ANOVA)来检验这 2(道歉侧重方式:为什么 vs.怎么样)×2(消费者思维模式:整体式思维 vs.分析式思维)的自变量对于被试在看到道歉后对该品牌印象增量的作用。

本实验关注不同思维模式与不同的道歉侧重点匹配后对于品牌印象评价的提升是否有差异。数据显示,两种侧重点不同的道歉作用于不同思维模式的被试时,对于品牌印象评价的提升均值有差异,自变量(道歉侧重方式与思维模式)对于因变量(道歉前后被试对 A 汽车公司品牌印象增量)具有显著的交互作用($F_{(1, 94)} = 4.15$,$p < 0.05$),与我们的实验假设 1 相一致。其中,对于整体式思维的被试,两种道歉方式的差异虽然没有达到显著,但趋势与假设一致($M_{为什么} = 1.84$,$M_{怎么样} = 1.36$;$F_{(1, 92)} = 2.72$,$p = 0.10$);对于分析式思维的被试,两种道歉方式的差值边际显著($M_{为什么} = 1.28$,$M_{怎么样} = 1.81$;$F_{(1, 92)} = 3.02$,$p < 0.10$)。结果显示出整体式思维的被试对于侧重点为"为什么"的道歉方案接受度更高,表现为对于品牌印象评价的提升更高;而分析式思维的被试对于侧重点为"怎么样"的道歉语言接受度更高,对品牌印象的提升更高(见表 7.2 和图 7.3)。

表 7.2 实验研究二:描述性统计量

操控思维模式	道歉侧重点	均　　值	标准偏差	N
整体式思维	为什么	1.840 0	1.027 94	25
	怎么样	1.360 0	0.994 99	25
	总　计	1.600 0	1.030 16	50
分析式思维	为什么	1.280 0	1.021 44	25
	怎么样	1.809 5	1.077 92	21
	总　计	1.521 7	1.069 56	46
总　　　计	为什么	1.560 0	1.052 89	50
	怎么样	1.565 2	1.046 73	46
	总　计	1.562 5	1.044 41	96

因变量:品牌印象增量。

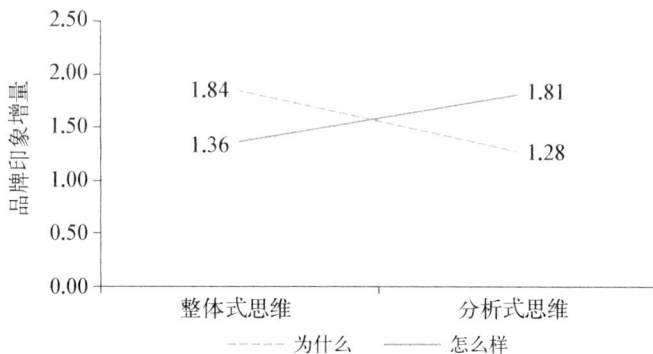

图 7.3 实验研究二:品牌印象增量

7.6.5　结果讨论

实验二的结果再次证明了假设中企业道歉侧重方式和消费者思维模式之间的交互作用。并且令人满意的是,因为实验二中使用操控的方式来操控被试的思维模式,对于被试思维模式的判别更加清晰客观,因此在一定程度上避免了由于主观的分组方法不准确导致的其他因素的影响,因此实验一中两种道歉方式对于整体式思维的消费者的差异并不显著的缺憾在实验二中得到了很好的弥补。

接下来,实验三的目的在于探究企业道歉语言侧重点和消费者思维模式对于最终消费者对企业发生品牌危机的品牌评价提升的作用机理。当企业的"为什么"道歉方式与整体式思维消费者、"怎么样"道歉方式与分析式思维消费者相匹配的时候,由于激发出了相同的解释水平,因此消费者会更轻松地感知到企业道歉最终给自己带来的效用,进而会提升自己对于该品牌的评价。

7.7　实验研究三

研究三的实验目的有以下几点。第一,收集跨文化样本来再次检验假设 1a 和 1b,由于前两个研究中对思维模式的操控局限,本研究通过招募来自东方和西方不同文化背景下的被试来更加清晰地检验假设结果的显著性,即在整体思维的消费者(即中国消费者)中,解释"为什么"(vs."怎么样")的道歉方案将对品牌评估的修复性更好,在分析式思维消费者(即西方消费者)中,解释"怎么样"(vs."为什么")的道歉方案将具有更高的品牌评估改善。第二,通过对东西方文化背景下消费者的研究,为跨国企业制定针对不同文化消费者的危机道歉策略提供科学的实证依据以及可行的实践指导。第三,验证形成匹配效应存在的作用机制,即假设 2 中提出的消费者的感知效能在道歉策略模式与思维模式之间的互动关系中起着中介作用。

7.7.1　实验样本和实验设计

被试由 60 位来自中国的参与者(通过问卷收集网络平台招募,年龄范围:20 至 55 岁;41.7% 为女性)和 60 位西方参与者(年龄范围:20 至 35 岁;48.3% 为女性;33 名法国人,6 名德国人,6 名丹麦人,5 名英国人,5 名爱尔兰人和 5 名俄罗斯人)组成,他们得到了一笔小额的货币补偿。该研究使用了 2(道歉侧重方式:"为什么"vs."怎么样")×2(文化背景:中国 vs. 西方)的实验设计。

7.7.2 实验材料

假设的品牌危机情景是 4S 店收到很多关于新一批品牌轿车的投诉,消费者声称在雨天发生转向延误,这可能导致安全问题。然后为操纵道歉策略创建了两种方式,这两种道歉仅在道歉的目的("为什么")和措施("怎么样")的侧重点上有所不同。对于以"为什么"形式出现的道歉方案是强调道歉方案的目的为何,如"为什么我们应该通过 4S 经销店召回这些轿车? 为避免潜在的人身伤害和由缺陷轿车造成的财产损失。"对于以"怎么样"进行道歉的形式为主的道歉方案将强调企业采取的具体措施,如"我们应如何避免由缺陷轿车造成的潜在人身伤害和财产损失? 通过 4S 经销店召回这些轿车。"

7.7.3 实验程序和测量

通过填写用中文和英文书写的调查,分别在网上为中国参与者和校园的西方参与者收集数据。首先与会者被告知,最近出现了与品牌 A 相关的品牌危机,虚构的"品牌 A"被用来消除消费者对现有品牌承诺的影响(Ahluwalia et al.,2000)。该情景表示,这些投诉是针对 4S 经销店进行的,这些经销店是中国各种品牌汽车销售和服务的常见商店。之后参与者被要求对品牌 A 进行品牌态度的测量(Kirmani & Shiv,1998)。然后参与者被随机分配阅读两种道歉方案中的一种("为什么"或"怎么样"),接着完成对品牌态度的调查(测量与之前收集的品牌态度相同)。接下来参与者完成了一个问卷,其中包括感知效能(White et al.,2011)、道歉方案的操纵检验、思维模式的操纵检验(Choi et al.,2007)、衡量消费者对汽车的专业知识(Osmonbekov et al.,2009)和人口统计指标。

主要测量的因变量是对品牌 A 的品牌态度的改善,通过从第二次测量的态度减去第一次测量的态度来计算。品牌态度是四个项目的平均值:"我觉得品牌 A 质量很高""我觉得品牌 A 很好""我很喜欢品牌 A""我觉得品牌 A 很吸引人"($M_{第一次}=3.10$,$SD_{第一次}=1.33$,$\alpha_{第一次}=0.91$;$M_{第二次}=4.36$,$SD_{第二次}=1.21$,

$\alpha_{第二次}=0.90$）（Kirmani & Shiv，1998）。所有这些项目测量的范围从 1 分（"非常不同意"）到 7 分（"非常同意"）。

Macrae 等（1994）的研究表明，个体更容易处理一些与自己预期相符合继而从概念上来讲处理起来比较流畅的信息；White 等（2011）的研究也表明，当调节聚焦与为什么/怎么样相匹配的时候，被试处理信息的流畅度更高，进而更有参与环保行为的意愿。Block 和 Keller（1995）的研究表明，对于感知效能低的信息，被试对于信息处理的投入程度显著高于感知效能高的信息。此外，Labroo 和 Patrick（2009）的研究表明，积极的情绪会导致更抽象的解释水平，而消极的情绪会导致更具象的解释水平。因此，参与者完成对品牌态度的第二次品牌态度测量后，我们添加了以下感知效能的测量："我觉得基于这种道歉，品牌 A 可以有所作为""我觉得品牌 A 知道如何去纠正这种情况"和"我相信品牌 A 知道它将采取什么步骤来纠正这种情况"（1＝"非常不同意"，"7＝"非常同意"，M＝5.16，SD＝1.05，α＝0.85）（White et al.，2011）。此外，被试还完成了一份衡量可能的其他中介变量的测试题目，包括信息处理流畅性、阅读投入程度（involvement）、情绪等方面。

接下来，参与者完成了相同的操纵检验项目"道歉补救方案强调什么"（1＝"强调怎么办"到 7＝"强调为什么"，M＝4.12，SD＝2.09）。关于思维模式的操纵检验题目，继 Monga 和 John（2008）之后，我们要求参与者同意或不同意（1＝非常不同意；7＝非常同意）一组陈述，如"宇宙中的一切在某种程度上相互关联""整体大于其各部分之和"等（M＝5.17，SD＝0.75，α＝0.79）。分数越高反映整体式思维的倾向越大（Choi et al.，2007）。

消费者在汽车方面的专业知识以 7 分量表衡量（1＝"非常不同意"，7＝"非常同意"），内容包括："即使与其他品牌位于同一地点，我也能立即识别出我的首选汽车品牌""我善于收集汽车信息并向他人推荐汽车""我擅长向其他人传递汽车信息"和"我擅长协调各种汽车意见"（M＝4.76，SD＝1.46，α＝0.90）（Osmonbekov et al.，2009）。

7.7.4　实验结果

1. 操纵检验

正如预期的那样，方差分析结果表明，道歉方案的效果对"为什么"或"怎么样"强调重点的评分具有显著效应。阅读"为什么"侧重点的参与者比那些阅读"怎么样"侧重点的人对"为什么"检验题项上的评分更高($M_{为什么}=5.22$,$M_{怎么办}=3.02$;$F(1,116)=45.24$,$p<0.001$)。此外,道歉侧重方式和文化的交互作用以及对文化的效应都是不显著的。这些发现表明我们的道歉侧重方式操作是成功的。

接下来,我们考察了中国实验参与者在评估整体式思维倾向方面的得分是否高于西方实验参与者(Monga & John,2008)。正如预期的那样,文化对思维模式得分的效应是显著的。中国人($M_{中国}=5.62$)的平均整体评分显著高于西方人($M_{西方}=4.72$,$F(1,116)=68.64$,$p<0.001$),道歉侧重方式和文化对整体式思维评分的交互作用不显著。此外,没有一个来自某个国家的西方人得分与其他国家差异显著($M_{法国}=4.83$,$M_{爱尔兰}=4.38$,$M_{俄罗斯}=4.38$,$M_{丹麦}=4.61$,$M_{英国}=4.80$,$M_{德国}=4.69$,所有 $p>0.1$),所以把他们视为分析式思维消费者与中国被试作比较是合适的。值得注意的是,我们发现丹麦人和英国人在整体评分上没有统计学差异。相比之下,Shavitt 等(2006)声称,丹麦人的文化取向与英国人的文化取向截然不同,他说丹麦人倾向于认为自己与其他人的身份相同,而英国人倾向于关注改善他们的个人地位和突出地位。当然,在任何一个组(中国或西方小组)内,文化方向上可能存在组内差异。然而,对于为消费者群体设计大众传播(如品牌危机后的道歉)的公司而言,了解不同群体的总趋势对于指导道歉侧重内容的选择很有启发意义。

2. 品牌态度

为了测试我们的假设 1a 和 1b,我们进行了一项 2(道歉侧重方式:"为什么" vs."怎么样")×2(消费者文化背景:中国 vs.西方)之间的主效应方差分析,并将品牌态度改善的增量作为因变量,将汽车专业知识设置为协变量。道歉侧重方式、消费者文化背景或汽车专业知识对于改善品牌态度没有主效应,而道歉侧重方式和文化之间存在显著交互作用($F(1,115)=12.12$,$p<0.001$)。对于中国消费者来说,"为什么"方式的道歉策略产生的品牌态度增量比"怎么样"方式的道歉策略更高($M_{为什么}=4.50-2.70=1.80$,$M_{怎么样}=4.38-3.49=0.89$,$F(1,115)=7.77$,$p<0.01$)。对于西方人来说,"怎么样"方式的道歉策略比"为什么"方式的道歉策略产生更高的品牌态度增量($M_{怎么样}=4.52-3.02=1.51$,$M_{为什么}=4.02-3.19=0.83$,$F(1,115)=4.57$,$p<0.05$),见图 7.4。

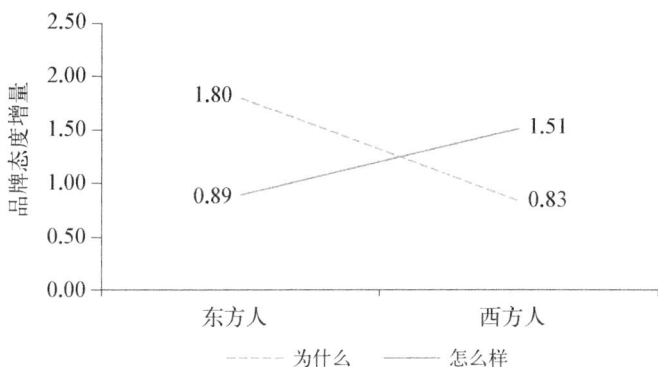

图 7.4　实验研究三：品牌态度增量

3. 中介分析

为了测试我们的假设 2，我们首先以感知效能作为因变量进行了 2×2 方差分析，结果表明道歉侧重方式和消费者文化背景的交互作用显著（$F(1, 115) = 11.41$，$p < 0.001$）。对于中国消费者而言，"为什么"道歉侧重方式导致公司危机后解决方案的感知效能高于"怎么样"道歉侧重方式（$M_{为什么} = 5.62$，$M_{怎么样} = 5.08$；$F(1, 115) = 4.77$，$p < 0.05$）。对于西方消费者来说，"怎么样"道歉侧重方案比"为什么"道歉侧重方案导致更高的感知效能（$M_{怎么样} = 5.30$，$M_{为什么} = 4.65$；$F(1, 115) = 6.72$，$p < 0.05$）。

接下来，我们使用 PROCESS Model 8（Hayes，2013）进行中介分析来验证假设 2。该模型把道歉侧重方式作为自变量（0 = "怎么样"，1 = "为什么"），文化作为调节变量（0 = 西方，1 = 中国），感知效能作为中介变量，品牌态度的改善增量作为因变量和汽车专业知识作为协变量。假设的中介变量感知效能对品牌态度的改善有显著的正向影响（$b = 0.63$，$t = 6.10$，CI [0.42, 0.83]，$p < 0.001$），道歉侧重方式和文化的交互作用减少了，但保持显著（$b = 0.83$，$t = 1.99$，CI [0.005, 1.65]，$p < 0.05$）。这个 5 000 样本中介分析证实，通过感知效能的中介效应到品牌态度的改善间接效果是显著的（95% CI [0.36, 1.36]），结合前段报告的方差分析结果，感知效能对品牌态度改善的交互效应的中介作用显著。而在对其他可能解释的中介变量的分析结果中发现，信息处理流畅性、阅读时投入程度和情绪对该效应的中介作用不显著，从而排除了这些替代的解释机制。

7.8　总结与讨论

7.8.1　研究结论

实验的数据分析结果显示,首先,企业在品牌危机发生后以积极的态度来应对,诚恳地向消费者道歉并且采取恰当的措施,确实可以在一定程度上提升品牌危机后消费者对于该品牌的评价。其次,不同的道歉语言侧重点作用于不同思维模式的消费者身上时确实会对最后品牌评价的提升程度造成影响,具体表现为,整体式思维的消费者更倾向于接受侧重点为"为什么"的道歉语言,并且该道歉方式对于企业品牌态度的提升要比侧重点为"怎么样"的道歉方式提升更多;而分析式思维的消费者则更倾向于接受侧重点为"怎么样"的道歉语言,品牌态度的改善比侧重点为"为什么"的道歉方式更高。此外,实验三的结果还表明,消费者感知到的企业对于此次品牌形象挽回行动的效能作为中介变量,在道歉侧重方式与消费者思维模式对于道歉后品牌态度的交互效应中起到了中介效用。这些结果有助于我们更好地理解不同思维模式的消费者对于企业品牌危机后的挽回行为的反应差异,同时对于企业来讲,能够更精确地在品牌危机后作出恰当的回应,而且对于解释水平理论、消费者思维模式研究以及感知效能的其他研究也有很好的借鉴意义。

从消费者思维模式来看,本研究以关于思维模式的心理学文献为基础,这一领域的大多数研究是在跨文化的背景下研究东西方文化背景下个体之间思维模式的差异性,普遍认同东方文化背景下的个体倾向于整体式思维,而西方文化背景下的个体倾向于分析式思维。而在本研究实验一中采用的均为东方文化背景下的被试,通过量表的方式来区分被试的思维模式,如同预期,被试所得的分数普遍偏高,这也可能是导致我们的部分假设只达到边际显著的原因。同时,实验二中使用操纵思维模式的手法(Hong et al.,2000),预期将个体暂时启发为采用某一思维模式(整体性/分析性)的状态,当然由于操纵方法的局限性,假设同样达到了边际显著性。因此,为了更进一步地验证本研究的假设,实验三通过招募真实的处于东方和西方文化背景下的样本,并测量他们对不同道歉策略的修复作用,实验结果均达到了显著性,成功地证明了我们的假设。

从感知效能角度看,本研究提供了对于思维模式与"为什么/怎么样"相匹配之后对品牌态度的作用机理的理解。主观感知到的更高的效能会使个体认为行为执行时更容易达成较好的效果，进而认为消费者权益得到了保障，继而对这个品牌产生积极的情感因素，从而提升对该品牌的评价。这也为 White 等（2011）的研究成果提供了很好的支持。

7.8.2　对企业的建议

企业在品牌建设中的巨大投入很可能毁于某个小失误导致的品牌危机的蚁穴之下。鉴于这种高昂的风险，研究尽量减少品牌危机带来的影响是至关重要的。但是 Menon 等（1999）指出，否认或者直接的反驳作为对于品牌危机的回应效果都不理想；Monga 和 John（2008）认为，品牌的建设需要长期坚持不懈的运作，努力建立消费者与品牌之间的桥梁，鼓励消费者的情感集中到有益品牌塑造的方面，这样才能在品牌危机发生的时候让消费者自发地拥护该品牌，并对丑闻予以反驳。而本研究的实践意义在于，在品牌危机发生后的短时间内，提供企业面对品牌危机时及时、迅速、高效的道歉语言编制。消费者思维模式的区别是本研究的重要自变量，因此企业在实际操作时，可以从消费者的思维模式为出发点选定恰当的道歉语言。直接的手法在于从跨文化的角度入手，以东西方文化的差异作为消费者思维模式区分的基础。在东方文化的背景下，企业在道歉时应该将侧重点放在企业后续的挽回行动给消费者带来的利益上，即强调为什么要执行召回或者赔偿等工作；在西方文化的背景下，企业在道歉的时候应该将侧重点放在企业具体的后续挽回行动的措施上，即强调企业具体将怎么样执行召回或者赔偿等工作（Wang et al.，2016）。

7.8.3　研究局限与展望

本次实验研究的局限性主要表现为刺激物的限制。为了消除消费者对于品牌承诺的影响，本研究使用了虚构的品牌、品牌危机以及道歉语言，没有比较研究实际生活中品牌发生丑闻时道歉语言的作用效果。因此未来研究可以考虑真实世界的品牌，结合他们真实发生的品牌危机来做研究，增加研究的实践参考价值。

第二，从理论层面来看，产品有自身属性的分类，由于不同的产品具有不同的产品特性，因此购买产品的动机可以分为享乐主义（hedonism）与实用主义（utilitarism）两种。消费者在购买决策时，会受到产品享乐性和实用性考虑的驱使而做出决定。例如,消费者在购买汽车的时候,针对不同的车型,考虑的因素可能是具有享乐特性的外观设计,也可能是具有实用特性的节油性能。根据消费者购买产品时主要考虑的因素不同,可以用享乐和实用的本质把产品区分开来(Wertenbroch & Dhar,2000)。此外,商家在销售产品的时候也必须给产品定位,可以根据产品享乐或者实用的特征来区分产品(Mano & Oliver,1993)。因此在今后的研究中,可以将产品类型纳入研究范畴,从汽车领域向快速消费品领域、数码产品领域以及奢侈品领域扩展,使得品牌危机研究向更加广泛、更加全面的领域发展。

本篇小结

"重塑篇:品牌形象的重塑策略"为企业(尤其是跨国企业)重塑危机后的品牌形象提供了有效策略。研究结论提出,企业在制定危机公关策略时要慎重考虑消费者的思维模式、道德推理模式等因素,并可以通过启发消费者使用某种认知方式思考的策略,从而挽救品牌的形象。此外,在面对全球不同文化背景下的消费者时,企业采取与之相匹配的危机应对方案方能奏效。

第**8**章

研究成果与展望

近 10 年间,在学术界和业界对品牌危机的关注持续升温,大量的研究成果不断涌现。鉴于近 10 年内相关学术成果的发展与积累,品牌危机管理领域亟待出现一部承前启后的著作,一方面回溯过去,将以往的研究成果加以归纳和整合,并从中提炼精华、去除糟粕;一方面展望未来,着眼新时代的新兴现象和前沿理论,探索未来的发展趋势和潜在的研究方向。此外,在借鉴西方品牌危机管理理论的基础上,立足于中国本土化情境的探索性研究是我国在新时期建立"品牌强国"发展理念中至关重要的组成部分。因此,在考虑到理论背景和现实需求之后,本书便应运而生了。

本书主干部分包含三个篇章,贯穿着层层递进的逻辑架构,从"效应篇:品牌危机效应的梳理和整合"出发,对近年来品牌危机的效应研究进行兼具广度和深度的述评,到"消弭篇:品牌危机的消弭路径"中探索品牌危机负面效应的消弭路径,最后在"重塑篇:品牌形象的重塑策略"中探讨品牌形象和消费者信任的重塑策略。在本章中我们将纵览全局,对全书的研究成果加以总结,阐释本书对消费者行为学中品牌管理理论的贡献,以及对企业或品牌管理者的实践启示。最后,本章还将讨论现有研究存在的局限性并展望未来研究的发展方向。

8.1 研究的主要成果

8.1.1 研究成果一: 品牌危机效应的梳理和整合

本书的研究成果为品牌危机领域的现有文献提供了统筹性、概括性、归纳性的梳理和整合。以往品牌危机领域的文献大多是针对品牌危机的某一方面或某一角度的综述类或实证类研究,较少有文献对品牌危机的学术研究做一个提纲挈领式的总体概述。而本书对消费者行为学中品牌危机领域的成果进行了汇总,并进一步深度加工,提出了系统性的理论框架,为回溯该领域的学术发展脉络提供了全面而清晰的展示。通过本书的整合研究,我们厘清了品牌危机的概念和含义,并将以往研究整合为两个大类的研究方向,分别为品牌危机的个体效应研究和品牌危机的溢出效应研究。

1. 品牌危机的个体效应整合研究

该类研究主要关注品牌危机对品牌本身或消费者认知和态度的影响。通过对此框架内文章的总结,我们发现该类研究内容的侧重点可以大致归为 4 个方面。

第一方面,品牌危机个体效应的研究视角。我们提出品牌危机的研究视角不仅关注品牌危机给品牌本身的哪些方面带来的负面效应,如在品牌资产、市场份额、品牌声誉、股票价格等方面,同时还关注品牌危机给消费者的态度和行为产生的消极作用,如在消费者—品牌关系、品牌信任、品牌评价、购买意愿等方面。

第二方面,品牌危机个体效应的影响因素研究。由于品牌危机影响因素的繁杂多变性和互动交叉性,很难梳理出一个完整而逻辑清晰的研究范式。本书将影响因素归类为品牌相关因素,如品牌原有的品牌定位、品牌资产、品牌熟悉度等;危机相关因素,如危机类型、危机严重性、危机传播渠道等,以及消费者相关因素,如客观人口因素(性别、年龄、收入、社会阶层等)和消费者主观认知因素(性格特质、思维模式、文化差异等)。该研究方向非常适合借鉴其他学科的理论或变量,将社会学、心理学、行为经济学等相关学科与品牌危机管理相互融合,这也是学者们一直笔耕不辍、保持研究热情的原因。

第三方面,品牌危机类型研究。按照文献中的分类方法,大部分将品牌危机分为两类,即与品牌能力和绩效相关的能力型危机和与品牌道德和价值观相关的道德型危机(Dutta & Pillig, 2011；Pullig et al., 2006)。不同于将所有危机一视同仁的原始观点,现在的研究倡导甄别危机的不同类型加以区别对待,观测对品牌和消费者的影响差异而因地制宜。其实,准确地讲,该方面研究是融入其他研究之中的,将这部分单独讨论是因为本书的很多研究都建立在这一领域的研究基础之上。所以,回顾相关的理论文献,明确品牌危机类型在品牌危机管理和消费者决策中的重要作用是十分有必要的。

　　第四方面,品牌危机的应对策略研究。在出现危机之后,品牌选择何时回应、如何回应是危机公关的核心问题。合适有效的应对策略不仅可以缓解危机造成的创伤,甚至有时会对品牌形象产生积极的修复效果,重塑品牌的形象和消费者的信心。本书集中讨论了企业几种不同的应对策略,如否认、沉默、辩护、承认、道歉等,并将它们按照品牌承担责任的程度整合于"拒绝—道歉"连续统一体中。之后,我们同样从危机事件层面、品牌层面、消费者层面对每种策略的有效性及其影响因素进行梳理,进而发现没有一种适用于所有情境的"万能钥匙",而应该全面考量危机发生时的具体因素后对症下药,制定适合企业也适合消费者的应对策略。

　　2. 品牌危机的溢出效应整合研究

　　品牌危机的影响并不仅仅局限于品牌本身,还会对危机品牌之外的关联品牌或利益相关者产生溢出效应。总体来看,溢出效应的学术研究包含三方面的研究内容,即品牌危机溢出效应的研究视角及其影响因素研究,品牌危机溢出效应的产生机制研究,以及品牌危机溢出效应的应对策略研究。

　　第一方面,综合已有研究提出探讨品牌负面事件的溢出效应的三种视角及影响因素。针对每一视角下的溢出效应,同样从危机事件层面、品牌层面和消费者层面讨论了影响因素。第一种视角从品牌组合或品牌联盟内部出发,溢出效应受到品牌间的关联结构、负面事件的信息属性等因素决定。品牌联盟中关联性越强的,品牌间溢出效应越容易被激发。第二种视角从外部竞争品牌出发,负面事件的影响可能会蔓延到竞争品牌和品类。这类溢出效应与品牌的相似性、品牌声誉、负面事件的信息属性和消费者个人特质等因素有关。普遍来说,竞争品牌与危机品牌的属性相似度越高,越容易产生溢出效应,而良好的品牌声誉或品牌地位可以降低溢出效应的伤害。第三种视角扩展到国家及该国其他品牌,指出了负面事件对品牌原产国形象和该国其他品牌造成的伤害。能体现国家形象的代表性品牌发生危机,会对国家的形象产生一定的负面效应。

　　第二方面,对溢出效应产生的主要理论机制进行总结归纳和对比整合分析。溢出效应产生机制大多从可接近性—可诊断性模型(Ahluwalia, Unnava & Burnkrant, 2001; Janakiraman, Sismeiro & Dutta, 2009; Roehm & Tybout, 2006)、范畴和联想网络理论(Lei, Dawar & Lemmink, 2008)、同化—对比效应(Dahlèn & Lange, 2006; Gao, Zhang, Zhang & Knight, 2015)的角度解释。

以上理论都是基于消费者的心理,阐释消费者面对品牌负面事件后如何对其品牌组合或竞争品牌的认知、态度及行为决策产生溢出效应的理论机理。尽管这几种理论解释的侧重点不同,但彼此之间并不矛盾,并对全面理解溢出效应的产生起到了很好的互补作用。

第三,着重根据溢出效应的三种视角,分别讨论了非曝光品牌应对溢出效应的策略选择和不同策略是否有效的问题。通过对文献的分析,我们发现应该从溢出效应的产生机理"破题",为非曝光品牌建立"保护盾",切断危机品牌和非曝光品牌之间的联想,区隔两者的联系,激发消费者感知曝光品牌和非曝光品牌存在差异性(Roehm & Tybout,2006),采取积极主动的回应保持消费者的信心(Magnusson et al.,2014)等,这些策略都是非曝光品牌或国家降低甚至免于溢出效应带来负面影响的有效途径。

8.1.2 研究成果二: 品牌危机的消弭路径

本书的研究成果为企业消弭品牌危机、缓冲危机带来的伤害提供了理论支撑和可行路径。从品牌自身因素和消费者的社会认知(社会阶层)和具身认知(环境温度)等认知因素出发,深入探索消弭品牌危机负面影响的可能途径,并解答消弭路径的作用机制。总结来看,研究成果包含以下两方面内容:

(1)危机的消弭要根据品牌危机类型和消费者社会阶层选择合适的应对策略。社会经济地位的客观差异和自我感知到的社会层次的区别,往往在消费者的心理认知和实际行为中扮演了重要的角色(Kraus et al.,2012)。有大量讨论社会阶层的文献指出,社会阶层会对人们的社会认知和行为产生影响。其中,高社会阶层的人表现出独立自由、重视自身利益、遵从自我内心的想法、受个体内部因素(特质、目标、情绪等)影响的唯我主义社会认知倾向,低社会阶层的人表现出团结互助、重视他人利益、受情境因素(约束、外部威胁)影响的情境主义社会认知倾向(Kraus et al.,2012;胡小勇等,2014)。本书第一次将社会阶层对人们社会认知的影响延伸到品牌危机管理领域,并运用实证方法探究了品牌危机类型与消费者社会阶层的互动作用对消费者的影响。

本书通过两个实验研究,覆盖服务业和制造业两个不同行业,得出了消费者的社会阶层和危机类型的交互效应会对产品或服务的购买意愿和品牌评价产生影响。实验结果表明,当面对品牌道德型危机时,高社会阶层比低社会阶层的消费者对品牌的评价和产品的购买意愿更高;当面对品牌能力型危机时,高社会阶层和低社会阶层的消费者对品牌的评价和产品的购买意愿无显著差异。此外,本书还进一步探究了消费者的主体性—共享性导向的中介作用,解释了这一效应存在的内在机理。具体来看,由于高社会阶层消费者倾向通过主体性导向认知方式思考,关注自我利益而较少体会他人处境,当面对不妨碍其获得功能性利益的道德型品牌危机时,便会对品牌表现得更加宽容。相反,由于低社会阶层消费者倾向于用共享性导向认知方式思考,关注他人利益而善于移情,当面对伤害他人利益的道德型品牌危机时,会较难容忍品牌的不端行为,对产品的购买意愿也会降低。

本书在此结论的基础上,提出了企业在实践管理中的借鉴之处。我们建议为了消弭品牌危机的伤害作用,企业可以运用消费者的社会阶层作为有效手段,对政府和企业合理地疏通品牌危机的负面影响有重要的管理启示。企业要在危机发生时,第一时间根据危机类型判断负面信息对哪类消费者的危害程度更严重,从而有针对性地制定有效的应对方案。例如,当发生道德型危机时,企业要着力弥补对低社会阶层消费者的伤害,可以采取引导消费者关注自身利益的舆论导向弱化低阶层消费者的共享性导向,进而消弭丑闻带来的负面影响;而当发生能力型危机时,则需要谨慎对待,通过淡化消费者的主体性认知导向来制定补救方法才可能减轻对品牌的伤害作用。因此,本章的研究结论给企业制定消弭危机伤害的策略提供了积极的启示。

(2)危机的消弭可以借助环境因素影响消费者的具身认知,从而提高对品牌危机的容忍度。能够影响人们认知的不仅有抽象的思维模式,还有很多看似无关的外部因素。根据具身认知理论,人们的身体感觉同样会影响人们的认知,例如味觉(Eskine,2011)、温度(Ijzerman & Semin,2009)、身体重量感知(Jostmann,Lakens,& Schubert,2009)等。其中,具身认知中非常重要的一个因素便是感知温度,以往研究证明,身体的感知温度对人际关系的判断和人们的社会性行为具有重要的影响(Williams & Bargh,2008a,Ijzerman & Semin,2009)。

因此,本书在以往具身认知研究的基础上,从感知温度这一最基本的身体感觉出发,以认知心理学研究成果——感知温度影响人际关系认知——为基础,探究消费者对品牌危机的认知不仅会受信息加工方式和情绪的影响,也有可能会受到身体感知温度的影响。通过三个实验研究,不仅使用直接操控自变量(感知温度)的方式,还利用身体感觉—运动系统和概念之间的双向关系对感知温度进行了间接的操控,验证了感知温度低(vs.感知温度高)时消费者感知到的自己与品牌之间的心理距离更遥远,对品牌危机的态度更加宽容。因为对于负面的事物而言,人们往往认为距离自己越远就越安全,距离自己越远越不会影响自己的判断。所以感知温度较低(vs.感知温度高)的消费者的人际关系认知会被拉远,自己与他人(或品牌)的心理距离也增加,从而使得品牌危机信息对他们而言影响并不大,使得他们对危机品牌的宽容程度也更高。研究由此证明了在感知温度对品牌危机认知的影响中,心理距离起到中介作用。

从品牌危机的管理实践上看,本书的研究成果为企业消弭和补救危机的实施提供了新视角。品牌在进行品牌危机事件发生后的品牌修复时,最好选择使用正式的语言和正式的沟通平台,这与进行品牌形象塑造时打造亲民的品牌形象选择社交性的沟通平台的思路是相反的,因为维持品牌与消费者之间的距离感可以缓解消费者的愤怒和责备情绪。此外,还可以用不同场景的图片、语言、文字启动消费者的温度感知,或选择天气温度较低的时间进行发布等方式,降低消费者的感知温度,从而提高消费者对危机品牌的宽容程度,进一步提升消费者对危机品牌的评价。

8.1.3 研究成果三: 品牌形象的重塑策略

本书的研究成果为企业重塑品牌形象、重建消费者信任提供了理论依据和策略指导,特别是立足于中国本土化情境提出了有针对性的实践启示。从品牌采用应对策略的侧重点和品牌危机的类型出发,深入探索如何根据消费者的不同的道德推理模式、思维模式等认知因素选择行之有效的品牌形象重塑策略,以及重塑的作用机制。总结来看,研究成果包含以下两方面内容:

(1) 企业的重塑方案要根据品牌危机的类型,启发消费者匹配的道德推理模式。研究发现,人都有让自己感觉良好的心理需求,通过"道德推理"过程可以降低人们因面对违背自身道德标准的事情而产生的不适感。道德推理有两个模式,分别是:道德合理化和道德脱钩化。道德合理化是指个体将所获取的具有争议性的行为和感觉通过逻辑的方式进行辩护和解释(Haidt,2001),俗话说就是"找理由",从而使"不合常理的行为"易于被接受,比如辩白、归咎于他人、贬低信息来源等其他方式,从而减轻不道德行为和自身道德评判标准的差距,最终维持对不道德行为个体的支持。这种思维模式对于消费者而言是一个挑战:既做道德法官,又做道德辩护律师,找尽一切理由地辩护会带来批判自己道德观的罪恶感。而"道德脱钩化"是指人们选择性地把对个人业绩的评判和对道德品行的评判分离的一种心理过程(Bhattacharjee et al.,2013),就是俗称的"一码归一码",强调违背道德伦理的行为和个人成绩不相关,以此来维护对个人成绩的评价。这种心理过程并不是把不道德的事情解释得相对道德,而是把不道德的行为与企业的业务分离,由此减轻消费者的负罪感,更易于使人们接受。

本书通过实验研究发现,在企业面对不同类型的品牌危机时,可以通过启发消费者与危机类型匹配的道德推理模式来修复品牌信任。具体来说,当危机发生后,首先应该界定危机类型,根据危机的类型及时判断该信息所造成后果的严重程度,进而制定快速有效的应对策略和措施。例如,当发生道德型品牌危机时,企业可以启发消费者运用道德脱钩化推理模式,营造让消费者知晓道德丑闻并不会直接影响品牌的产品质量或服务能力的舆论导向,引导消费者分离看待道德危机和企业的业务能力,使消费者认为道德危机对企业的产品或服务没有任何影响,进而重建对品牌的信任和对产品的购买意愿,减轻丑闻带来的负面伤害。相反,当发生能力型品牌危机时,则需要谨慎对待,通过降低事件的严重性,贬低信息来源或归因于外界因素等合理化角度,让消费者潜意识中认为这样的丑闻并非大事,从而缓解品牌信任危机和对购买意愿的打击,降低丑闻产生的消极形势。制定切实有效的危机应对方法才可能减轻对消费者的伤害。

所以,了解目标和潜在客户群的认知模式,可以帮助企业在发生危机时,通过危机与自身经营业务的关联性及时判断该信息所造成的后果严重程度,并协同危机公关小组制定快速有效的应对措施,保护品牌不受重创。

(2)企业的重塑方案要根据消费者的思维模式,清晰地说明"Why"(目标)和"How"(行动)。据学者研究,个人的思维模式一般可分为两类——整体式思维和分析式思维。整体式思维的人从感受、感官认知以及经验中获取知识,注重事物与事物之间的联系,对不同观点间的矛盾往往寻求中庸的解决之道。分析式思维的人从理性的推理推论中获取知识,关注事物自身的细节特点,认为不同观点间的矛盾应该被解决。这种思维模式的不同影响了个体对事情或事物的解释水平。根据解释水平理论,个人对事件的解释取决于对事件心理距离(时间距离、空间距离、社会距离、真实性)的知觉和判断,进而做出决策并选择行为。

在品牌危机发生后,消费者这种思维模式的惯性,会对企业在品牌危机后信任修复行为的效果产生影响。因而,品牌可以根据消费者不同的思维模式,采取相应的道歉方案,并作为修复消费者对品牌信任的重要工具。研究中提出,企业可以从两个角度提出道歉方案:一种是关注道歉策略的目标(Why),即企业采取补救措施想要达到何种目的;另一种关注道歉策略的行动(How),即企业将采取哪些具体措施来达到补救的目的。比如,在三星手机出现爆炸丑闻后,企业可以在道歉中提及目的在于降低给消费者带来的潜在安全威胁(目标),也可以提供关于具体如何开展手机的召回等措施(行动)。

我们通过研究发现,不同思维模式的人面对与其思维模式相匹配的信息时,这种信息的效果会加强。因此,当企业采取关注不同重点的道歉策略时,应该与消费者的思维模式兼容,这样才能更有效地缓解品牌危机带来的负面伤害作用。具体来说,因道歉策略中涉及"目标"的部分具有相对较高的解释水平,与消费者的整体式思维兼容,容易修复具有整体式思维消费者的信任破碎;而道歉策略中涉及"具体行动"的部分具有相对较低的解释水平,与分析式思维兼容,容易修复具有分析式思维的消费者的信任危机。当然,企业也可以考虑兼具两种方式的优点,既包含解释企业为什么要制定相应策略等高解释水平内容,又包含描述企业如何采取相应策略来修复信任等低解释水平内容,这样一来,可以同时满足不同的消费者的关注重点,改善企业信任修复的效果。

此外,宏观来看,东西方文化存在一定的差异,其重要体现之一就是人的思维模式。以中国、日本等国家为代表的东方人更倾向于使用整体式思维,强调从整体宏观的角度分析问题,避免具体片面的观点;而以欧美国家为代表的西方人更倾向于使用分析式思维,强调事物之间的客观联系和推理逻辑。因而,我们的研究更为跨国企业的危机管理敲响了警钟,企业在选择危机之后的补救方法时,往往忽略了不同文化中的消费者的思维差异,导致其修复效果也大相径庭。

综合来看,如果企业想在危机之中转危为安,我们的建议简单来说是:因人而异,灵活变通。企业要深刻了解与目标和潜在客户群相关的深层要素,并据此制订与其相匹配和兼容的补救方案,这样可以帮助企业在发生危机后快速有效地建立"防护网",降低伤害作用的同时有效修复消费者对品牌的信任。

8.2　研究的理论贡献

本书在国内外现有文献的基础之上,聚焦品牌危机与消费者,围绕其中的核心问题(即消费者信息处理、消费者认知、消费者决策),以品牌危机本身的因素和消费者认知因素相结合作为切入点,开展了一系列关于品牌危机与消费者互动影响的深入研究。总体来看,本书对品牌危机管理和消费者行为研究领域具有重要的理论贡献,具体包括以下几点。

第一,本书系统整合了目前消费者行为学方向中品牌危机领域已经取得的研究成果,对其各个子研究模块进行总结归纳,为该领域的研究现状提供一个完整化、系统化、可视化的研究脉络。具体而言,本书梳理和整合了品牌危机的个体效应和溢出效应研究,构建了品牌危机的效应体系。以往的研究尚未对品牌危机的不同效应进行系统的文献梳理,缺乏全面的品牌危机效应研究综述。因此,本书弥补了以往品牌危机相关的负面效应研究缺乏系统性文献回顾的不足,为消费者行为学学者梳理了清晰的品牌危机影响研究的发展历程,指明了品牌危机个体效应和溢出效应的未来研究发展路径和发展方向。

第二,本书在品牌危机领域聚焦消费者的认知因素这条主线,开展关于消费者主观认知、社会认知、具身认知等多角度的探索,开创性地深入挖掘品牌危机对消费者感知和决策产生作用的影响因素以及影响机制。通过系统回顾品牌危机与消费者主观认知因素、社会认知因素、具身认知因素的互动研究,本书指明了品牌危机的消弭路径。以往的理论文献并未就消费者与品牌危机的互动机制进行系统的、深入的探索,尚未揭示品牌危机对消费者感知的作用过程,从而无法对品牌危机管理研究形成有效的理论指导,研究者试图探索如何消除品牌危机的不利效应也无路径可循。因此,本书不仅揭示了消费者感知与决策和品牌危机之间的联系机制,揭露了消除消费者负面感知的可靠路径,而且丰富了品牌危机管理的理论基础,填补了该领域的研究空白,进一步完善了品牌危机管理理论的系统框架。

第三,本书进一步开展了品牌危机产生后,企业重塑品牌形象的应对策略和消费者认识因素的互动研究,如何根据消费者不同的道德推理模式和不同的思维模式,采取不同的道歉方式以重新取得品牌的声誉。通过探索性地进行应对品牌危机的推理模式策略和道歉方式策略研究,本书提供了品牌形象的重塑策略。以往的文献仅仅初步地寻求品牌危机的产生原因、机制以及后果,并未就如何挽回品牌声誉、重塑品牌形象进行深层次的理论开发和实证研究,更缺乏切实可行的、行之有效的应对策略管理实践。本书创新性地提出企业可以根据不同类型的品牌道德危机和消费者合理化或脱钩化的道德推理模式来制定有效的应对策略,缓解品牌危机对品牌的负面效应并重新打造消费者对品牌的信任感,同时企业还可以根据消费者整体性或分析性的思维模式来制定道歉策略,以更有效地降低品牌危机对品牌的打击,让消费者对品牌印象的评价回升。因此,本书弥补了以往文献关于重塑品牌形象的策略研究的不足,为品牌形象重塑的相关研究打下了坚实的理论基础。

第四,本书创新性地结合营销领域诸多前沿性理论,包括解释水平理论(construal level theory)、社会阶层的认知心理学研究(social cognitive perspective on social class)、道德推理过程(moral reasoning process)等,将其应用于剖析品牌危机管理领域的研究问题。心理学研究领域的理论往往能为消费者行为学研究提供极有价值的借鉴作用,然而在品牌危机研究的以往文献中通常只采用了单个的理论视角,而缺乏各个理论之间的整合研究。本书在研究品牌危机的效应体系、品牌危机的消弭路径,以及品牌形象的重塑策略过程中,通过整合多个心理学领域的理论视角,为后续的文献提供了一个相对完备的针对品牌危机研究的理论集合。因此,本书不仅扩充了这些前沿性理论的应用范畴,拓展了前沿理论的实用边界,而且在很大程度上提高了前沿理论对其他情境或其他问题的解释能力。

8.3　研究的管理启示

虽然近年来,学者对品牌危机的应对策略领域开展了诸多研究,但关于从消费者认知角度出发探讨如何消弭危机的影响和重塑品牌形象的文献资料相对比较贫乏,并且针对中国本土化情境下的实践就更是凤毛麟角。基于此,本书的研究成果对企业和品牌进行科学的公关营销有着积极的实践意义,为品牌的健康可持续化发展提供了具有建设性的管理启示,具体包括以下几点。

第一,本书提出品牌和品牌危机本身的特征会影响品牌危机的负面效应,例如,品牌危机的类型,品牌产品的定位,品牌是否拟人化等。品牌危机的类型将影响消费者对品牌的评价:相比于道德型的品牌危机,当品牌发生能力型丑闻时,高解释水平的消费者会认为该信息有更强的诊断性而降低品牌评价。品牌产品定位也会影响消费者的品牌态度:当消费者对品牌的预先态度确定性低时,与品牌定位一致(vs.不一致)的危机会有更强的品牌态度变化,当预先态度确定性高时,与品牌定位一致(vs.不一致)的危机会有更弱的品牌态度变化。品牌拟人化的程度也能够显著影响消费者对品牌危机的认知:只有在品牌拟人化程度高的情况下,感知温度才会对消费者的品牌危机认知产生显著影响。因此,基于上述实证研究结论,本书建议企业在危机发生时需要关注这些品牌因素可能带来的差异,综合性地判断负面效应的波及范围和影响等级,选择合理的危机信息发布准则,方能对危机的伤害起到有效的消弭作用。

第二,本书通过实证研究提出,消费者自身的特征也会影响品牌危机的负面效应对消费者态度的作用。相比以往一视同仁地看待所有消费者,企业在进行品牌危机管理时需要加强对消费者认知差异的重视程度,如消费者的思维模式、社会阶层等。消费者的思维模式影响着企业重塑品牌形象的过程,在企业道歉策略措辞的重点为"为什么"的时候,整体式思维的消费者对于品牌印象的上升程度大于分析式思维的消费者;在道歉侧重点为"怎么样"的时候,分析式思维的消费者对于品牌印象的上升程度大于整体式思维的消费者。此外,消费者的社会阶层也是重要的消费者个人特征:在面对品牌危机时,不同的社会层次也会影响消费者的判断、评价和实际购买决策。由上述个人特征决定的消费者不同的认知模式会在很大程度上决定消费者对品牌危机的态度和行为,因此,本书建议企业在处理品牌危机时要及时分析受众的认知特征,或通过启发消费者的认知模式来处理相关信息,方能起到事半功倍之效。

第三,本书还特别提出了切实可行、行之有效的品牌形象重塑策略。针对危机后企业的品牌重塑策略的有效性进行探究,本书提出企业考量不同应对策略时应当综合消费者的认知模式以及品牌危机的类型,帮助企业在危机时重塑品牌的形象,恢复消费者的信心。一方面,企业可以根据消费者道德合理化或脱钩化的推理模式实施不同的重塑策略:当品牌道德危机与主要业务有相关性时,企业可以采取启发消费者通过道德合理化的方式思考危机事件,采用降低事件严重性等方法使危机公司获得更高的支持,这样对品牌信任和消费者购买意愿的修复效果更好。反之,当品牌道德危机与主要业务无相关性时,企业可以采取启发消费者通过道德脱钩化的方式思考危机事件,提醒消费者关注危机事件与业务本身不相关来缓解危机给品牌带来的负面效应,这样对品牌信任和消费者购买意愿的修复效果更好。另一方面,企业可以根据消费者思维模式实施不同的道歉策略:当面对东方文化消费者时,企业的道歉策略应更加注重于解释"为什么"采取这些策略,从而更有效地改善品牌印象。而当面对西方文化消费者时,企业的道歉策略应更加重视解释"如何"实施这些策略,从而更有效地提高品牌印象。另外,企业还可以通过一些方法启发消费者使其处于不同的思维模式,来配合企业所要采用的道歉策略以提升修复效果。因此,本书对品牌的关系管理、危机管理、营销策略等企业实践方面有着积极的启示和实际应用价值。

8.4　研究的局限与展望

尽管本书的研究建立在科学的实证研究基础之上,但由于研究方法本身的局限性,使得我们的研究也存在着诸多可改进之处。

首先,由于实验法是在控制较多外部因素的基础上研究变量之间的因果关系,统计信度较高,需要的样本量也不大。但实验法操控自变量的变化也带来了一定的局限性,比如与实际真实生活存在一定的差异导致外部效度受到局限,研究结论缺乏一定的普适性。其次,本书的实验研究并没有测量被试的真实购买决策,为更好地验证结论的严密性,未来研究可以考虑采用实地实验考察消费者真实的购买意愿,或者采集危机事件后网络上消费者真实的评论以及危机企业的购买数据变化进行研究。其次,由于实验研究本身难以囊括所有的行业,本书中的实验研究中涉及的行业仅仅包含制造业、服务业、互联网行业,因此对于研究结果的推广还抱有谨慎态度。未来研究可以扩展到其他行业中的品牌危机,如食品行业、旅游行业、通信行业等,探索其他行业是否存在一些特殊的影响因素,会对品牌危机的管理造成新的挑战。最后,未来可以考虑借助问卷调查法或二手数据的方法,对互联网与社交媒体上关于品牌危机事件的影响进行深入挖掘,增强结论的稳定性和说服力。

关于最后一点,我们需要特别提请大家注意。就在今天,以互联网技术和云计算发展为基础的"大数据时代"开启了重大的时代变革,人们可以在多领域、多层次获得数据,挖掘数据,深入探索现实世界的规律,获取之前无法获取的新知识和新商机。目前,不仅企业界对大数据广泛关注,学术界对于大数据的兴趣也持续升温,很多学术研究机构通过与企业或政府合作,对包括电子商务、社交网络、移动通信等众多领域的大数据进行深入挖掘,大数据将成为学术领域研究未来发展的重要动力。

因此,在传统的实证研究方法的基础上,结合网络大数据对品牌危机的影响进行全新解读,必将是未来研究的重要视角。比如,为考察品牌危机事件曝光后对品牌及消费者的影响,或对其他品牌产生的溢出效应,可以和搜索网站、社交网站或相关企业合作,收集一定时间段内网络上该事件的搜索情况和社交网站的转发数据,社交网站上的反响和口碑,线上和线下相关产品的销售业绩,竞争品牌和行业的受影响情况等作为大数据分析的来源。相比大数据分析的巨大吸引力,如何选择合适的角度作为品牌危机效应研究的切入点,如何把海量的数据资源转化为科学的研究成果,以及如何把这些成果应用于商业和管理领域发挥效力等问题,更需要未来的研究者们关注。

结合互联网新媒体和大数据分析方法深入探索品牌效应将是未来研究的重要视角。鉴于互联网高效的传播方式,品牌负面事件效应的扩散程度和速度必将呈现出不同以往的新特点,对危机品牌也提出了更严峻的挑战。因此,在互联网时代,如何全新阐释品牌危机的个体效应和溢出效应的新特点和影响因素需要未来的研究者关注。同时,在传统研究方法的基础上,未来可以结合互联网和社交媒体数据探讨危机品牌的有效响应机制和解决方案,为企业的品牌管理实践提供积极的借鉴。

总之,国内外学者目前已经围绕品牌危机事件管理开展了丰富的研究,在借鉴前人研究成果和经验的基础上,未来可以从新的市场环境、新的营销现象、新的研究方法、新的切入角度等方面着手,继续推进相关理论的研究进展。同时,在品牌危机和品牌危机现象普遍存在的现实情况下,本书为我国企业的品牌管理和品牌健康发展提供了积极的实践意义,也为国家培养和治理品牌与消费者的和谐生态发展共同体贡献了力量。

最后,谨以此书为实现"品牌强国"的中国梦献上绵薄之力!

附录 1
第 5 章研究三实验材料

低温/低拟人化组：

M 汽车是一个有 80 年历史的汽车品牌。目前在全国范围内已拥有 14 家企业，除了生产轿车外，还向消费者和行业提供零部件和服务。M 汽车在华山如下几个公司组成，M 汽车(中国)投资有限公司、M 汽车(北京)中心以及 M 汽车(中国)原厂配件贸易公司等。M 汽车通过与当地企业进行深入合作，将以人为本的企业文化贯穿到每个环节之中。

高温/低拟人化组：

M汽车是一个有80年历史的汽车品牌。目前在全国范围内已拥有14家企业，除了生产轿车外，还向消费者和行业提供零部件和服务。M汽车在华由如下几个公司组成，M汽车(中国)投资有限公司、M汽车(北京)中心以及M汽车(中国)原厂配件贸易公司等。M汽车通过与当地企业进行深入合作，将以人为本的企业文化贯穿到每个环节之中。

低温/高拟人化组：

Hi，你好！我是M汽车，到今年我已经有80年历史了。目前我在全国已经有14家企业，除了造车，我还可以向你们提供零部件和各种服务。在国内，我主要有这些好伙伴：M汽车投资、M汽车中心以及M汽车原厂配件贸易等。通过当地企业进行深入合作，我在每个环节都坚持做到以人为本。

高温/高拟人化组：

Hi，你好！我是 M 汽车，到今年我已经有 80 年历史了。目前我在全国已经有 14 家企业，除了造车，我还可以向你们提供零部件和各种服务。在国内，我主要有这些好伙伴：M 汽车投资、M 汽车中心以及 M 汽车原厂配件贸易等。通过当地企业进行深入合作，我在每个环节都坚持做到以人为本。

附录 2
第 7 章实验道歉材料

A 汽车公司的一批新车次中，4S 店收到数十起消费者投诉，称雨天时有转向延迟的问题，可能危及乘客的人身安全。

"为什么"版本道歉策略

A 公司宣布召回所有该批生产的汽车，并且由 CEO 出面公开向消费者道歉。本次道歉主要是针对公司为什么（Why）要改正这个错误。道歉内容如下：

首先，新产品对我们的消费者的生命安全造成了极大的威胁，我们在这里向所有的消费者道歉。

我们这批次的新车型使用了全新的转向设计，但是由于我们的设计失误，造成了雨天时有转向延迟的问题，危害了消费者的生命安全。为了将已发生的损害控制在最小范围和程度内，为了最大限度地消除由于大量缺陷汽车的存在而导致的安全隐患，从而直接避免汽车缺陷进一步发生及所带来的更多人身、财产损害，为了维护公众利益，我们决定将推出一系列补救措施，包括产品召回、顾客赔偿、管理改善和社会监督等。

最后，跟我们的消费者道一声对不起！

"怎么样"版本道歉策略

A 公司宣布召回所有该批生产的汽车，并且由 CEO 出面公开向消费者道歉。本次道歉主要是针对公司怎么样（How）改正错误。道歉内容如下：

首先，新产品对我们的消费者的生命安全造成了极大的威胁，我们在这里向所有的消费者道歉。

为了维护公众的利益,我们现在决定通过 4S 店召回目前市面上所有该批次的产品,并给予购买了该批次产品的消费者下次购车的 20% 优惠折扣。我们将在今后的生产中更加完善员工培训体系和生产反馈,保证员工能够正确地理解生产设计,并且更加频繁地检查我们的产品,保证问题产品不流向市场。我们诚挚地邀请消费者参观我们的设计和生产流程,监督我们生产出更好的产品!

最后,跟我们的消费者道一声对不起!

道歉语言检验

请问您认为 A 公司是指出了为什么(Why)要改正错误还是将怎么样(How)改正错误:

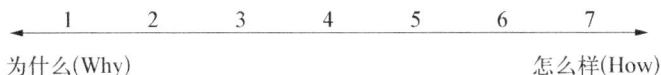

1	2	3	4	5	6	7
为什么(Why)						怎么样(How)

附录 3
思维模式操纵检验

请在下列各组图形的 B 类图形中，找出它同组的 A 类图形，用红笔描出。
完成后请记录所用时间，以秒为单位。

组别	A 类图形	B 类图形	组别	A 类图形	B 类图形
1			5		
2			6		
3			7		
4			8		

续　表

组别	A 类图形	B 类图形	组别	A 类图形	B 类图形
9			10		

附录 4
思维模式量表

编号	题目	非常不同意	不同意	比较不同意	说不清	比较同意	同意	非常同意
1	宇宙间每个事物都和其他事物存在某种联系	1	2	3	4	5	6	7
2	没有事物是独立存在的	1	2	3	4	5	6	7
3	世间每个事物都交织于一个因果关系中	1	2	3	4	5	6	7
4	宇宙中某个成分微小的变化都会在其他成分中引起巨大的改变	1	2	3	4	5	6	7
5	任何现象都有无数的成因,尽管有些成因是未知的	1	2	3	4	5	6	7
6	任何现象都会造成无数的后果,尽管有些后果是未知的	1	2	3	4	5	6	7
7	采取中间立场比走极端更合适	1	2	3	4	5	6	7
8	当人们存在分歧时,他们应该寻找互相妥协和综合每个人的意见的办法	1	2	3	4	5	6	7
9	当某人的意见和别人相冲突的时候,找一个妥协的点比争论对错更重要	1	2	3	4	5	6	7
10	和持不同意见的人和谐相处比坚持己见与人纷争更合适	1	2	3	4	5	6	7
11	在争论中应该避免采取折中的态度	1	2	3	4	5	6	7

编号	题　　目	非常不同意	不同意	比较不同意	说不清	比较同意	同意	非常同意
12	我们应该避免走极端	1	2	3	4	5	6	7
13	世间每个现象都在朝着可预测的方向发展	1	2	3	4	5	6	7
14	现阶段成功的人会保持成功	1	2	3	4	5	6	7
15	现在诚实的个人会在未来保持诚实	1	2	3	4	5	6	7
16	如果一件事正朝着某个方向发展,它之后会继续朝这个方向发展	1	2	3	4	5	6	7
17	现状随时可能改变	1	2	3	4	5	6	7
18	我们可以基于现状去预测未来的事情	1	2	3	4	5	6	7
19	为了去理解一个现象,我们应该从整体去考虑,而不是它的组成部分	1	2	3	4	5	6	7
20	注意整体比注意它的组成部分更重要	1	2	3	4	5	6	7
21	整体大于它的部分之和	1	2	3	4	5	6	7
22	注意整体的情境比注意细节更重要	1	2	3	4	5	6	7
23	脱离整体去理解它的组成部分是不可能的	1	2	3	4	5	6	7
24	为了理解一个人的行为,我们应该考虑个人面对的情况以及他的性格	1	2	3	4	5	6	7

参 考 文 献

[1] 百度百科.大众排放门[EB/OL].(2018 - 09 - 08) [2018 - 10 - 19]. https://baike.baidu.com/item/大众排放门/18679304? fr=aladdin.

[2] 百度百科.三星电池门[EB/OL].(2018 - 07 - 30) [2018 - 10 - 19]. https://baike.baidu.com/item/三星电池门.

[3] 百度百科.中国奶制品污染事件[EB/OL].(2018 - 07 - 23)[2018 - 10 - 19]. https://baike.baidu.com/item/中国奶制品污染事件/86604.

[4] 柴俊武.品牌信任对品牌态度,契合感知与延伸评价关系的影响[J].管理学报,2007,4(4):425 - 430.

[5] 陈海贤,何贵兵.心理距离对跨期选择和风险选择的影响[J].心理学报,2014,46(5):677 - 690.

[6] 陈增祥,王海忠,梁剑平,等.消费者如何应对品牌丑闻:品牌承诺与思维模式的调节作用[C].中国营销科学学术年会暨博士生论坛,2009.

[7] 陈卓浩,鲁直,蒋青云.品牌个性对品牌态度的影响机制研究——基于消费者品牌认知的视角[C].中国市场学会 2006 年年会暨第四次全国会员代表大会论文集,2006.

[8] 段桂敏,余伟萍.副品牌伤害危机对主品牌评价影响研究——消费者负面情感的中介作用[J].华东经济管理,2012,26(4):115 - 119.

[9] 范宝财,杨洋,李蔚.产品伤害危机属性对横向溢出效应的影响研究——产品相似性和企业声誉的调节作用[J].商业经济与管理,2014(11):21 - 30.

[10] 范春梅,贾建民,李华强.食品安全事件中的公众风险感知及应对行为研究——以问题奶粉事件为例[J].管理评论,2012,24(1):163 - 168.

[11] 方正.产品伤害危机应对方式对顾客感知危险的影响——基于中国消费者的实证研究[J].经济体制改革,2007(3):173 - 176.

[12] 方正,杨洋,李蔚,等.产品伤害危机溢出效应的发生条件和应对策略研究——预判和应对其它品牌引发的产品伤害危机[J].南开管理评论,2013,16(6):19 - 27.

[13] 费显政,李陈微,周舒华.一损俱损还是因祸得福?——企业社会责任声誉溢出效应研究[J].管理世界,2010(4):74-82.

[14] 凤凰科技.三星公布Note7燃损原因 诚恳道歉承诺严格品控[EB/OL].(2017-01-23)[2018-10-19].http://tech.ifeng.com/a/20170123/44535769_0.shtml.

[15] 付春江,袁登华,罗嗣明.品牌来源国刻板印象的双重表现及其改变[J].心理科学,2013(3):606-611.

[16] 龚艳萍,范书利.品牌延伸对消费者品牌忠诚的影响——基于品牌信任和品牌象征价值的实证研究[J].软科学,2008,22(3):63-67.

[17] 韩冰,王良燕.品牌负面事件的溢出效应及影响因素述评[J].心理科学,2017,40(01):193-199.

[18] 韩冰,王良燕,余明阳.社会阶层与品牌危机类型对品牌评价及购买意愿的影响探究[J].管理评论,2018,30(02):212-221.

[19] 和讯新闻.美联航殴打华裔医生的代价:市值蒸发13亿美元[EB/OL].(2017-04-11)[2018-10-19].http://news.hexun.com/2017-04-11/188803710.html.

[20] 胡小勇,李静,芦学璋,郭永玉.社会阶层的心理学研究:社会认知视角心理科学社会认知视角[J].心理科学,2014,37(6):1509-1517.

[21] 江红艳,王海忠,钟科.品牌丑闻对国家形象的溢出效应:原产国刻板印象内容的调节作用[J].商业经济与管理,2014,1(6):55-64.

[22] 李欣.消费行为中的刺激泛化与刺激辨别[J].广西商业经济,1999(2):24-25.

[23] 李玉峰,刘敏,平瑛.食品安全事件后消费者购买意愿波动研究:基于恐惧管理双重防御的视角[J].管理评论,2015,27(6):186-196.

[24] 芦学璋,郭永玉,李静.社会阶层与亲社会行为:回报预期的调节作用[J].心理科学,2014(5):1212-1219.

[25] 孟兴华,黄荣.基于信任恢复的品牌危机处理策略[J].产业与科技论坛,2007,6(8):34-35.

[26] 彭聃龄.普通心理学[M].北京:北京师范大学出版社,2010.

[27] 瞿艳平.基于品牌管理的企业竞争力研究[D].西北农林科技大学,2006.

[28] 搜狐汽车.调查显示:丰田汽车拥趸者已不足4成[EB/OL].(2010-02-08)[2018-10-19].http://auto.sohu.com/20100208/n270124886.shtml.

[29] 孙莹,杜建刚,李文忠,等.产品召回中的负面情绪和感知风险对消费者购买意愿的影响——基于汽车产品召回的实证研究[J].管理评论,2014,26(2):104-110.

[30] 新浪财经.绿能宝不止兑付危机一个麻烦:母公司股价下跌或退市[EB/OL].(2017-

04 - 17）［2018 - 10 - 19］. http：//finance. sina. com. cn/wm/2017 - 04 - 17/doc-
ifyeifqx6181296. shtml.

［31］ 新浪科技.你的手机电池可能沾满非洲童工血泪［EB/OL］.（2016 - 01 - 19）［2018 -
10 - 19］. http：//tech. sina. com. cn/it/2016 - 01 - 19/doc-ifxnqriy3141486. shtml.

［32］ 新浪科技.三星永久终止生产 Galaxy Note 7 智能手机［EB/OL］.（2016 - 10 - 11）
［2018 - 10 - 19］. http：//tech. sina. com. cn/t/2016 - 10 - 11/doc-ifxwrhpn9697427.
shtml? _zbs_baidu_bk.

［33］ 搜狐新闻.苹果 1 年发生 23 起使用童工事件　其中 1 人死亡［EB/OL］.（2014 - 02 -
15）［2018 - 10 - 19］. http：//news. sohu. com/20140215/n395046917. shtml.

［34］ 所罗门,卢泰宏,杨晓燕.消费者行为学：第 10 版［M］.北京：中国人民大学出版
社,2014.

［35］ 人民网.详解大众"排放门"始末："德国制造"在华遭遇形象危机［EB/OL］.（2015 - 09 -
25）［2018 - 10 - 19］. http：//sn. people. com. cn/n/2015/0925/c349214 - 26532513.
html.

［36］ 陶红,卫海英.抢雷策略对品牌危机修复效果的影响研究——品牌危机类型、品牌声誉
的调节作用［J］.南开管理评论,2016,19(3)：77 - 88.

［37］ 田阳,王海忠,柳武妹,等.品牌承诺能抵御负面信息吗？——自我调节聚焦导向的调
节作用［J］.心理学报,2014,46(6)：864 - 875.

［38］ 田阳,黄韫慧,王海忠,等.品牌丑闻负面溢出效应的跨文化差异研究——基于自我建
构视角［J］.营销科学学报,2013,9(2)：90 - 98.

［39］ 万广圣,晁钢令.消费者品牌信任研究述评与展望.现代管理科学,2014(8)：42 - 44.

［40］ 王海忠,陈增祥,尹露.公司信息的纵向与横向溢出效应：公司品牌与产品品牌组合视
角［J］.南开管理评论,2009,12(1)：84 - 89.

［41］ 王海忠,江红艳,江莹,张实.品牌承诺和自我建构影响消费者对产品伤害危机的反
应——归因理论视角［J］.营销科学学报,2010,6(1)：24 - 40.

［42］ 王军,青平,李慧超.产品伤害危机背景下竞争品牌间负面溢出的非对称效应研究［J］.
软科学,2015,29(2)：126 - 130.

［43］ 王良燕,韩冰,黄夏晶,薛可.道德推理过程与品牌危机类型对消费意愿的影响研究［J］.
上海管理科学,2015,37(05)：44 - 50.

［44］ 汪涛,谢志鹏.拟人化营销研究综述［J］.外国经济与管理,2014,36(1)：38 - 45.

［45］ 汪涛,谢志鹏,崔楠.和品牌聊聊天——拟人化沟通对消费者品牌态度影响［J］.心理学
报,2014,46(7)：987 - 999.

[46] 王晓玉,晁钢令.企业营销负面曝光事件研究述评[J].外国经济与管理,2009,31(02):33 - 39.

[47] 汪兴东,景奉杰,涂铭.单(群)发性产品伤害危机的行业溢出效应研究[J].中国科技论坛,2012(11):58 - 64.

[48] 王珏,方正,李蔚.竞争品牌应对策略对产品伤害危机负面溢出效应的影响[J].当代财经,2014(7):64 - 74.

[49] 网易新闻.苹果主动承认非法雇佣童工 这又该让谁汗颜了[EB/OL]. (2012 - 01 - 16) [2018 - 10 - 19]. http://news.163.com/12/0116/10/7NSRFCSJ00014AEE.html.

[50] 网易新闻.三星深陷爆炸门 你的手机电池安全吗? [EB/OL]. (2016 - 09 - 16) [2018 - 10 - 19]. http://news.163.com/16/0916/23/C14F5SVC00014JB5.html.

[51] 叶浩生.具身认知:认知心理学的新取向[J].心理科学进展,2010,18(5):705 - 710.

[52] 叶浩生.有关具身认知思潮的理论心理学思考[J].心理学报,2011,43(5):589 - 598.

[53] 余伟萍,庄爱玲.品牌负面曝光事件分类及溢出效应差异研究[J].商业研究,2013,55(2):21 - 27.

[54] 袁登华,罗嗣明,唐春燕,等.品牌信任的前因后果驱动机制研究[J].心理科学,2008,31(6):1334 - 1338.

[55] 袁少锋.地位与炫耀性消费倾向:自尊的中介效应[D].辽宁大学,2011.

[56] 张纯羽,王良燕."冰冷"的宽容——感知温度对品牌丑闻认知的影响[J].上海管理科学,2017,39(03):46 - 50.

[57] 张履祥,葛明贵.普通心理学[M].安徽:安徽大学出版社,2004.

[58] 郑晓莹,彭泗清,戴珊姗.社会比较对炫耀性消费的影响:心理补偿的视角[J].营销科学学报,2014(3):19 - 31.

[59] 中国新闻网.油门踏板存在问题 丰田美国再召回 230 万辆汽车[EB/OL]. (2010 - 01 - 22) [2018 - 10 - 19]. http://www.chinanews.com/auto/auto-bl/news/2010/01 - 22/2086806.shtml.

[60] 中国政府网.上海质监部门:耐克运动鞋抽检不合格[EB/OL]. (2012 - 10 - 10) [2018 - 10 - 19]. http://www.gov.cn/fwxx/sh/2012 - 10/10/content_2240631.htm.

[61] 庄爱玲,余伟萍.道德关联品牌负面曝光事件溢出效应实证研究——事件类型与认知需求的交互作用[J].商业经济与管理,2011,1(10):60 - 67.

[62] Aaker J. Dimensions of brand personality [J]. Journal of Marketing Research, 1997, 34(3):347 - 356.

[63] Aaker J, Fournier S, Brasel S A. When good brands do bad [J]. Journal of Consumer

Research, 2004, 31(1): 1 - 16.

[64] Abele A E, Wojciszke B. Agency and communion from the perspective of self versus others [J]. Journal of Personality and Social Psychology, 2007, 93(5): 751 - 763.

[65] Adler N E, Epel E S, Castellazzo G, et al. Relationship of subjective and objective social status with psychological and physiological functioning: preliminary data in healthy white women. [J]. Health Psychology Official Journal of the Division of Health Psychology American Psychological Association, 2000, 19(6): 586 - 592.

[66] Ahluwalia R. How prevalent is the negativity effect in consumer environments? [J]. Journal of Consumer Research, 2002, 29(2): 270 - 279.

[67] Ahluwalia R, Burnkrant R E, Unnava H R. Consumer response to negative publicity: the moderating role of commitment [J]. Journal of Marketing Research, 2000, 37(2): 203 - 214.

[68] Ahluwalia R, Unnava H R, Burnkrant R E. The moderating role of commitment on the spillover effect of marketing communications [J]. Journal of Marketing Research, 2001, 38(4): 458 - 470.

[69] Aggarwal P. The effects of brand relationship norms on consumer attitudes and behavior [J]. Journal of Consumer Research, 2004, 31(1): 87 - 101.

[70] Aggarwal P, Mcgill A L. Is that car smiling at me? Schema congruity as a basis for evaluating anthropomorphized products [J]. Journal of Consumer Research, 2007, 34 (4): 468 - 479.

[71] Ajzen, I. and M. Fishbein. Understanding attitudes and predicting social behavior [M]. Englewood Cliffs, NJ: Prentice Hall, 1980.

[72] Anderson, J R, Lebiere C. The Newell Test for a theory of cognition [J]. Behavioral & Brain Sciences, 2003, 26(5): 587 - 601.

[73] Asch S E. Forming impression of personality [J]. Journal of Abnormal & Social Psychology, 1946, 41(41): 258 - 290.

[74] Ashforth B E, Anand V. The normalization of corruption in organizations [J]. Research in Organizational Behavior, 2003, 25: 1 - 52.

[75] Bakan D. The duality of human existence: An essay on psychology and religion [M]. Oxford, England: Rand Mcnally, 1966.

[76] Bandura A. Social cognitive theory of moral thought and action [J]. Handbook of moral behavior and development, 1991, 1, 45 - 103.

[77] Bandura A. Moral disengagement in the perpetration of inhumanities [J]. Personality and Social Psychology Review, 1999, 3(3): 193-209.

[78] Bandura A. Exercise of human agency through collective efficacy [J]. Current Directions in Psychological Science, 2000, 9(3): 75-78.

[79] Bandura A, Barbaranelli C, Caprara G V, et al. Mechanisms of moral disengagement in the exercise of moral agency [J]. Journal of Personality and Social Psychology, 1996, 71(2): 364-374.

[80] Baranan Y, Liberman N, Trope Y, et al. Automatic processing of psychological distance: evidence from a Stroop task [J]. Journal of Experimental Psychology General, 2007, 136(4): 610-622.

[81] Bennett P D, Harrell G D. The role of confidence in understanding and predicting buyers' attitudes and purchase intentions [J]. Journal of Consumer Research, 1975, 2 (2): 110-117.

[82] Benoit W L. Image repair discourse and crisis communication [J]. Public Relations Review, 1997, 23(2): 177-186.

[83] Bhattacharjee A, Berman J Z, Reed A. Tip of the hat, wag of the finger: how moral decoupling enables consumers to admire and admonish [J]. Journal of Consumer Research, 2013, 39(6): 1167-1184.

[84] Block L G, Keller P A. When to accentuate the negative: the effects of perceived efficacy and message framing on intentions to perform a health-related behavior [J]. Journal of Marketing Research, 1995: 192-203.

[85] Bond C F, Omar A, Pitre U, et al. Fishy-looking liars: deception judgment from expectancy violation. [J]. Journal of Personality and Social Psychology, 1992, 63(6): 969-977.

[86] Borah A, Tellis G J. Halo (spillover) effects in social media: do product recalls of one brand hurt or help rival brands? [J]. Journal of Marketing Research, 2016, 53(2): 143-160.

[87] Boroditsky L. Metaphoric structuring: Understanding time through spatial metaphors [J]. Cognition, 2000, 75(1): 1-28.

[88] Boroditsky L. How languages construct time [M]. Space, time and number in the brain. Elsevier Academic Press, 2011: 333-341.

[89] Boroditsky L, Ramscar M. The roles of body and mind in abstract thought [J]. Psychological Science, 2002, 13(2): 185-189.

[90] Bradford J L, Garrett D E. The effectiveness of corporate communicative responses to accusations of unethical behavior [J]. Journal of Business Ethics, 1995, 14(11): 875 – 892.

[91] Brady M K, Cronin J J J, Fox G L, et al. Strategies to offset performance failures: the role of brand equity. [J]. Journal of Retailing, 2008, 84(2): 151 – 164.

[92] Brewer M B, Gardner W. Who is this "we"? Levels of collective identity and self representations [J]. Journal of Personality and Social Psychology, 1996, 71: 83 – 93.

[93] Brown P, Levinson S C. Politeness: Some universals in language usage [J]. STUF — Language Typology and Universals, 1989, 42(1): 135 – 135.

[94] Chapman K J, Aylesworth A. Riding the coat-tails of a positive review: rave reviews and attitude transfer [J]. Journal of Consumer Marketing, 1999, 16(5): 418 – 440.

[95] Chattalas M, Kramer T, Takada H. The impact of national stereotypes on the country of origin effect: A conceptual framework [J]. International Marketing Review, 2008, 25(1): 54 – 74.

[96] Chaudhuri A, Holbrook M B. The chain of effects from brand trust and brand affect to brand performance: the role of brand loyalty [J]. Journal of Marketing, 2001, 65 (2): 81 – 93.

[97] Chen M, Bargh J A. Consequences of automatic evaluation: Immediate behavioral predispositions to approach or avoid the stimulus [J]. Personality and Social Psychology Bulletin, 1999, 25(2): 215 – 224.

[98] Cheng S Y Y, White T B, Chaplin L N. The effects of self-brand connections on responses to brand failure: A new look at the consumer — brand relationship [J]. Journal of Consumer Psychology, 2012, 22(2): 280 – 288.

[99] Chien Y, Wegener D T, Hsiao C, et al. Dimensional range overlap and context effects in consumer judgments [J]. Journal of Consumer Research, 2010, 37(3): 530 – 542.

[100] Chiu L H. A cross-cultural comparison of cognitive styles in Chinese and American children [J]. International Journal of Psychology, 1972, 7(4): 235 – 242.

[101] Choi I, Koo M, Choi J A. Individual differences in analytic versus holistic thinking [J]. Personality and Social Psychology Bulletin, 2007, 33(5): 691 – 705.

[102] Choi I, Nisbett R E, Norenzayan A. Causal attribution across cultures: Variation and universality [J]. Psychological Bulletin, 1999, 125: 47 – 63.

[103] Chu T H, Lin C C, Prather L J. An extension of security price reactions around

product recall announcements [J]. Quarterly Journal of Business and Economics, 2005, 44(3/4): 33 - 48.

[104] Claeys A S, Cauberghe V. What makes crisis response strategies work? The impact of crisis involvement and message framing [J]. Journal of Business Research, 2014, 67 (2): 182 - 189.

[105] Cleeren K. Using advertising and price to mitigate losses in a product-harm crisis [J]. Business Horizons, 2015, 58(2): 157 - 162.

[106] Cleeren K, Van Heerde H J, Dekimpe M G. Rising from the ashes: How brands and categories can overcome product-harm crises [J]. Journal of Marketing, 2013, 77(2): 58 - 77.

[107] Conlon D E, Murray N M. Customer perceptions of corporate responses to product complaints: The role of explanations [J]. Academy of Management Journal, 1996, 39 (4): 1040 - 1056.

[108] Coombs W T. An analytic framework for crisis situations: Better responses from a better understanding of the situation [J]. Journal of Public Relations Research, 1998, 10(3): 177 - 191.

[109] Coombs W T. Protecting organization reputations during a crisis: The development and application of situational crisis communication theory [J]. Corporate Reputation Review, 2007, 10(3): 163 - 176.

[110] Coombs W T, Holladay S J. Unpacking the halo effect: reputation and crisis management [J]. Journal of Communication Management, 2006, 10(2): 123 - 137.

[111] Dahlén M, Lange F. A disaster is contagious: How a brand in crisis affects other brands [J]. Journal of Advertising Research, 2006, 46(4): 388 - 397.

[112] Davidson III W N, Worrell D L. Research notes and communications: The effect of product recall announcements on shareholder wealth [J]. Strategic Management Journal, 1992, 13(6): 467 - 473.

[113] Dawar N, Lei J. Brand crises: The roles of brand familiarity and crisis relevance in determining the impact on brand evaluations [J]. Journal of Business Research, 2009, 62(4): 509 - 516.

[114] Dawar N, Pillutla M M. Impact of product-harm crises on brand equity: The moderating role of consumer expectations [J]. Journal of Marketing Research, 2000, 37(2): 215 - 226.

[115] Day M V, Bobocel D R. The weight of a guilty conscience: Subjective body weight as an embodiment of guilt [J]. Plos One, 2013, 8(7): e69546.

[116] Dean D H. Consumer reaction to negative publicity: effects of corporate reputation, response, and responsibility for a crisis event [J]. The Journal of Business Communication, 2004, 41(2): 192 - 211.

[117] De la Peña V H, Giné E. Decoupling. From dependence to independence. Randomly stopped processes. U-statistics and processes. Martingales and beyond. Probability and its Applications [J]. 1999.

[118] Delbaere M, McQuarrie E, Phillips B. Personification in advertising: Using a visual metaphor to trigger anthropomorphism [J]. Journal of Advertising, 2011, 40(1): 121 - 130.

[119] Dennett D C. Kinds of minds: Towards an understanding of consciousness [M]. New York: Basic Books, 1996.

[120] Dubois D, Rucker D D, Galinsky A D. Social class, power, and selfishness: when and why upper and lower class individuals behave unethically [J]. Journal of Personality and Social Psychology, 2015, 108(3): 436 - 449.

[121] Dutta S, Pullig C. Effectiveness of corporate responses to brand crises: The role of crisis type and response strategies [J]. Journal of Business Research, 2011, 64(12): 1281 - 1287.

[122] Eagly A H, Steffen V J. Gender stereotypes stem from the distribution of women and men into social roles [J]. Journal of Personality and Social Psychology, 1984, 46(4): 735 - 754.

[123] Epley N, Waytz A, Cacioppo J T. On seeing human: a three-factor theory of anthropomorphism [J]. Psychological Review, 2007, 114(4): 864 - 886.

[124] Eskine K J. From perceptual symbols to abstraction and back again: The bitter truth about morality [J]. Dissertations & Theses — Gradworks, 2011.

[125] Fehr R, Gelfand M J. When apologies work: how matching apology components to victims' self-construals facilitates forgiveness [J]. Organizational Behavior & Human Decision Processes, 2010, 113(1): 37 - 50.

[126] Feldman J M, Lynch J G. Self-generated validity and other effects of measurement on belief, attitude, intention and behavior [J]. Journal of Applied Psychology, 1988, 73 (3): 421 - 435.

[127] Fiske S T, Gilbert D T, Lindzey G. Handbook of social psychology [M]. Hoboken, New Jersey: John Wiley & Sons, 2010.

[128] Fournier S. Consumers and their brands: Developing relationship theory in consumer research [J]. Journal of Consumer Research, 1998, 24(4): 343 – 353.

[129] Freitas A L, Gollwitzer P, Trope Y. The influence of abstract and concrete mindsets on anticipating and guiding others' self-regulatory efforts [J]. Journal of Experimental Social Psychology, 2004, 40(6): 739 – 752.

[130] Fujita K, Henderson M D, Eng J, et al. Spatial distance and mental construal of social events [J]. Psychological Science, 2006, 17(4): 278 – 282.

[131] Fujita K, Trope Y, Liberman N, et al. Construal levels and self-control [J]. Journal of Personality and Social Psychology, 2006, 90(3): 351 – 367.

[132] Gao H, Zhang H, Zhang X, et al. Spillover of distrust from domestic to imported brands in a crisis-sensitized market [J]. Journal of International Marketing, 2015, 23 (1): 91 – 112.

[133] Gasper K, Clore G L. Attending to the big picture: Mood and global versus local processing of visual information [J]. Psychological Science, 2002, 13(1): 34 – 40.

[134] Germann F, Grewal R, Ross W T, et al. Product recalls and the moderating role of brand commitment [J]. Marketing Letters, 2014, 25(2): 179 – 191.

[135] Graham S A, Poulindubois D. Infants' reliance on shape to generalize novel labels to animate and inanimate objects [J]. Journal of Child Language, 1999, 26 (2): 295 – 320.

[136] Griskevicius V, Tybur J M, Delton A W, et al. The influence of mortality and socioeconomic status on risk and delayed rewards: a life history theory approach [J]. Journal of Personality and Social Psychology, 2011, 100(6): 1015 – 1026.

[137] Griskevicius V, Ackerman J M, Cantú S M, et al. When the economy falters, do people spend or save? Responses to resource scarcity depend on childhood environments [J]. Psychological Science, 2013, 24(2): 197 – 205.

[138] Gummesson E. Practical value of adequate marketing management theory [J]. European Journal of Marketing, 2002, 36(3): 325 – 349.

[139] Haidt J. The emotional dog and its rational tail: a social intuitionist approach to moral judgment [J]. Psychological Review, 2001, 108(4): 814 – 834.

[140] Hartmann J, Moeller S. Chain liability in multitier supply chains? Responsibility

attributions for unsustainable supplier behavior [J]. Journal of Operations Management, 2014, 32(5): 281 - 294.

[141] Haselhuhn M P, Schweitzer M E, Wood A M. How implicit beliefs influence trust recovery [J]. Psychological Science, 2010, 21(5): 645 - 648.

[142] Hauser M D, Chomsky N, Fitch W T. The faculty of language: what is it, who has it, and how did it evolve? [J]. Science, 2002, 298(5598): 1569 - 1579.

[143] Hayes A F. Introduction to mediation, moderation, and conditional process analysis: a regression-based approach [M]. New York: Guilford Press, 2013.

[144] Helgeson V S. Relation of agency and communion to well-being: evidence and potential explanations [J]. Psychological Bulletin, 1994, 116(3): 412 - 428.

[145] Hong Y, Morris M W, Chiu C, et al. Multicultural minds [J]. American Psychologist, 2000, 55(7): 709 - 720.

[146] Hong J, Sun Y. Warm it up with love: the effect of physical coldness on liking of romance movies [J]. Journal of Consumer Research, 2012, 39(2): 293 - 306.

[147] Howard J A, Sheth J N. The theory of buyer behavior [M]. New York: Wiley, 1969.

[148] Hsu L, Lawrence B. The role of social media and brand equity during a product recall crisis: a shareholder value perspective [J]. International Journal of Research in Marketing, 2016, 33(1): 59 - 77.

[149] Huber F, Vollhardt K, Matthes I, et al. Brand misconduct: consequences on consumer — brand relationships [J]. Journal of Business Research, 2010, 63(11): 1113 - 1120.

[150] Ijzerman H, Gallucci M, Pouw W T, et al. Cold-blooded loneliness: social exclusion leads to lower skin temperatures [J]. Acta Psychologica, 2012, 140(3): 283 - 288.

[151] Ijzerman H, Semin G R. The thermometer of social relations [J]. 2009, 20(10): 1214 - 1220.

[152] Inagaki T K, Eisenberger N I. Shared neural mechanisms underlying social warmth and physical warmth [J]. Psychological Science, 2013, 24(11): 2272 - 2280.

[153] Janakiraman R, Sismeiro C, Dutta S. Perception spillovers across competing brands: a disaggregate model of how and when [J]. Journal of Marketing Research, 2009, 46 (4): 467 - 481.

[154] Jensen J M. A strategic framework for analysing negative rumors in the market place: the case of Wash & Go in Denmark [C]. Proceedings of the 1993 World Marketing

Congress. Springer, Cham, 2015: 575 - 579.

[155] Johnson D G. Crisis management: forewarned is forearmed [J]. Journal of Business Strategy, 1993, 14(2): 58 - 64.

[156] Jorgensen B K. Consumer reaction to company-related disasters: the effect of multiple versus single explanations [J]. Advances in Consumer Research, 1994, 21: 348 - 352.

[157] Jostmann N B, Lakens D, Schubert T W. Weight as an embodiment of importance [J]. Psychological Science, 2009, 20(9): 1169 - 1174.

[158] Kahneman D, Krueger A B, Schkade D, et al. Would you be happier if you were richer? A focusing illusion [J]. Science, 2006, 312(5782): 1908 - 1910.

[159] Kang T. Online spatialisation and embodied experiences: the london-based chinese community [J]. Journal of Intercultural Studies, 2011, 32(5): 465 - 477.

[160] Keller K L. Conceptualizing, measuring, and managing customer-based brand equity [J]. Journal of Marketing, 1993: 1 - 22.

[161] Kellogg S. The art and power of the apology [J]. Washington Lawyer, 2006, 21(10): 20 - 26.

[162] Kim S. What's worse in times of product-harm crisis? Negative corporate ability or negative CSR reputation? [J]. Journal of Business Ethics, 2014, 123(1): 157 - 170.

[163] Kim S, Haley E, Koo G. Comparison of the paths from consumer involvement types to ad responses between corporate advertising and product advertising [J]. Journal of Advertising, 2009, 38(3): 67 - 80.

[164] Kim K, Zhang M, Li X. Effects of temporal and social distance on consumer evaluations [J]. Journal of Consumer Research, 2008, 35(4): 706 - 713.

[165] Kirmani A, Shiv B. Effects of source congruity on brand attitudes and beliefs: the moderating role of issue-relevant elaboration [J]. Journal of Consumer Psychology, 1998, 7(1): 25 - 47.

[166] Klein J, Dawar N. Corporate social responsibility and consumers' attributions and brand evaluations in a product — harm crisis [J]. International Journal of Research in Marketing, 2004, 21(3): 203 - 217.

[167] Knight R F, Pretty D J. The impact of catastrophes on shareholder value [M]. Templeton College, 1997.

[168] Kraus M W, Côté S, Keltner D. Social class, contextualism, and empathic accuracy [J]. Psychological Science, 2010, 21(11): 1716 - 1723.

[169] Kraus M W, Keltner D. Signs of socioeconomic status: a thin-slicing approach [J]. Psychological Science, 2009, 20(1): 99 - 106.

[170] Kraus M W, Piff P K, Keltner D. Social class, sense of control, and social explanation [J]. Journal of Personality and Social Psychology, 2009, 97 (6): 992 - 1004.

[171] Kraus M W, Piff P K, Mendozadenton R, et al. Social class, solipsism, and contextualism: how the rich are different from the poor [J]. Psychological Review, 2012, 119(3): 546 - 572.

[172] Kuhnen U, Hannover B, Schubert B. The semantic-procedural interface model of the self: the role of self-knowledge for context-dependent versus context-independent modes of thinking [J]. Journal of Personality and Social Psychology, 2001, 80(3): 397 - 409.

[173] Kurt D, Inman J J, Argo J J. The influence of friends on consumer spending: the role of agency-communion orientation and self-monitoring [J]. Journal of Marketing Research, 2011, 48(4): 741 - 754.

[174] Kwak H, Puzakova M, Rocereto J F. Better not smile at the price: the differential role of brand banthropomorphization on perceived price fairness [J]. Journal of Marketing, 2015, 79(4): 56 - 76.

[175] Labroo A A, Patrick V M. Psychological distancing: why happiness helps you see the big picture [J]. Journal of Consumer Research, 2009, 35(5): 800 - 809.

[176] Lakoff G, Johnson M. Conceptual metaphor in everyday language [J]. Journal of Philosophy, 1980, 77(8): 453 - 486.

[177] Landwehr J R, Mcgill A L, Hermann A. It's got the look: the effect of friendly and aggressive "facial" expresions on product liking and sales [J]. Journal of Marketing, 2011, 75(3): 132 - 146.

[178] Laroche M, Sadokierski R. Role of confidence in a multi-brand model of intentions for a high-involvement service [J]. Journal of Business Research, 1994, 29(1): 1 - 12.

[179] Laufer D, Coombs W T. How should a company respond to a product harm crisis? The role of corporate reputation and consumer-based cues [J]. Business Horizons, 2006, 49(5): 379 - 385.

[180] Laufer D, Gillespie K. Differences in consumer attributions of blame between men and women: the role of perceived vulnerability and empathic concern [J]. Psychology &

Marketing, 2004, 21(2): 141 - 157.

[181] Laufer D, Silver D H, Meyer T. Exploring differences between older and younger consumers in attributions of blame for product harm crises [J]. Academy of Marketing Science Review, 2005, 2005(07): 1 - 21.

[182] Lee A Y, Aaker J L. Bringing the frame into focus: the influence of regulatory fit on processing fluency and persuasion [J]. Journal of Personality and Social Psychology, 2004, 86(2): 205 - 218.

[183] Lee S, Chung S. Corporate apology and crisis communication: the effect of responsibility admittance and sympathetic expression on public's anger relief [J]. Public Relations Review, 2012, 38(5): 932 - 934.

[184] Lee Y, Youn N, Nayakankuppam D. The content of a brand scandal moderating the effect of thinking style on the scandal's spillover [J]. In R. Ahluwalia, T. L. Chartrand, & R. K. Ratner (Eds.), Advances in Consumer Research, 2011, 523 - 524. Duluth, MN: Association for Consumer Research.

[185] Lei J, Dawar N, Gürhan-Canli Z. Base-rate information in consumer attributions of product-harm crises [J]. Journal of Marketing Research, 2012, 49(3): 336 - 348.

[186] Lei J, Dawar N, Lemmink J. Negative spillover in brand portfolios: exploring the antecedents of asymmetric effects [J]. Journal of Marketing, 2008, 72(3): 111 - 123.

[187] Li M, Wei H. How to save brand after crises? A literature review on brand crisis management [J]. American Journal of Industrial and Business Management, 2016, 6 (02): 89 - 96.

[188] Liberman N, Sagristano M D, Trope Y. The effect of temporal distance on level of mental construal [J]. Journal of Experimental Social Psychology, 2002, 38(6): 523 - 534.

[189] Liberman N, Trope Y. The role of feasibility and desirability considerations in near and distant future decisions: a test of temporal construal theory [J]. Journal of Personality and Social Psychology, 1998, 75(1): 5 - 18.

[190] Liberman N, Trope Y, McCrea S M, et al. The effect of level of construal on the temporal distance of activity enactment [J]. Journal of Experimental Social Psychology, 2007, 43(1): 143 - 149.

[191] Liu Y, Shankar V. The dynamic impact of product-harm crises on brand preference and advertising effectiveness: an empirical analysis of the automobile industry [J].

Management Science, 2015, 61(10): 2514 - 2535.

[192] Loken B, Ward J. Alternative approaches to understanding the determinants of typicality [J]. Journal of Consumer Research, 1990, 17(2): 111 - 126.

[193] Luchins A S. Primacy-recency in impression formation [J]. The order of presentation in persuasion, 1957, 1: 33 - 61.

[194] Lyon L, Cameron G T. A relational approach examining the interplay of prior reputation and immediate response to a crisis [J]. Journal of Public Relations Research, 2004, 16(3): 213 - 241.

[195] Mackalski R, Belisle J F. Measuring the short-term spillover impact of a product recall on a brand ecosystem [J]. Journal of Brand Management, 2015, 22 (4): 323 - 339.

[196] Macrae C N, Bodenhausen G V, Milne A B, et al. Out of mind but back in sight: stereotypes on the rebound [J]. Journal of Personality and Social Psychology, 1994, 67(5): 808 - 817.

[197] Maddux W W, Kim P H, Okumura T, et al. Cultural differences in the function and meaning of apologies [J]. International Negotiation, 2011, 16(3): 405 - 425.

[198] Magnusson P, Krishnan V, Westjohn S A, et al. The spillover effects of prototype brand transgressions on country image and related brands [J]. Journal of International Marketing, 2014, 22(1): 21 - 38.

[199] Mano H, Oliver R L. Assessing the dimensionality and structure of the consumption experience: evaluation, feeling, and satisfaction [J]. Journal of Consumer research, 1993: 451 - 466.

[200] Marcus R D, Swidler S, Zivney T L. An explanation of why shareholders' losses are so large after drug recalls [J]. Managerial and Decision Economics, 1987, 8 (4): 295 - 300.

[201] Marin B F, Hunger A, Werner S. Corroborating emotion theory with role theory and agent technology: a framework for designing emotional agents as tutoring entities [J]. Journal of Networks, 2006, 1(4): 29 - 40.

[202] Masuda T, Nisbett R E. Attending holistically versus analytically: comparing the context sensitivity of Japanese and Americans [J]. Journal of Personality and Social Psychology, 2001, 81(5): 922 - 934.

[203] Matzler K, Pichler E, Füller J, et al. Personality, person — brand fit, and brand

community: an investigation of individuals, brands, and brand communities [J]. Journal of Marketing Management, 2011, 27(9 - 10): 874 - 890.

[204] Maxham III J G, Netemeyer R G. Firms reap what they sow: the effects of shared values and perceived organizational justice on customers' evaluations of complaint handling [J]. Journal of Marketing, 2003, 67(1): 46 - 62.

[205] Mazar N, Amir O, Ariely D. The dishonesty of honest people: a theory of self-concept maintenance [J]. Journal of Marketing Research, 2008, 45(6): 633 - 644.

[206] McCracken G. Who is the celebrity endorser? Cultural foundations of the endorsement process [J]. Journal of Consumer Research, 1989, 16(3): 310 - 321.

[207] McElroy T, Seta J J. Framing effects: an analytic — holistic perspective [J]. Journal of Experimental Social Psychology, 2003, 39(6): 610 - 617.

[208] McLaughun M L, Cody M J, O'Hair H D. The management of failure events: some contextual determinants of accounting behavior [J]. Human Communication Research, 1983, 9(3): 208 - 224.

[209] McQuarrie E F, Phillips B J. Indirect persuasion in advertising [J]. Journal of Advertising, 2005, 34(2): 7 - 20.

[210] Menon G, Jewel R D, Rao Unnava H. When a company does not respond to negative publicity: cognitive elaboration vs. negative affect perspective [J]. Advances in Consumer Research, 1999, 26: 325 - 329.

[211] Merckelbach H, Muris P, Pool K, et al. Reliability and validity of a paper-and-pencil test measuring hemisphere preference [J]. European Journal of Personality, 1996, 10 (3): 221 - 231.

[212] Meyer J W, Rowan B. Institutionalized organizations: formal structure as myth and ceremony [J]. American Journal of Sociology, 1977, 83(2): 340 - 363.

[213] Meyers-Levy J, Sternthal B. A two-factor explanation of assimilation and contrast effects [J]. Journal of Marketing Research, 1993, 30(3): 359 - 368.

[214] Miller J G. Culture and the development of everyday social explanation [J]. Journal of Personality and Social Psychology, 1984, 46(5): 961 - 978.

[215] Mittal C, Griskevicius V. Sense of control under uncertainty depends on people's childhood environment: a life history theory approach [J]. Journal of Personality and Social Psychology, 2014, 107(4): 621 - 637.

[216] Mitchell C E. Effects of apology on marital and family relationships [J]. Family

Therapy: the Journal of the California Graduate School of Family Psychology, 1989, 16(3): 283 - 287.

[217] Monga A B, John D R. Cultural differences in brand extension evaluation: the influence of analytic versus holistic thinking [J]. Journal of Consumer Research, 2007, 33(4): 529 - 536.

[218] Monga A B, John D R. When does negative brand publicity hurt? The moderating influence of analytic versus holistic thinking [J]. Journal of Consumer Psychology, 2008, 18(4): 320 - 332.

[219] Mooney K M, Cohn E S, Swift M B. Physical distance and AIDS: too close for comfort? [J]. Journal of Applied Social Psychology, 1992, 22(18): 1442 - 1452.

[220] Morgan R M., Hunt S D. The commitment-trust theory of relationship marketing [J]. Journal of Marketing, 1994, 58(3): 20 - 38.

[221] Morrin M. The impact of brand extensions on parent brand memory structures and retrieval processes [J]. Journal of Marketing Research, 1999, 36(4): 517 - 525.

[222] Morris M W, Peng K. Culture and cause: American and Chinese attributions for social and physical events [J]. Journal of Personality and Social Psychology, 1994, 67: 949 - 949.

[223] Nakamoto M. Snow brand shares tumble on beef scandal [J]. Financial Times; 2002. January 23.

[224] Nemirovsky R, Ferrara F. Mathematical imagination and embodied cognition [J]. Educational Studies in Mathematics, 2009, 70(2): 159 - 174.

[225] Newcomb M D, Harlow L L. Life events and substance use among adolescents: mediating effects of perceived loss of control and meaninglessness in life [J]. Journal of Personality and Social Psychology, 1986, 51(3): 564 - 577.

[226] Newman L S, Kraynak L R. The ambiguity of a transgression and the type of apology influence immediate reactions [J]. Social Behavior & Personality, 2013, 41(1): 31 - 45.

[227] Nguyen N, Leclerc A, LeBlanc G. The mediating role of customer trust on customer loyalty [J]. Journal of Service Science and Management, 2013, 6(1): 96 - 109.

[228] Niedenthal P M, Barsalou L W, Winkielman P, et al. Embodiment in attitudes, social perception, and emotion [J]. Personality and Social Psychology Review, 2005, 9(3): 184 - 211.

[229] Nisbett R E, Peng K, Choi I, et al. Culture and systems of thought: holistic versus analytic cognition [J]. Psychological Review, 2001, 108(2): 291 – 310.

[230] Nowak M A, Komarova N L, Niyogi P. Evolution of universal grammar [J]. Science, 2001, 291(5501): 114 – 118.

[231] Orenstein A. Apology excepted: incorporating a feminist analysis into evidence policy where you least expect it [J]. Southwestern University Law Review, 1999, 28: 221 – 279.

[232] Osmonbekov T, Gregory B T, Brown W, et al. How consumer expertise moderates the relationship between materialism and attitude toward advertising [J]. Journal of Targeting, Measurement and Analysis for Marketing, 2009, 17(4): 321 – 327.

[233] Parsons T, Bales R F. Family socialization and interaction process [M]. Psychology Press, 1955.

[234] Pearson C M, Clair J A. Reframing crisis management [J]. Academy of Management Review, 1998: 59 – 76.

[235] Pennings J M E, Wansink B, Meulenberg M T G. A note on modeling consumer reactions to a crisis: the case of the mad cow disease [J]. International Journal of Research in Marketing, 2002, 19(1): 91 – 100.

[236] Pham M T. Cue representation and selection effects of arousal on persuasion [J]. Journal of Consumer Research, 1996, 22(4): 373 – 387.

[237] Piff P K, Kraus M W, Côté S, et al. Having less, giving more: the influence of social class on prosocial behavior [J]. Journal of Personality and Social Psychology, 2010, 99(5): 771 – 784.

[238] Piff P K, Stancato D M, Côté S, et al. Higher social class predicts increased unethical behavior [J]. Proceedings of the National Academy of Sciences of the United States of America, 2012, 109(11): 4086 – 4091.

[239] Pronin E, Olivola C Y, Kennedy K A. Doing unto future selves as you would do unto others: psychological distance and decision making [J]. Personality and Social Psychology Bulletin, 2008, 34(2): 224 – 236.

[240] Pullig C, Netemeyer R G, Biswas A. Attitude basis, certainty, and challenge alignment: a case of negative brand publicity [J]. Journal of the Academy of Marketing Science, 2006, 34(4): 528 – 542.

[241] Puzakova M, Kwak H, Rocereto J F. When humanizing brands goes wrong: the

detrimental effect of brand anthropomorphization amid product wrongdoings [J]. Journal of Marketing, 2013, 77(3): 81 - 100.

[242] Raju S, Rajagopal P. Responding to ethical and competence failures [J]. ACR North American Advances, 2008.

[243] Rhee M, Haunschild P R. The liability of good reputation: a study of product recalls in the US automobile industry [J]. Organization Science, 2006, 17(1): 101 - 117.

[244] Ricoeur P. The question of proof in Freud's psychoanalytic writings [J]. Journal of the American Psychoanalytic Association, 1977, 25(4): 835 - 872.

[245] Riskind J H, Rholes W S. Cognitive accessibility and the capacity of cognitions to predict future depression: a theoretical note [J]. Cognitive Therapy & Research, 1984, 8(1): 1 - 12.

[246] Roehm M L, Brady M K. Consumer responses to performance failures by high-equity brands [J]. Journal of Consumer Research, 2007, 34(4): 537 - 545.

[247] Roehm M L, Tybout A M. When will a brand scandal spill over, and how should competitors respond? [J]. Journal of Marketing Research, 2006, 43(3): 366 - 373.

[248] Rook D W. The ritual dimension of consumer behavior [J]. Journal of Consumer Research, 1985, 12(3): 251 - 264.

[249] Roschk H, Kaiser S. The nature of an apology: an experimental study on how to apologize after a service failure [J]. Marketing Letters, 2013, 24(3): 293 - 309.

[250] Rowlands M. Extended cognition and the mark of the cognitive [J]. Philosophical Psychology, 2009, 22(1): 1 - 19.

[251] Rueschemeyer S A, Pfeiffer C, Bekkering H. Body schematics: on the role of the body schema in embodied lexical-semantic representations [J]. Neuropsychologia, 2010, 48(3): 774 - 781.

[252] Samaraweera G C, Qing P, Li Y. Impact of personal influence on purchase intention in a product harm crisis: a cross-national study between Chinese and Sri Lankan young consumers' moral reputational perspective [J]. Asia Pacific Journal of Marketing & Management Review, 2013, 2(10), 1 - 12.

[253] Sanbonmatsu D M, Kardes F R. The effects of physiological arousal on information processing and persuasion [J]. Journal of Consumer Research, 1988, 15 (3): 379 - 385.

[254] Schneider I K, Rutjens B T, Jostmann N B, et al. Weighty matters: importance

literally feels heavy [J]. Social Psychological & Personality Science, 2011, 2(2): 474 - 478.

[255] Schubert T W, Koole S L. The embodied self: making a fist enhances men's power-related self-conceptions [J]. Journal of Experimental Social Psychology, 2009, 45 (4): 828 - 834.

[256] Schwarz N. Emotion, cognition, and decision making [J]. Cognition and Emotion, 2000, 14(4): 433 - 440.

[257] Seay B, Hansen E, Harlow H F. Mother-infant separation in monkeys [J]. Journal of Child Psychology and Psychiatry, 1962, 3(3 - 4): 123 - 132.

[258] Semin G R, Fiedler K. The cognitive functions of linguistic categories in describing persons: social cognition and language [J]. Journal of Personality and Social Psychology, 1988, 54(4): 558 - 568.

[259] Sengupta J, Johar G V. Contingent effects of anxiety on message elaboration and persuasion [J]. Personality and Social Psychology Bulletin, 2001, 27(2): 139 - 150.

[260] Shapiro L. The embodied cognition research programme [J]. Philosophy Compass, 2007, 2(2): 338 - 346.

[261] Shavitt, S, Lalwani, A K, Zhang, J and Torelli, C J. The horizontal/vertical distinction in cross-cultural consumer research [J]. Journal of Consumer Psychology, 2006, 16(4): 325 - 342.

[262] Sheth J N, Parvatiyar A. Evolving relationship marketing into a discipline [J]. Journal of Relationship Marketing, 2002, 1(1): 3 - 16.

[263] Shu L L, Gino F, Bazerman M H. Dishonest deed, clear conscience: when cheating leads to moral disengagement and motivated forgetting [J]. Personality and Social Psychology Bulletin, 2011, 37(3): 330 - 349.

[264] Sinclair R C, Mark M M, Clore G L. Mood-related persuasion depends on (mis) attributions [J]. Social Cognition, 1994, 12(4): 309 - 326.

[265] Singh R, Boon P T J. Impression formation from intellectual and social traits: evidence for behavioural adaptation and cognitive processing [J]. British Journal of Social Psychology, 2000, 39(4): 537 - 554.

[266] Silvera D H, Meyer T, Laufer D. Age-related reactions to a product harm crisis [J]. Journal of Consumer Marketing, 2012, 29(4): 302 - 309.

[267] Siomkos G J, Kurzbard G. The hidden crisis in product-harm crisis management [J].

European Journal of Marketing, 1994, 28(2): 30 - 41.

[268] Siomkos G, Shrivastava P. Responding to product liability crises [J]. Long Range Planning, 1993, 26(5): 72 - 79.

[269] Siomkos G, Triantafillidou A, Vassilikopoulou A, et al. Opportunities and threats for competitors in product-harm crises [J]. Marketing Intelligence & Planning, 2010, 28 (28): 770 - 791.

[270] Skarlicki D P, Folger R, Gee J. When social accounts backfire: the exacerbating effects of a polite message or an apology on reactions to an unfair outcome [J]. Journal of Applied Social Psychology, 2004, 34(2): 322 - 341.

[271] Slepian M L, Weisbuch M, Rule N O, et al. Tough and tender: embodied categorization of gender [J]. Psychological Science, 2011, 22(1): 26 - 28.

[272] Sohn Y J, Lariscy R W. A "buffer" or "boomerang?" — the role of corporate reputation in bad times [J]. Communication Research, 2015, 42(2): 237 - 259.

[273] Spence J T, Helmreich R L, Holahan C K. Negative and positive components of psychological masculinity and femininity and their relationships to self-reports of neurotic and acting out behaviors [J]. Journal of Personality and Social Psychology, 1979, 37(10): 1673 - 1682.

[274] Spence C, Nicholls M E R, Driver J. The cost of expecting events in the wrong sensory modality [J]. Attention, Perception, & Psychophysics, 2001, 63 (2): 330 - 336.

[275] Stephan E, Liberman N, Trope Y. Politeness and psychological distance: a construal level perspective [J]. Journal of Personality & Social Psychology, 2010, 98 (2): 268 - 280.

[276] Stephan E, Liberman N, Trope Y. The effects of time perspective and level of construal on social distance [J]. Journal of Experimental Social Psychology, 2011, 47 (2): 397 - 402.

[277] Stepper S., Strack F. Proprioceptive determinants of affective and nonaffective feelings [J]. Journal of Personality and Social Psuchology, 1993, 64(2), 211 - 220.

[278] Stroop J R. Studies of interference in serial verbal reactions [J]. Journal of Experimental Psychology General, 1935, 121(1): 15 - 23.

[279] Sung Y, Tinkham S F. Brand personality structures in the United States and Korea: common and culture-specific factors [J]. Journal of Consumer Psychology, 2005, 15

(4): 334 - 350.

[280] Tenbrunsel A E, Messick D M. Ethical fading: the role of self-deception in unethical behavior [J]. Social Justice Research, 2004, 17(2): 223 - 236.

[281] Thomson M. Human brands: Investigating antecedents to consumers' strong attachments to celebrities [J]. Journal of Marketing, 2006, 70(3): 104 - 119.

[282] Todorov A, Goren A, Trope Y. Probability as a psychological distance: construal and preferences [J]. Journal of Experimental Social Psychology, 2007, 43(3): 473 - 482.

[283] Trafimow D, Triandis H C, Goto S G. Some tests of the distinction between the private self and the collective self [J]. Journal of Personality and Social Psychology, 1991, 60(5): 649 - 655.

[284] Trope Y, Liberman N. Construal level theory of psychological distance [J]. Psychological Review, 2010, 117(2): 440 - 463.

[285] Trump R K. Connected consumers' responses to negative brand actions: the roles of transgression self-relevance and domain [J]. Journal of Business Research, 2014, 67 (9): 1824 - 1830.

[286] Tsang J A. Moral rationalization and the integration of situational factors and psychological processes in immoral behavior [J]. Review of General Psychology, 2002, 6(1): 25 - 50.

[287] Tversky B, Hard B M. Embodied and disembodied cognition: spatial perspective-taking [J]. Cognition, 2009, 110(1): 124 - 129.

[288] Van Heerde H, Helsen K, Dekimpe M G. The impact of a product-harm crisis on marketing effectiveness [J]. Marketing Science, 2007, 26(2): 230 - 245.

[289] Vlachos P A, Tsamakos A, Vrechopoulos A P, et al. Corporate social responsibility: attributions, loyalty, and the mediating role of trust [J]. Journal of the Academy of Marketing Science, 2009, 37(2): 170 - 180.

[290] Votola N L, Unnava H R. Spillover of negative information on brand alliances [J]. Journal of Consumer Psychology, 2006, 16(2): 196 - 202.

[291] Wakslak C, Trope Y. The effect of construal level on subjective probability estimates [J]. Psychological Science, 2009, 20(1): 52 - 58.

[292] Wakslak C J, Trope Y, Liberman N, et al. Seeing the forest when entry is unlikely: probability and the mental representation of events [J]. Journal of Experimental Psychology: General, 2006, 135(4): 641 - 653.

[293] Wang L, Wang S, Keller L R, and Li J. Thinking styles affect reactions to brand crisis apologies [J]. European Journal of Marketing, 2016, 50(7/8): 1263 - 1289.

[294] Ward L C, Thorn B E, Clements K L, et al. Measurement of agency, communion, and emotional vulnerability with the personal attributes questionnaire [J]. Journal of Personality Assessment, 2006, 86(2): 206 - 216.

[295] Waytz A, Epley N. Social connection enables dehumanization [J]. Journal of Experimental Social Psychology, 2012, 48(1): 70 - 76.

[296] Wells G, Petty R. The effects of over head movements on persuasion: compatibility and incompatibility of responses [J]. Basic & Applied Social Psychology, 1980, 1 (3): 219 - 230.

[297] Wertenbroch K, Dhar R. Consumer choice between hedonic and utilitarian goods [J]. Journal of Marketing Research, 2000: 60 - 71.

[298] White K, MacDonnell R, and Dahl D W. It's the mind-set that matters: the role of construal level and message framing in influencing consumer efficacy and conservation behaviors [J]. Journal of Marketing Research, 2011, 48(3): 472 - 485.

[299] Williams L E, Bargh J A. Experiencing physical warmth promotes interpersonal warmth [J]. Science, 2008(a), 322(5901): 606 - 607.

[300] Williams L E, Bargh J A. Keeping one's distance: the influence of spatial distance cues on affect and evaluation [J]. Psychological Science, 2008(b), 19(3): 302 - 308.

[301] Wilson T D, Gilbert D T. Affective forecasting [J]. Advances in experimental social psychology, 2003, 35(35): 345 - 411.

[302] Wilson, T. D., Wheatley, T., Meyers, J. M., Gilbert, D. T., & Axsom, D. Focalism: a source of durability bias in affective forecasting [J]. Journal of Personality and Social Psychology, 2000, 78(5), 821 - 836.

[303] Windhager S, Hutzler F, Carbon C C, et al. Laying eyes on headlights: eye movements suggest facial features in cars [J]. Collegium Antropologicum, 2010, 34 (3): 1075 - 1080.

[304] Witkin H A. A manual for the embedded figures tests [M]. Consulting Psychologists Press, 1971.

[305] Wojciszke B. Morality and competence in person- and self-perception [J]. European Review of Social Psychology, 2005, 16(1): 155 - 188.

[306] Xie Y, Peng S. How to repair customer trust after negative publicity: the roles of

competence, integrity, benevolence, and forgiveness [J]. Psychology & Marketing, 2009, 26(7): 572 - 589.

[307] Yannopoulou N, Koronis E, Elliott R. Media amplification of a brand crisis and its affect on brand trust [J]. Journal of Marketing Management, 2011, 27 (5 - 6): 530 - 546.

[308] Yeung M, Ramasamy B. Are shocks to brands permanent or transient? [J]. Journal of Brand Management, 2012, 19(9): 758 - 771.

[309] Zauberman G, Kim B K, Malkoc S A, et al. Discounting time and time discounting: subjective time perception and intertemporal preferences [J]. Journal of Marketing Research, 2009, 46(4): 543 - 556.

[310] Zboja J J, Voorhees C M. The impact of brand trust and satisfaction on retailer repurchase intentions [J]. Journal of Services Marketing, 2006, 20(6): 381 - 390.

[311] Zenhausern R. Imagery, cerebral dominance, and style of thinking: a unified field model [J]. Bulletin of the Psychonomic Society, 1978, 12(5): 381 - 384.

[312] Zenhausern R, Nickel L. Hemispheric dominance and maze learning [J]. Bulletin of the Psychonomic Society, 1979, 14: 435 - 436.

[313] Zhao X, Lynch J G, Chen Q. Reconsidering Baron and Kenny: myths and truths about mediation analysis [J]. Journal of Consumer Research, 2010, 37(2), 197 - 206.

[314] Zhao Y, Zhao Y, Helsen K. Consumer learning in a turbulent market environment: modeling consumer choice dynamics after a product-harm crisis [J]. Journal of Marketing Research, 2011, 48(2): 255 - 267.

[315] Zhong C B, Leonardelli G J. Cold and lonely [J]. Psychological Science, 2008, 19 (9): 838 - 842.

索　引